人際緣份全占星

占星配對法（synastry）的優點

韓良露

本書獻給我的父母
因為他們的寬容
我才享有無比自由的童年
使我至今仍擁有能不斷探索的心靈

韓良露

自序 和宇宙的奧祕對話

韓良露

曾經有好幾年的時間，因爲工作的需要，平均每一兩個禮拜，都要寫出一本電視劇本。劇本中總是有十幾二十個角色，每個角色都有各自的生命故事，而這些角色又互相糾纏在一起，共同演出集體的人生劇場。

因爲常常在編故事，也就常常有人問我爲什麼有那麼多故事可編？甚至不時有些熱心的人總是要主動提供我一些故事。其實生命的故事或說人生的情節，是隨處可見的。寫電視或電影劇本寫小說，關鍵絕不在於情節及故事，而在於怎麼寫，同樣的故事可以有很多不同的表達方式，人的情節從不等於人生的演出。

這些體會，在我研究占星學之後，有了更深的感知。從「個人占星學」中看出，每個人都會有自己的生命劇本，其中自然會包括許多他人，但是由於個人占星學處理的角度彷彿像自傳小說，所有和他人有關的故事都會透過個人的詮釋，因此很難眞實地反映出設身處地的每個當事人的感受。這個時候，「人際關係占星學」就提供了較好的觀察角度。

「人際關係占星學」處理的是人與人之間因星體的角度、位置所產生的關聯及意義。占星學經常提醒人們：每個人都有著一個完整的小宇宙，這個小宇宙可以是我們整個身心靈的整合，占星學以個人的星圖來描述這個小宇宙，這個小宇宙又跟大宇宙之間有著永恆的互動關係，而大宇宙的變化則以天文星圖來顯現。而人際關係的互動，則是個人的小宇宙在大宇宙的運行下產生的相互影響。

由於星圖和天文星圖中有著無數的星體，在目前的占星學知識系統下，我們常用太陽、月亮、水星、金星、火星、木星、土星、天王星、海王星、冥王星十個星體，並以十二個星座和十二個星宮爲意義符號；光是這個系統就可顯現人際關係的千變萬化，但是，占星學是個開放的知識系統，在知識的有涯無涯之間，我們根據當時的需要及限制，尋求恰當的表達。因此，個人的或人際的占星學，並不僅止於能用這個知識體系來表達，只不過這個體系是占星學家目前研究、整理、體會得較有規模的一種；仍有些占星學家努力從古老的祕籍與近代的發現，去整合更多的星體，如小行星、恆星對個人、人際關係、地球、宇宙的影響。

占星學是神祕和科學的雙胞胎，只不過一般人比較認識的是神祕學的部份。很多人都相信也可以感應到自己的生命受無形力量的影響，人們也經常感受自己和他人之間受著各種無形力量的擺佈，這類的經驗經常是藝術家較有興趣的主題，像莎士比亞在「羅蜜歐與茱麗葉」劇本中，就將這對戀人受星星的交叉影響，這種領悟就和古人仰望星空，覺得大自然受一股無形的力量在安排星辰的運行，而古人稱呼這些力量是神。近代的天文物理學者，卻可以解釋星體之間的運行，其實是受著各種物理定律的影響，同理，占星學也有相當科學的部份，就是去發現、找出、解釋星體之間各種力量的運作。

目前無線電波天文學者已經發現之間產生特殊的角度時，如火星和太陽或土星和火量之間形成九十度角，一百八十度角或一百二十度角時，會產生不同的無線電波，而這些電波對大自然會產生不同的影響。占星學中經常提到的也正是這種影響，譬如說個人星圖中某些行星之間的角度或人際星圖彼此之間的角度所產生的影響。

占星學試描述，解釋這些影響，並且找出各種的規律，目的都是讓人們能夠更理性地了解生命的奧祕，就像各種科學幫助我們了解自然和宇宙的奧祕。不過，人類的理性是一條開放的道路，只有起點，沒有終點，今日人類的知識理性，雖然讓人們知道宇宙的量體之間有奇妙的引力和重力關係，也知道占星學中各個星體之間存著的神祕吸力和斥力，但我們仍然不能夠回答爲什麼存在著這些力量？是什麼終極的力量創造了這一切？這些刻今仍是神祕學的領域，也就是未知領域，今天的宇宙學者不斷地找宇宙初生的模型，在大爆炸之間是否存在著神祕的奇異點，這個假設其實和許多神祕學者提出的宇宙蛋有相似之處。

在我撰寫這本書的期間，不時整理著手邊數千個星圖，常常爲這些星圖之間奇妙的關係與變化而感動不已！在感受大自然的奧祕無窮與人類自身的渺小之外，也同時感受著生命演化的奇蹟，在數百萬年的演化後，能讓我們這樣的生物，以有限但充滿潛能的腦力去和宇宙進行發現奧祕的對話。這本書就是這場對話，是一本關於人們的「人書」，也是關於宇宙的「天書」，我非常有幸能站在無數占星學家巨人的肩上，以我自己的知識、直覺、想像寫下這些對話。希望看到本書的讀者，都能分享我的感動。

人際緣份全占星

目　錄◆CONTENTS

目 錄◆CONTENTS

人際緣份全占星

CONTENTS◆目錄

目　錄◆CONTENTS

part 1

★了解人際關係 面對生命之旅

在印度的吠陀傳統中，因陀羅是宇宙的天神，宛如希臘神話中的宙斯一樣，掌管著人間萬事萬物的次序。印度文化中有一則美麗的傳說，即關於萬事萬物像不同的寶石一般鑲嵌在「因陀羅的天網」中，這些寶石的光澤都互相輝映著，因此，沒有任何一顆單獨的寶石的光輝不受到其他寶石的影響。

我們可以拿這個傳說，來比喻人際關係，雖然我們每一個人都像是單獨的寶石，各有各的光芒，但我們的光芒之中又包括了其他無數的寶石在和我們相互交會時產生的對映光芒。我們同時活在自己的光芒和他人的光芒之中，我們永遠在改變別人的光芒，也受他人的光芒改變。

容格曾用煉金術的典故來形容人際關係，他說，「任何人與人之間的相遇，都像煉金術中兩個化學物質的相會，只要產生過交集，兩者一定均會受到改變，並產生各種新的化學物質。」因此，容格認爲，對待人際關係，我們應當像古時候的煉金師一樣戒愼恐懼、心存敬畏，要小心危險的化學物質的交會，同時也要懷著煉金師的理想，在人際關係中提煉出偉大而非凡的「神祕合體」，即「人際關係的純金」。

容格並強調，神祕合體的出現，並非抹殺任何一個個體，而是藉著個體的改變與轉化，以達成「個體化的完成」，只有經過煉金術提煉過程的個體完成，才可能擁有神祕合體。

因此，人際關係就如同煉金師的熔爐一般，我們在其中無數的個體交會互熔、改變，不同的人際關係讓我們產生不同的化學作用，了解人際關係，就在於了解這些化學作用的意義和效果，人際關係可能摧毀我們，也可能重塑、改造我們。

我們的人際關係也許成就出的是炸藥、也許成就破銅爛鐵，也許成就純金，這些過程都是無法逃避的生命之旅。我們可以渾渾沌沌地走過人生，也可以抱持著高度的自覺擁抱生命，以提煉個體完成的純金與神祕合體的純金。

了解自我及人際關係，正是肅然面對生命之旅的開始。

介紹占星配對法

占星配對法的意義

占星配對法(Synastry)這個字原出於希臘文(syn-astron)，意義是「把星星接連在一起」，是占星學上用來了解人際關係時最常用的方法。這個方法可以用來了解任何人際關係，但通常在較深刻的人際關聯中，配對法所顯現出的「意義」，比較容易被當事人感知到。

因爲任何行星之間的交集錯位，或安置於他人不同的宮位中時，固然可以「預測」出某些可能性的「事件」將要發生或已經發生了。但行星的力量宛如大自然界的冰山一般，浮現水面的冰山其實只是很小的一部份。因此「事件」就彷彿露出水面的冰山，還有更巨大的冰山在海平面以下，就如同在人類的下意識裡。

配對法就好像探測海底冰山的雷達一樣，讓我們知道人際關係的海底冰山。冰山其實就在那裡，也許下一刻就飄浮露出水面，也許永遠藏在水面下不為大部份人所知。但可能兩個人當事人知道彼此之間「有些什麼」，也許連當事人都不願、也不想知道彼此之間隱藏的還有些什麼。但是，「不為人們意識到的事物不等於不存在」。

生命的豐富就在於無數尚未發掘出來的驚奇和奧祕；我們和他人的「人際關係」從來就不是簡單的世俗關連所能涵蓋一切的。只有透過占星配對法，我們才會發現宇宙設計的人際關係網路的千變萬化，而無盡的生命意義就在其中。

如何使用占星配對法

在使用占星配對法時，可以拿任何一個當事人為主體，最好主體者有一張詳盡的個人星圖，即根據出生時的年月日時間及出生地的經緯度，繪製出來的出生本命星圖(Natal Chart)。擁有星圖最簡單的辦法就是上網。網路上都會有一些占星的網站，其中有不少共享軟體提供免費的星圖服務，只要輸入正確的出生時地資料，不要三分鐘，就可擁有一張個人或他人的星圖（網站資料請查附錄）。

另一個費時費力的笨法子，是從基本的占星學教科書中，找出計算星圖的方法，這是在占星軟體尚未發展之前的方法，往往要耗時一個多小時才能畫好一張星圖。

如果當事人只有出生年月日，沒有正確的時間時，也可繪製一張「宮位不正確」的出生星圖，通常會用中午12點或半夜12點來當出生時間，這種不正確的時間繪製的星圖，只能看出當事人的行星星座(sign)及相位(Aspect)，無法得到正確的行星宮位(house)。除非是非常高明的占星學家，可以用過去已知的事件來校正當事人的宮位，以求得校正星圖，否則一般人是不可能辦到的。

當兩個當事人都有一份正確而完整的星圖時，占星配對法自然可以發揮最大的功用。在使用時，選擇一個主體，把主體的行星（太陽、月亮、水星、金星、火星、木星、土星、天王星、海王星、冥王星），逐一和另一方的行星逐一做相位的排演（請參考本書的第二部份）不同的行星的關連會產生不同的意義，（後文也都詳細的說明），而不同的相位也產生不同的作用。

在占星學上可用的相位很多，但任何文章都必須挑重點，無法全部列舉，因此本書挑選的重點也以一般占星書籍常用的相位學主，如合相（0度），對相（180度），和諧相（120度），衝突相（90度）。至於調和相（60度），作用和和諧相類似但較不顯著。掙扎相（150度），作用也和衝突相類同，但較微弱。因此調和相及掙扎相本書中不列舉，但讀者可自行計算，亦可參照合諧相及衝突相的意義。

如何計算相位

如果星圖是從電腦上取得的，通常都會附有個人的相位。如果想想進一步知道配對人際關係的相位，有兩個方式，第一個是找個附有關係星圖(Relationship chart)的電腦軟體（一般網路上的占星網站都有這種服務），只要輸入雙方正確的年月日時地點，即可得到一張附有詳細的雙方配對相位的星圖。

但讀者必須先了解一些基本的相位符號（本書附錄中有列出），才不致變成丈二金剛搞不清楚東西南北。本書中用的四個常用相位，分別是合相（Conjunction占星符號爲☌）、對相（Opposition占星符號爲☍）、和諧相（Trine，占星符號爲△）、衝突相（Square，占星符號爲□）。

如果不使用電腦，或雙方有一方資料不完整，就必須用自行計算的方式來求取雙方的配對相位。這倒也不難。但要對黃道星圖有基本的了解，從牡羊座開始到雙魚座結束，每一星座各佔有30度的區間（星座的次序是占星學基本概念，背不熟的人請查看本書附錄）。

因此當一方金星若在牡羊25度時，另一方天王星在天秤28度，我們可先算出這兩個星座之間的區間距離有四個，再加上本身兩個，共有六個，每個乘以30度，即180度，再加上天秤多3度，即183度，仍然在對相（180度）的容許度內。因此可知雙方金星和天王星的關係是對相。

另外，本書附錄中列有一個占星「配對相位的圖表」，讀者可把雙方行星的星座、度數一一列入，再計算出不同的相位，填入表中，以方便使用（請參考附錄的圖解）。

計算相位的原則

計算占星配對相位時，要特別注意兩大原則，一是相位度數的「容許度」（Orb），即兩個行星的星座之間度數的差距（球差）。

譬如說合相（0度）的容許度是8度內，對相（180度）的容許度也是8度。而調和相（60度）、掙扎相（150度）的容許度則爲4度。所謂的容許度當然是度數越小，力量越強，尤其在十分親密的人際關係中，彼此各種的相位經常會出現零度或二、三度內的容許度。如果超越容許度的範圍，如合相在10度以內等情形，只要差距不太離譜只多或少個幾度，也可以做參考，但產生的力量自然會小得多。

除了容許度外，在計算度時行星落入的星座（Sign）也很重要。譬如說合相（0度），可能發生在兩個不同的星座之間，如一方的天王星在天蠍29度，而另一方的金星是在人馬2度，這個誤差3度的合相，比起一方的天王星在天蠍29度，而金星在天蠍23度的6度合相時，後者雖然容許度較大，但因合相在同一星座內，因此力量較大。

另外走得較慢的行星，如天王、海王、冥王星，度數雖然差距較大，但力量反而比較長久。譬如說一方的金星在雙魚20度，另一方的月亮在雙魚21度時，合相的力量會比冥王星在雙魚18度合相月亮較弱，因爲金星走得快，經過月亮時的影響力量自然就較冥王星小。

相位的關鍵意義

在占星學上，可用的相位非常多，大致可分爲三大類，第一類是最常用的合相（0度）、對相（180度）、和諧相（120度）、衡突相（90度）。第二類則是次級相位，例如調和相（60度）、掙扎相（150度）、幫助相（30度）、妨礙相（45度）。第三類則是一些特別而神祕的相位（通常只有某些占星學家才會用），如加強相（72度）和強調相（144度）。最後這兩個相位產生的作用力可能是正面也可能是負面，必須根據當事人星圖的狀況決定。

除非是專門談相位的書，才可能逐一探討這些相位不同的意義及作用，在本書中，我們只用第一類最常用的相位，事實上，第一大類也是力量最明顯的，也比較容易被一般人感知到。但對第二類及第三類相位也有興趣的讀者，則不妨運用第一類的作用做參考(例如調和相位可依據和諧、掙扎相位可依據衝突等等)，或者找尋其它的專門參考書。

現在，我們就根據本書運用的四個主要的相位，做一番說明：

合相（0度）：這是非常強的力量，可帶出相遇的兩個行星（及行星所落入的星座及宮位）本身具有的性質，並「加強」這些性質產生的「相互作用力」。因此，當個人行星的發展層次仍低時，即停留較獸性的力量時，合相也必然會引發較低層次（即獸性）的力量，但當個人行星的發展層次較高時，合相即可能引發較高層次（如神性）的力量。我們可以了解獸性、人性、神性是三位一體的，是靈性發展的三大層次。而合相也因而兼具有正與負的兩種力量。

對相（180度）：這也是非常強的相位，尤其發生在男女關係中時，比合相還強。這個相位的力量可用磁力來做說明，對相使兩個相反的行星、星座、宮位互相強烈吸引，又互相排斥。因此帶出彼此迥然不同的行星力量，可能融合成新的力量，也可能毀滅對方的力量。

這個相位可能是「互補」，也可能是「互貶」，關鍵即在於涉入的個人行星，是否具有對較高層的「精神意識」，懂得行星能量的客觀意義，而不受限於狹隘的低等的自我意識所限。凡是陷於「自戀的」、「自我中心的」個人，即無法超越對相帶來的愛與恨的對立。

和諧相（120度）：力量略次於合相及對相，最主要在於這個相位使兩個行星能量很「容易」融合，因此較不易被強烈感覺到。和諧相通常引發兩個具有「相容性」的行星之間正面的力量，有助於穩定、協助人際關係。因此，既可運用在物質世界的好運上，也可運用在精神世界的福祉中。

和諧相是正面的，是好的人際關係不可缺的力量，但凡事均不可過度，「太多」的諧相卻可能使雙方的關係過於順利、單調，人際關係的「平靜」和「安眠」是大有不同的。因此適當的困難相位，反而有助於雙方更珍惜彼此的和諧相。

衝突相（90度）：這個相位並無對相那麼強，但卻是最讓人們緊張、不舒服的相位了。兩個行星力量形成九十度的拉扯，永遠朝向不同的方向，愈拉愈緊，變成隨時可能斷裂。這個相位最容易引發涉入行星的負面力量，雙方各持己見，根本無從相容互補。

人際關係中存有衝突相，正是說明人降臨世間一定有「業報」要還的，否則根本不會投胎。很少人際關係會完全沒有衝突相的，因此所有的宗教努力傳道的「寬容」精神，正是對待人與人之間的衝突相最好的啓示。寬容不止是寬容別人，同時也寬容自己，完全順服宇宙間存有的多元力量，去除任何的「我執」，才不致陷入人際衝突而無法自拔。

在人際關係中，如果只有少數的衝突相，其實正是彼此共同修行的好機緣，但太多的衝突相，只能說是前世相欠太多，而這些業報是不是這一生就還得完，也是人人殊異。因此，衝突相的生命功課最需要人們學習靈魂的提昇及淨化，把人際關係當成靈魂演化的道場。

配對相位的模式

在配對人際關係的星圖中，我經常發現某些會重覆出現的模式，譬如說在許多多對「關係深厚」的情侶及夫妻的配對星圖中，我都發現一些有趣的現象。

譬如說某個丈夫本命星圖中有冥王星和金星的衝突相，而他的妻子卻有冥王星、金星的對相。果然，在現實生活中，丈夫就曾在婚後當冥王星和其本命金星合相時，發生了一段爲時兩年刻骨銘心的婚外情，而她的妻子也因丈夫的外遇而經驗了來自「外界的」、「他人的」（從冥王星和金星的對相中顯示出的）三角戀情所引發的種種複雜情感。

性的、權力的嫉妒、佔有、背叛、憎恨、掙扎，以及雙方面臨婚變時必須經歷的金錢的糾紛，這些都是冥王星和金星的課題。這種雙方透過彼此同性質但不同度數的相位去經驗生命重要的課題，經常出現在重要關係的配對星圖中。

在我收集的星圖中，到處可見像妻子有金星火星的對相，而丈夫是金星、火星的衝突相，或情侶中一方是土星金星的合相，而另一方是土星、金星的對相。這些例子不勝列舉，重點即在於，「爲什麼在芸芸衆生之中，我們偏偏遇到這些會觸發，或者伴隨我們一起經驗我們自身重要的相位的人？」這就是所謂的緣份，我們都成爲彼此「生命的共謀者」，沒有一方是絕對「無辜的」。也許我們在意識上並沒有知覺，但我們確實「挑選」了這些和我們會「共同演出」類似的生命戲劇的夥伴。

我們的人生成爲靈魂修煉的熔爐，他人都像不同的精神「催化劑」，也許有的人會帶來毀滅我們對愛情的幻想、希望、執著的化學作用力。也許有的人帶來提昇我們肯定愛、犧牲、奉獻的力量。在「神」的觀點之下，這些人都沒有善惡好壞之分，但在「人」的觀點之中，我們自然會有我們的道德價值判斷。但誰知道，我們的靈魂學習的道路究竟該如何走？讓我們受過傷的人，也許正是最能給予我們追求靈性提昇的力量。

通常在重要的人際關係中，相關的相位模式的出現常常不只一個，我還看過出現過七、八個的，而在我從事家庭與遺傳的占星學研究時，也發現某些相位的模式在幾代家族之中傳承，就像生物基因一樣，往往傳承好多代，這些相似的相位模式也意味著家人之間共同學習的契機，但同時也意味著某些共同的命運就像業報一般，會流轉在不同世代的家族之中。

占星學中有太多太多看似神祕，但卻有某些「邏輯」可循的道理，只是參與這樣的研究的人太少了，這正是神祕學研究最大的難題。江湖術士爲了維生或只是貪財，往往半小時或一小時就能「算個命」。其實了解或研究任何個人的「命運」，以及解釋其間複雜無比的生命現象，有時需要像某些科學家在研究室花上多年研究一個單一的問題。但誰能這樣對神祕學下功夫呢？所謂「算命」不準不科學，常常是研究的方法及態度根本不夠「科學」，而不是算命本身不能當成科學研究。

配置宮位

除了相位的計算外，配置當事人行星和他人的宮位的關聯，是占星配對法的另一個重點。通常相位強調的是人與人之間的「情節」，而宮位則強調人際關係演出的「情境」。但宮位的配置，一定要有準確的出生時間，誤差最好不要在十五分鐘內，像中國傳統的時辰計算以兩小時爲劃分，就很容易錯得很離譜。

如果雙方沒有正確時間，就根本不要從配置宮位去了解彼此的人際關係，當然也就無法獲得更全貌的了解。如果只有一方有正確時間，就只能把一方當主體，看另一方行星落入這方宮位時引起的情境變化，但無法看出「雙方」的作用。

配置宮位的方法很簡單，如甲方的天王星在獅子座15度，乙方的八宮是從獅子座13度至處女座10度（因經緯度的影響，因此本命星圖每一宮位不盡然全以30度劃分），那麼甲方的天王星就落在乙方的八宮內。

這種配置宮位法最要注意宮位的起頭星座的度數了，譬如說乙方的八宮若從獅子座18度起，那麼甲方的天王星、就會在乙方的七宮內了。不要小看這一點點度數的差異，所謂差之毫釐、失之千里，天王星在七宮、八宮的差別可大了（請參考第三部份的說明）。

因此，當時間及經緯度不正確時，往往就會因爲差個幾度的差異，使得推算的效果大打折扣，因此若對出生時間及經緯度沒有百分之百的把握時，當發現某一方的某顆行星在另一方的某個宮位時，很不像雙方的關係時，而這種推算法運用得精確時，也常可以當成「生時校正法」的一種依據。

配對相位及宮位出現的契機

所謂「生有時、死有時、萬事萬物均有時」，時間與契機也是占星配對法中很重要的因素。在生命歷程中，每當有重要的人際關係出現，即常人說的「機緣巧合」其實都有理、有模式可循。

譬如說，從一個朋友的星圖中，我看到當海王星因爲推運(Transit)和他本命的金星成合相時，這時代表他會對感情（尤其是愛情）出現不實際的、浪漫的不可靠的幻想。果然他愛上了另一個本命有金星和海王星對相的女士，這個本命的衝突相也代表這個女人最愛的也是愛情的幻想，因此會愛上越不可能實現、越超越世俗限制的情愛。

就這樣，這個男人愛上了他哥哥的妻子，而這個女人愛上了小叔。這樣的愛當然很難完成了，同時會帶給當事人許多因愛而起的痛苦、折磨和犧牲，這是海王星和金星的課題。

外行星(木星、土星、天王星、海王星、冥王星）的推運(Transit)，是決定人們經歷不同的生命週期的最主要的力量。因此，每當推運形成了新的生命歷程時，也常常是不同的人際關係開展之際。

在每一個人的人生經驗中，都不難發現，我們常在不同的生命階段「形成」、「建立」不同的人際關係模式。譬如說，當土星推運入五宮時，我們可能不斷地接觸到各種困難的戀愛關係，常常彼此的年齡差距很大，或是和我們的小孩正在經驗親子關係的困難期。

而土星入七宮時，我們可能會經驗婚姻或合夥關係的困難。而天王星推運入四宮，可能我們會經驗和父母關係突然發生的意外。而天王星入七宮時，卻代表婚姻或合夥關係的突然改變(好壞均有可能，根據天王星推運形成的相位決定)。

通常，外行星推運入四宮、五宮、七宮、八宮、十宮時，經常是各種不同的人際關係出現的重要時候，因此察看這些外行行星的變化，可以讓我們預知生命中將有那些重要的人際關係將產生改變，或正要登場演出。

外行星的生命周期，在決定人際關係時，力量常大於彼此的相位關係。例如，我曾看過一對彼此都有著很深的愛戀情意的男女，卻三十多年都無法建立任何超越「內心藏有一份情意」的實質關係，就是因爲他們彼此的生命周期錯開了，因此雙方始終無緣。我也看過一對男女在相識三十多年後，其間曾各自男婚女嫁，最後還竟然結成夫婦；如果細察兩人的推運，也就發現他們的生命周期最後聯上了。因此，我們可能在和戀人分手後，才開始覺得更愛那一個人，或者遇到了情投意合的對象，卻發現恨不相逢未嫁時。

在本書中介紹的相位和宮位的配對法時，無法再詳細地說明推運法對生命周期及人際關係的影響。因此，讀者在比較、研究自己和他人的「人際關係配對法」時，必須了解人際關係配對法呈現的是兩個人之間無限的可能性，就像生命大海一樣，但人們的來往卻常常只是一葉小舟或一艘大船，只能航行在生命大海的不同範疇，有些重要的風景會讓彼此看到，但也總有一些角落彼此可能都忽略了。

對於有心精研人際關係變化的讀者，就必須還要再配合推運法來了解人際關係配對法。基本上，光是配對相位法只能看出人際關係的「可能性」，但加上推運法才能看出哪一些可能性會先出場或先退場。

考慮配對相位落入的星座及宮位

占星配對法是以行星之間的相位爲主，但當相位形成時，行星所落的星座(Sign)及宮位(house)也會對彼此的關係產生一些影響。這也是在運用配對法時，必須考慮在內的因素。

基本上，占星學的理論用在解釋任何個人、人際關係，甚至社會、宇宙時，都只是在提供一些「導覽地圖」，因此越精細的地圖越能描繪出人事物的原貌。但是，任何的地圖都不可能等於「原貌」，因此也沒有任何的占星理論可以「完全」說盡人事萬物，我們最多只能找出不同的「接近值」罷了。

然而，不管是多大多小的地圖，對指引人們跋涉高山峻谷或探訪海域，都會有一定幫助的。當然越詳細的地圖越好，遠古時候迦太基商人在地中海域航行根據的航海圖，和今日超級航輪在地中海域使用的航海圖，兩者當然大不相同。同樣地，在今日的文明，現代占星學提供的心靈航海圖也應當遠超過求神問卜或傳統算命的「三言兩語」。

但是，任何知識系統的發展，在廣博與精確之間永遠存在著各種不平衡。在這本書中提供的「人際關係配對法」，只能企圖盡量超越目前市面上類似方法的狹隘，但這個方法絕對還有更廣大更精深的領域有待開發，而通常，好的占星學家在實際研究星圖時，必然會考慮多方的面向才行。

在這裡，我們無法一一敍述不同的配對相位，在不同的星座及不同的宮位時，會產生哪些質變，只能大概地述說一些原則。舉例來說，當兩個人之間的金星和海王星之間形成了困難相位時，如果雙方或雙方之一的金星落在水象星座時（雙魚、巨蟹、天蠍），這個相位帶來的情感的掙扎一定較強，但若落在土星星座時（金牛、處女、魔羯）時，彼此本質上的務實自制力也必然會多多少少控制感情的迷惑，但當落在火象星座時（牡羊、獅子、人馬）時，雙方情感的迸放一定更不可收拾，但不會像水象那麼「痛在心裡」，如落入風象星座時，雙方則比較可能看清感情的幻象。

以上的例子，當然也可以越描述越細，分辨每一種星座的反應又有那些微細的變化，但是如此專門的討論將太過專業化，只適合讓高明的占星學家彼此互換心得。但是，目前我們能提供的占星學配對法，雖然無法「十分精確」，但至少仍有「相當地準確性」，就如同一比二萬五千倍的台北市地圖，總不能把在同在北邊的天母和北投的方位給畫錯！因此，本書的占星配對法一定能給予讀者一些索引。只是讀者也需要內心預存空間，任何「有限的文字說明」都無法涵蓋所有的人際經驗，有時只能提供像「寓言」一般的心領神會。就像看任何的地圖，都和親身歷境看到的景象是大有不同的。

占星配對法的實際運用

理論上，占星配對法可以運用在任何的人際關係中，譬如說自己和並不認識的名人之間，但這樣做除了好玩有趣外，能獲得的理解一定不多。因爲人與人之間的相遇，乃至於產生或強或弱的人際關係，一定有些原因。

譬如說推運(Transit)就能使人們在不同的生命階段認識不同的人、產生不同的關係，進而產生「理解與體會」雙方關係的必要。兩個陌生人之間的占星配對法，固然也可顯現出某些意義。譬如你喜歡的偶像一定有些「行星」或「宮位」使你會喜歡、迷戀、崇拜他，但對方對你呢？如果星圖的配法顯出對方也可能喜歡你，但你們卻不一定「有緣」相識，而這個「有沒有緣」的看法非常複雜，必須配合推運來看才準。而我也確實看過一個實例，我有個朋友在十多歲時迷戀某個當紅的女星，在隔了二十多年後，他們竟然相遇，還相戀了。但這類事發生，並不只是巧合，仔細察看他們倆的星盤，彼此形成的相位就有二十幾個。再加上宮位的配置，重點都落在管戀愛的五宮及性的八宮之中，再加上推運的影響，才可能造就這種暗戀偶像二十多年，最後竟成情侶的佳話。

從占星學的原則及我個人實際研究眾多星圖的經驗中，都可一再發現人與人之間如果會產生重要的人際關係，彼此之間形成的相位（不管是合相、對相、衝突相、和諧相、或調和相、掙扎相等等），至少都會有二十幾三十多個以上。有些「非常重要」的人際關係，往往是最刻骨銘心的，有時會有高達四十多個至五十多個相位以上。再加上這些相位落在不同「生命情境」的宮位中，於是演出了無限悲歡離合、愛憎怨懟的人間戲劇。

相位如何影響人際關係

至於那麼多不同的相位，會如何影響到人際關係呢？這是個更奧祕的現象。從實際的研究當中，我發現，基本上，不同的相位都代表不同的意識和力量，固然同時存在在兩個人之間神祕的交會中，我們可以形容這樣的交會是「靈魂的交會」，但是在實際的世俗生活經驗中，卻有可能有些相位因推運的力量而被強調出來。有些相位卻可能存在於當事人靈魂的無意識之中，也許要等到雙方分手後，有一天才被一方或雙方感知到。甚至某些相位的意義在雙方有限的「這一世」生命中都無法體會，也許來世才要面對了。

因此，雙方因不同的、正面的或負面的相位的交會，而形成了錯綜複雜的關係。有時，我們和某一個人的關係會「先好後壞」，雙方合諧的相位先被強調，然後衝突的相位慢慢出現。有時，我們某些的人際關係可能「先苦後甜」，雙方可能先經歷各種難以相處的相位，然後逐漸出現和諧融洽的相位，而這些「時間次序」都和個人及雙方的生命歷程及推運有關。因此，在實際推測人與人之間的關係時，絕不能不考慮這些複雜的因素。

不過，雖然說人與人之間不同的、好的、壞的相位出現於雙方的生命歷程中的時間不一定，但是，基本上，人與人之間的關係還是會呈現一些綜合性的面貌。譬如說有的人際關係配對，顯示出來的面貌就是雙方和諧相居多，也就代表彼此較能激發對方行星力量中較正面的作用力，因此自然形成「互生互利」的關係。但如果雙方的配對呈現了太多的衝突相時，雙方往往會因對方而引發出較負面及摧毀性的行星力量，而形成「損人不利己」的關係。這也就是爲什麼我們在人際往來中，有時會發現自己在跟不同人相處時，可能會分別變成「較好的人」或「較壞的人」。

我們每個人當然都希望遇到的人際關係大多是「好的」，但是，這種願望是否實現取決於很多神祕的力量，這裡我們觸及了占星學中屬於輪迴靈修的領域，無法在此詳述，只得日後有緣再論。

從星圖的觀點來看，往往越沒有障礙及困難的相位的星圖，經常是意味著帶著較少的業障降臨人世，也就越不容易和他人產生太困難的人際關係。怎麼說呢？譬如，一個人如果本命星圖已有金星和火星的衝突相，又和他人的冥王星形成配對的相位時，可能出現冥王星和金星合相，卻和火星或衝突相，或冥王星各自和金星、火星都成衝突相，麻煩當然更大。

又譬如說，如果一個人的金星入對方的五宮，雙方會產生戀愛的吸引，但這個人本命金星和火星成衝突相，那麼火星可能落入八宮。而由於金星、火星本身受剋，因此五宮、八宮的「情境」就會同時出現困難的局面。

因此，如果我們自身有很多困難的相位；在和他人形成人際關係時，我們自然地就會將自身無法解決的問題帶入「關係」之中，變成了「雙方的問題」。所以，任何個人的修行，所謂「自渡」都可「渡人」，都可減少人際關係的摩擦。

宗教鼓勵的就是這樣的境界，越多修行完善的完人，就愈能減少人間的苦難。但當個人越不修行，社會上出現越多不平衡的人格，我們每一個人遇到困難的、險惡的人際關係的機率也就會增加。所謂人際關係的「共業」就是這個道理。

自己動手做配對星圖

製作配對星圖，要進入配關係中，技巧簡單但數字繁複的計算是免不了的。

第一步，先將兩人的行星位置塡入表中（表一），然後計算行星之間的度差各是幾度。例如，黛安娜的金星在金牛座24度24分，查理的太陽在天蠍座22度26分。這兩顆星中間夾有雙子、巨蟹、獅子、處女、天秤這五個星座。一個星座基本是30度。

$$30^\circ - 24^\circ 24' = 5^\circ 36'$$

$$30^\circ \times 5 + 5^\circ 36' + 22^\circ 26' = 178^\circ 02'$$

得出的度數是屬於對相的範圍（$180^\circ \pm 8^\circ$），所以結果出來後，就可以將符號塡入表中。算好之後，就可以開始查閱書中的行星配對相位解釋。

第三部份的行星宮位配對圖表的做法，則是例用表二。舉例來說，黛安娜的太陽在巨蟹座9度24分，查閱查理的星圖是落在查理自己的第十二宮範圍內，於是在「查理的宮位」這一欄塡上「12宮」。

特別要注意的是，如果行星的落點是在交宮的位置正負3度之內時，兩個前後宮位的特質就都要考慮進去。

Princess Di
Sandringham
1 July 1961
07:45:00 PM CET
52 N 50
00 E 30
13:25:18
Natal
Tropical
Placidus

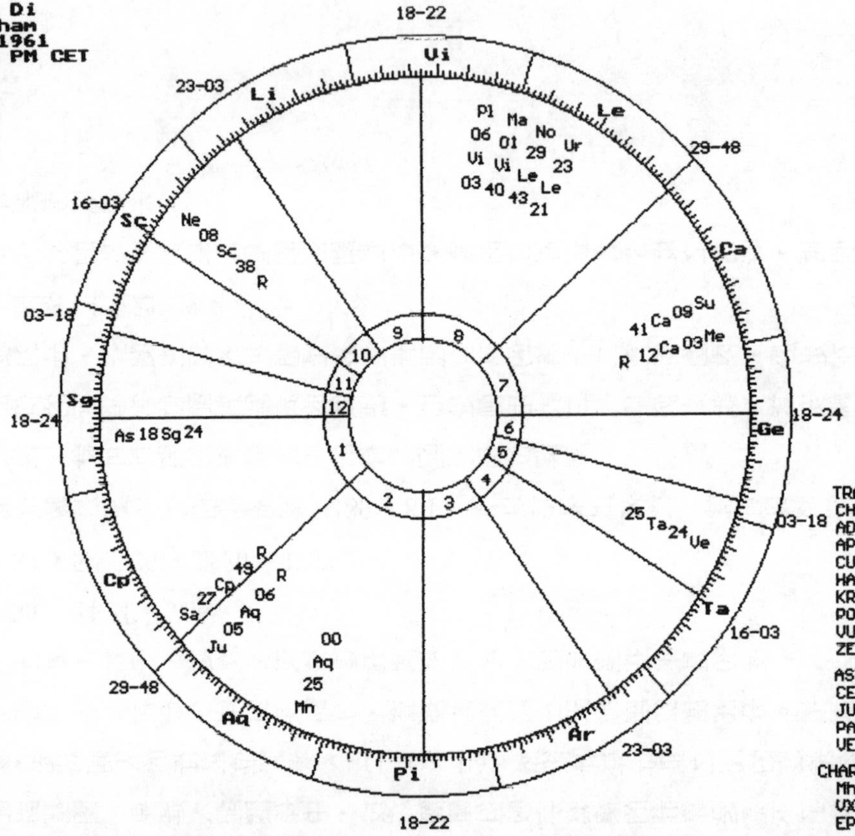

TRANSNEPS
CH 06Pi03 R
AD 27Ar57
AP 25Vi40
CU 08Li22
HA 10Ta41
KR 01Ge35
PO 14Li35
VU 29Ge31
ZE 02Vi45

ASTEROIDS
CE 10Ta45
JU 28Pi01
PA 25Pi44
VE 14Ta16

CHART ANGLES
Mh 23Li03
VX 04Le18
EP 19Cp43

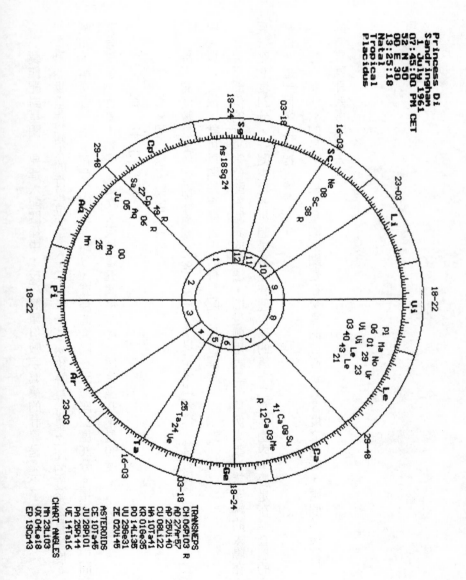

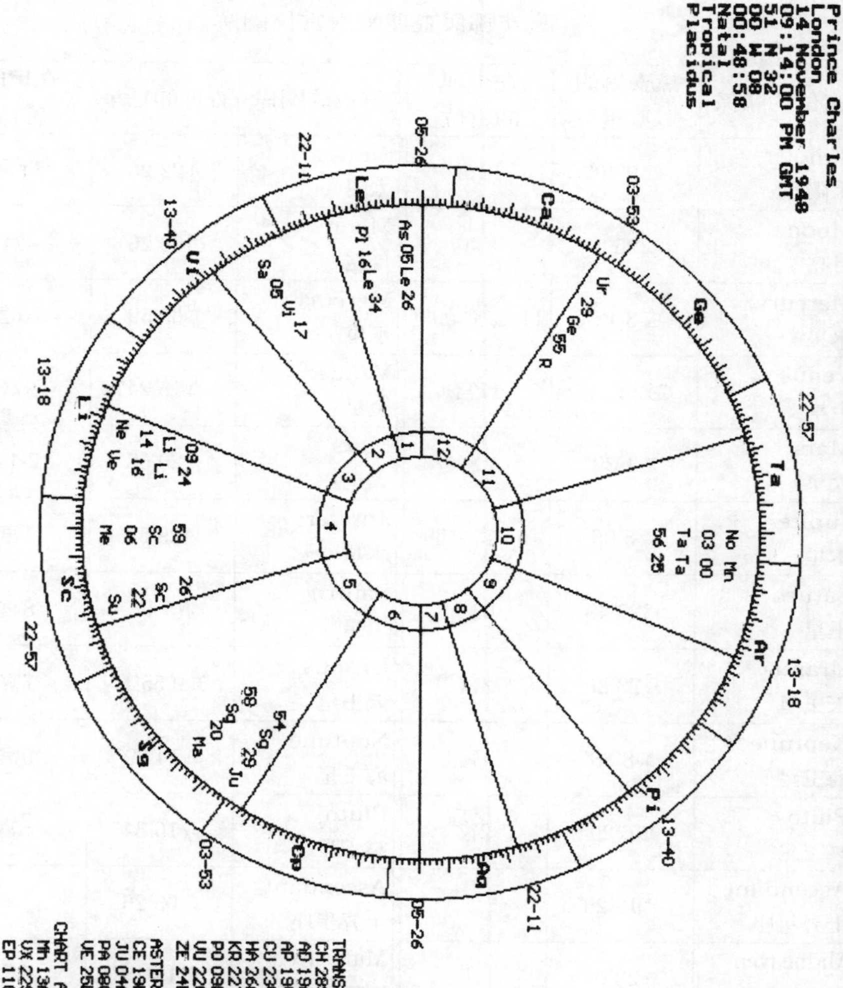
Prince Charles
London
14 November 1948
09:14:00 PM GMT
51 N 32
00 W 08
00:48:58
Natal
Tropical
Placidus
TRANSNEPS
CH 28Sc23
AD 19Ar25 R
AP 19Vi18
CU 23Vi29
HA 26Ar25 R
KR 22Ta07 R
PO 09Li36
VU 22Ge53 R
ZE 24Le21
ASTEROIDS
CE 19Le28
JU 04Ar14
PA 08Ge20 R
VE 25Li45
CHART ANGLES
Mh 13Ar18
Ux 22Sg55
EP 11Ca15

黛安娜與查理配對宮位圖解

宮位的關係	黛安娜的星星	在查理的宮位	宮位的關係	查理的星星	在黛的宮位
Sun 太陽	♋9°40′	12宮	Sun 太陽	♏22°26′	11宮
Moon 月亮	♒25°2′	8宮	Moon 月亮	♉00°25′	4宮
Mercury 水星	♋3°12′	11-12宮之間	Mercury 水星	♏06°59′	10宮
Venus 金星	♉24°24′	11宮	Venus 金星	♎16°24′	9宮
Mars 火星	♍1°39′	2宮	Mars 火星	♐20°58′	12-1宮
Jupiter 木星	♒5°06′	6-7宮之間	Jupiter 木星	♐29°54′	1宮
Saturn 土星	♑27°49′	6宮	Saturn 土星	♍5°17′	8宮
Uranus 天王星	♌23°20′	2宮	Uranus 天王星	♊9°55′R	7宮
Neptune 海王星	♏8°38′	4宮	Neptune 海王星	♎14°09′	9宮
Pluto 冥王星	♍6°20′	2宮	Pluto 冥王星	♌16°34′	8宮
Ascendant 上昇星座	♐18°25′		Ascendant 上昇星座	♌05°26′	
Midheaven 天頂星座	♎23°04′		Midheaven 天頂星座	♈13°18′	

黛安娜與查理配對相位圖解

黛安娜 \ 查理	☉	☽	☿	♀	♂	♃	♄	♅	♆	♇	ASC	MC
☉ 太陽			△						□			□
☽ 月亮	□							△		☍		
☿ 水星			△			☍						
♀ 金星	☍									□		
♂ 火星		△				△	☌					
♃ 木星		□	□								☍	
♄ 土星		□	□								☍	
♅ 天王星	□				△	△						
♆ 海天星		□	☌						□		□	
♇ 冥天星		△				△	☌					
ASC 上昇					☌					△		△
M.C 天頂				☌								

配對宮位關係圖

宮位的關係	你的星星	在他的宮位	宮位的關係	他的星星	在你的宮位
☉ 太陽 SUN			☉ 太陽 SUN		
☽ 月亮 MOON			☽ 月亮 MOON		
☿ 水星 Mercury			☿ 水星 Mercury		
♀ 金星 Venus			♀ 金星 Venus		
♂ 火星 Mars			♂ 火星 Mars		
♃ 木星 Jupiter			♃ 木星 Jupiter		
♄ 土星 Saturn			♄ 土星 Saturn		
♅ 海王星 Neptune			♅ 海王星 Neptune		
♇ 冥王星 Pluto			♇ 冥王星 Pluto		
ASC 上昇星座 Ascendant			ASC 上昇星座 Ascendant		
MC 天頂星座 Midheaven			MC 天頂星座 Midheaven		

相位關係表

你的＼他的	☉ 太陽	☽ 月亮	☿ 水星	♀ 金星	♂ 火星	♃ 木星	♄ 土星	♅ 天王星	♆ 海王星	♇ 冥王星	ASC 上昇	MC 天頂
☉太陽												
☽月亮												
☿水星												
♀金星												
♂火星												
♃土星												
♄土星												
♅天王星												
♇冥天星												
ASC上昇												
MC天頂												

重要相位：☌合相（0°± 8°）☍對相（180°± 8°）　合諧相（120°± 6°）□衝突相（90°±6°）

如何詮釋與看待人際緣份

詮釋「配對人際關係」時的重點

在占星學上，每一個人都是獨特的，都擁有一張獨特的星圖。不像大衆心理學一樣，將人分成幾種類型，或像通俗「占星說」（不能稱之爲「學」）一樣，只把人分成十二種星座。人哪裡是這麼簡單就可以歸類的呢？但是在面對著複雜無比的星圖時，如何詮釋配對的人際關係時，就需要一些重點方向的指引。

一、首先，最重要的就是要先了解個人的星圖。所謂「先知己再知彼」，不了解自己的人，如何了解他人，進而了解兩個人之間的關係。在多年研究配對實例的經驗中，我發現一張百病叢生的星圖，也常常較容易遇上各種困難的人際關係。當人們和他人相處時，遇上了麻煩，經常會先「指責」別人做錯了什麼？是如何對不起我們等等。殊不知，所有困難的人際關係都需要兩個人「共同參與」、「共同創造」，絕不是單方的責任。因此古人才說先「修身」再「齊家」，只有警覺自己星圖問題的人，才會懂得尊重人際關係。

因此，詮釋任何人際關係的配對時，兩個參與者「星圖」中顯示的靈魂進化與提昇的程度，對彼此的人際關係也有著重大的影響。不管行星的相位是如何變化，個人靈性的發展將決定行星正負力量的發揮。所以，即使當相位的配對相似時，當事人是「小人」或「君子」就會對彼此的關係產生不同的結果。君子也可能和人不愉快，但會「動口不動手」，而小人卻可能「大打出手，你死我活」。

二、在配對關係中，當事人的年齡因素也必須納入考慮。譬如在愛情關係中，同樣的海王星和金星的相位，發生在年齡差距不大的當事人身上，不管是暗戀、偷情、苦戀，都不會像發生在年齡差距二十多歲，尤其是女大男小時的雙方身上那麼驚心動魄、牽腸掛肚、令人苦惱。

在家庭關係中時，如果雙方都有土星相位，當土星的一方是長輩時，不管是指導、照顧、權威，總是能表現得較「合乎人情」。但當土星一方是小輩時，往往會使雙方的關係倍加辛苦，也顯示小輩必須擔負起不少土星的重擔。

三、年齡因素之外，性別因素也是觀察的重點。通常在男女關係中，男方的太陽及火星較重要，而女方的月亮及金星較重要。但在「性別交錯」或「倒錯」的情愛關係中，男女雙方可能各自扮演相反的角色。如果男方以「陰性反應」為強，女方是「陽性反應」為強時，前述的重點也就必須互調。至於在同性戀的關係之中，即使相位和異性戀者的相位相似時，因為社會的壓力。同性戀者面對的人際關係絕對會較困難。

四、人際關係大致可因不同的性質分為不同的「類型」，因此在觀察配對的關係時自然有不同的面向。在印度神話中，將人與人之間的情感關係，分為五大典型，第一是僕人與主人的關係，強調的是服從，現今不少職業的關係都屬於此類。

第二是朋友之間的關係，強調的是友誼，這個關係可能是社交性的、也可能是「四海之內皆兄弟」的人類情誼。第三是父母與小孩之間的關係，強調的是親情，而這種親情也可延伸至手足和近親、遠親之間。第四是夫婦之間的關係，強調的是婚姻中的責任和愛。

第五是情侶之間的關係，強調的是浪漫的愛，這份愛可能有軌可循，也可能變成出軌之愛。除了這五種類型外，我認為還應當加上第六種，老師與學生之間的關係，強調的是教導或互相學習，這個關係並不限於世俗中的師生關係，還包括了各種志同道合的道友的關係，在第六種關係中，知識、人格、靈性的成長將是最主要的目標。

人際關係雖大致可分為這六種，但在實際生活之中，人與人之間的互動，常常並不一定就只侷限在任何一種，有時會兼具很多種不同類型。有時在不同的生命階段，我們會改變和相同的人之間的關係，像有的情侶變成了朋友，或朋友變成夫婦等等。而這些不同的人際關係類型，如果發展的不好，則都有可能讓彼此的關係變成「敵人」的關係。

人類的愛可能有很多種，但恨卻往往只有一種，愛使我們產生了不同方式的結合，恨只會分開、疏離、拆散、對立人們。

五、人際關係除了基本的類型外，也會出現「反類型」，所謂反類型的人際關係，通常指的是不符合血緣、性別、年齡、身分、社會等「規範」的人際互動模式。而這些「規範」有的會經過時代的演變、進化而更替，有的則根深柢固於普遍性的人性共通價值中。

有些傳統的規範，早已隨著時代的發展而顯得落伍。譬如說在保守的農業社會，人際往來十分單純，嫁給外鄉人都是件不尋常的事，自然對不同國籍、種族間的人際關係，尤其是情侶、婚姻、家庭關係會大驚小怪，但今日恐怕已經很少人會對異國婚姻、多種族聯姻或混血子女感到意外了。但是同性別的男女關係，或年齡差距很大，尤其是女大男小的老少配，還是常引人側目。

從個人星圖中，可以發現一些同性戀者的「傾向」，譬如說金星、火星和海王星、天王星形成困難的相位（對相、衝突相），或海王星、天王星在五宮、八宮，或金星、火星、海王星、天王星有逆行(Retrograde)現象，或土星在十宮（男同性戀），及土星在四宮（女同性戀），這些「徵兆」當然只是一部份可能的心理能量，但會不會演變成事件，則有待更仔細地推演，因此，當個人星圖上具有以上這些傾向時，這些人的情感關係就不能只觀察當事人和「異性」的關係。有時他們和同性之間形成了金星、火星、天王星、海王星的相位時，引發的力量會比異性關係大許多。

至於老少配的「反類型」，這裡所謂的老少配，指的是雙方年齡差距至少相差十八歲以上。過去傳統的父權社會，其實一直「鼓勵」男大女小的關係，這是一種變相的把丈夫視同父親的男性權威意識所產生的結果。但對女大男小的關係卻大為排斥，直到今日，女大男小的情愛關係仍然被大部份人視為「異端」。

通常會形成老少配的關係，當事人的星圖上也會有一些癥狀，例如男方的月亮或女方的太陽和土星、天王星、海王星、冥王星形成困難的相位，或土星入五宮也是經常使當事人有發展老少配的人際關係的需要。而這種需要，說起來其實是根源於當事人對原有的父母關係的失望與挫折（男方看月亮，女方看太陽）。因此老少配的關係，表面上可能是情侶或婚姻關係，在精神上其實是父母子女關係的「變形」「替代」或「補償」。

在「反類型」的人際關係中，最不能讓人們接受的就是亂倫的關係，這裡亂倫的定義不單只包括那些實質上有過肉體的關係，還包括了比較隱而未見的精神上的亂倫（想做而不敢做的）。

亂倫關係之所以「反類型」，就是因爲它們在原本應該是父母子女，或近親遠親的血緣或非血緣關係中，竟然夾雜了愛戀欲望的「情侶」關係。就像前面我們提到過，人與人之間的類型關係常常不止一種，當父母子女的關係還夾雜了「僕人與主人」、或「師長與學生」的關係時，沒有人會覺得不妥，但夾雜了「情侶」關係等就十分不妥了。但宇宙的方程式千變萬化，因此在人們眼中再不妥的事，「天道」卻可能安排。

在個人星圖中，如果男性的月亮或女性的太陽和天王、海王、冥王星形成了合相，或男性有受剋的月亮在一宮、十宮，女性有受剋太陽在一宮及四宮時，都代表了當事人和父親之間有存某些情結。

或者當事人有受剋的月亮在三宮、九宮或受剋的水星在八宮，也代表當事人和近親、遠親可能有著不尋常的關係。但這種心理傾向是否會形於外而形成事件，當然還要看當事人和這些人形成的配對相位，因此要特別留意他們彼此之間月亮、金星、火星和天王星、海王星的相位了。

如何看待「好」或「壞」的人際關係

莎士比亞曾說過：「生命之網是用混合的紗線編成，這些紗線有好有壞，如果其間沒有缺陷鞭笞著我們，我們的美德將被驕傲取而代之，如果沒有美德珍愛著我們，那我們將因罪行而萬劫不復。」

以上這段話，可以讓我們用來當成對人際關係之網的比喻。人際之網中，也有好的和壞的紗線，不管從宿命的因果觀點或靈魂進化的原則來看，「好」與「壞」的人際關係，都是我們「需要」的，只是我們或許較「意識」地需要好的人際關係，但同時又「下意識」地也需要壞的人際關係。

在我觀察的眾多星圖之中，從來沒有任何兩個人的人際關係是全然好的或全然壞的，而每個人一生碰到的無數的人際關係中也好壞參差不一。就像生命的大海有著無數的潮汐，而不同的潮汐帶來了不同的人際關係。而同樣地，每一個人際關係也都有其漲潮和退潮的時候。

從古至今，不管是精研天人之變的占星術士或通達人情世故的尋常百姓，不少人都想搞通人際關係的演變，甚至想操縱這些變化（如厚黑學），以謀個人之利益。但就像中國的一句老話，「人算不如天算」，命運的變化奧秘無比，我們哪裡能選擇或安排人際關係呢？

通常，從我們一出生開始，各種的人際關係就接二連三地「發生」在我們身上，躲都躲不掉。伏爾泰曾這麼說過，看待生命經驗最重要的態度，不是「那些事發生了」，而是我們對「那些事做了什麼」，意即我們看待事件的反應及態度。我們也可以這麼面對已經發生或將要發生的人際關係，重要的不在於「發生」了什麼，而是我們將對這些發生「做了什麼」。

首先，我們最應當做的就是先去眞正「了解」那些已經發生的人際關係。所謂了解，不是算計何者得利、何者得弊，而是藉著了解人際關係來了解自我，也同時知天道、知天命。所有的人際關係都是天道天命神聖計畫的一部份。而這個天道天命的展現，並非有限的人性能全然領悟的。

就像有時人們說「天道不仁」，我們會看到人與人之間互相憎恨、殘殺，但這樣的天道是否正在教導人類靈魂進化的重要性，人性中殘存的獸性會比動物爲惡更大，因爲動物是沒有善惡之分的，只有神性的進化才能提昇人性。

宗教上人常說，「愛你的敵人」；也有些實際的政客說，「敵人使我堅強」；而不少心靈導師說過，「敵人是我們的鏡子」。不管怎麼說，生命中最大的挑戰就是去「肯定」我們心中最討厭、憎恨的人事或情況！這裡說的肯定必須分成兩個境界，第一是做爲行動者的我們，我們或許可以對別人加諸於我們的某些「情境」說不，但同時要包括第二個境界，即做爲觀察者（知天命者）的我們，要能了解萬事萬物皆有因存在，因此要讓自己活，也要讓別人活。

我們「每一個人」都有一張神聖的個人星圖，但不要忘了，「所有的人」都有這麼一張「聖圖」。因此這些星圖中形成所謂好與壞的人際關係時，其實都是宇宙星圖的一部份。在我寫作這本書的過程中，有好幾次我都不免想起希臘神話中那個打開「潘朵拉盒子」的故事，在解釋書中這些星座、行星、宮位的交織變化時，我是否正在洩露著宇宙星圖的天機，讓隱藏的人際關係知識系統公諸人間。而這麼做，除了滿足人類文明進化過程中不可或缺的好奇心外，到底是會讓人們更趨向用知識來「滿足個人的欲望」，還是用知識來「轉化人們可以進化的靈魂」。

我一直相信占星學是可以進化的，而「進化的占星學」也能幫助人們進化。因此最後，我還是選擇打開了潘朵拉的盒子，只因爲我仍然必須選擇對人類有信心。

因此，我希望看這本書的讀者，都能了解和支持我的願望，不要把這本書當成「算計」人際關係的工具，而是把它當成「體驗」人際關係的地圖。

所有好的、壞的、順的、逆的、正面的、負面的人際之網，就像生命之網一樣，都是我們生命的旅程。我們卻只是命運的旅人，在借來的時間和借來的空間中走世界一遭，我們帶不來的，也帶不走。了解、體驗一切「如其本來」，這才是人際關係的涅盤眞義。

宇宙的和人際的電腦遊戲

許多新科技對現代人早已經不是陌生的事物了，但當我們很「熟練」地使用衛星電視、傳眞機、大哥大、個人電腦、電腦網路時，我們似乎並不太思考或領悟這些科技工具的「人文涵義」。它們除了能帶給人們生活的便利外，到底還意味著什麼。

對於任何一個活在二十世紀以前的人們，當時也早有各種的科學觀念，但今日的科技卻有不少超乎當時人們的科學想像（否則早發明了）。尤其對於缺乏科學理解的人們而言，許多新科技帶來的「溝通」只能用天眼通、天耳通等神祕現象來解釋了。

我們今天使用的這些新科技，大多有賴於人們從十九世紀以來所發展的電磁波知識系統的了解及運用，電磁波在開天闢地以來就存在於地球與宇宙之間，但人們卻要到本世紀才懂得運用它們，而在運用電磁波時，人們也必須創造許多「符號」去說明、伐表不同電磁波的性質，並發展出各種專門的學問。

同理，今天還是有許多人抱持著今日所謂的科學觀念，無法想像，也無法相信人們可以運用「創造」出來的占星學符號，把人們出生的年月日時地點做成一張地圖（如同接收站），去接收天上的一些行星（也用占星符號代表）所發射出來的訊息，並觀察這些訊息的「現象」。占星學的研究就是在解讀這些訊息如何接收、如何傳送、如何印記，以及說明各種的現象。

人類的已知的文明史最早最早不過六千多年，而地球已有六十多億年的歷史，至於宇宙的歷史根本是個天文數字，無法猜測。而今日我們使用的新科技不過是幾十年來的科學功夫研展、發明而來，只要看看電腦在近三十年的變化。就知道目前科技文明的進步多快速，目前ＩＢＭ還在努力發展所謂的超級電腦，也宣稱原子電腦有其可能性，但今日人類的「科學想像」仍無法揣摩原子電腦是什麼樣的情況，那就更別談到所謂量子電腦的未知狀況了。

在占星學的定義中，電腦和占星學都是屬於天王星和土星合作的文明產物。而今日占星學的發展不止在效率上有賴電腦的協助，在觀念的啓發上也和電腦的資訊處理互有共鳴，越進步的電腦能夠輸入的方程式就越多（也就是所謂的位元的容量），同時處理方程式的速度也越快。

占星學處理的正是宇宙電腦中的方程式，這個宇宙電腦的容量有多大，根本不是我們可以想像的，而這些天文數字的方程式是怎麼作用的，更叫人們難以捉摸，像《聖經密碼》的作者就是在尋找宇宙電腦的方程式。占星學只不過是人們在面對未知的宇宙方程式時，由「人腦」想出來的一些計算及處理宇宙資訊的方法。

而我們也知道，人腦處理資訊不及電腦快，因此今天占星學家多藉助電腦去處理資料，但人腦絕對比人造的電腦富有直觀力及思考力。在占星學的理論中，土星的力量強調的是已知的事物及方法，天王星的力量是未知的事物及方法。好的科學家、電腦專家、占星學家都需要用土星已知的方法去了解、開拓天王星未知的事物。

科學並不是一個學科，只是一種特定的研究方法及精神。因此占星學可以是「生命科學」，但占星學的研究卻必須符合科學的方法才行。

在我研究衆多的個人星圖及配對星圖過程中，常常心中激動不已，感歎宇宙造化的奧妙及大能。而這種因直接體驗宇宙律而產生的惶恐、感動、震驚，我想許多科學家或神祕主義者都曾有相似的體會。

從十八世紀以來，人類的「科學」因理性主義之光有了長足的進步，但神祕學卻隨之消沉。從宇宙進化的觀點，這實在也是個好事，因爲今日的神祕學的發展，不僅要靠著人們原有的直觀力與想像力，還可以依靠各種科學方法的輔助。譬如說神祕學中談到的靈光(Aura)，德國科學家已經製造出顯光相的攝影工具；而同理，電腦更帶給占星學的研究許多的幫助。

今天，我們在這研究人際關係，不管提出多少理論，却只是「人際電腦」中一小部份的資訊，好的占星學家從不「鐵口直斷」，因爲有限的知識絕無法超越無限的奧祕。人際關係中除了可言說的部份，還有太多不可言說的想像空間，需要讀者的慧心及直觀參與。同理，人際電腦中呈現出來的「事件」，只是現象界無數面向中的一個面向，人與人之間的心理過程及靈魂的互動才是最需要了解的意涵。

我們都是活在宇宙電腦中的「角色」，不管在我們個人或人際關係中，都存有無數的「密碼」在操作。人類輪迴的靈魂選擇了不同的星圖來面對這一世的功課，我們可以宿命，也可能超越宿命，關鍵即在於我們的「自由意志」是根據靈魂的覺醒而產生，還是根據自我的欲望所生。了解我們生命的密碼，有助於靈魂的覺醒，不了解生命密碼的人，所謂的自由意志卻常常只是星圖中被宿命制約的「反應」，因此無法超脫宿命。

在多年藉著占星學研究人際的和宇宙的電腦遊戲的過程中，我越來越肯定個人靈性的覺醒及成長，是占星學帶給人類最重要的贈禮。在過去數十個的世紀中，人類追求靈性的道路，一直只能靠著宗教家或神祕主義導師的指導。許多偉大的教義固然對芸芸眾生有益，但也往往無法兼顧個人靈魂的獨特性。

人類的歷史一直到二十世紀，才進入所謂的「個人主義的世紀」，雖然個人主義的發展，如果只停留在人類低層的自我之中，會產生不少負面的作用。但同時也讓人們看清人類低層的自我中隱藏了多少黑暗的力量。

可是當個人主義朝向人類高層的自我發展時，也帶來了崇高的祝福。所謂「神」原本就是人類最高層自我的顯現和象徵，無數上師說過的「神即我，我即神」或「佛即衆生、衆生即佛」，這裡的「我」或「衆生」並不是未發展、未進化的自我，而是靈魂演化成熟後的「精神原我」。

個人的「精神原我」往往像是深藏在大海之中的「海洋之心」（這是套用風靡全世界的「鐵達尼號」的隱喻）。占星學就是探測大海的神話地圖，而我們每一個人都是孤獨的搜索者。今日的人們何其有幸，花一點功夫就可以上電腦網站上去取得一個人的神話地圖（星圖），這是非常「特權」的機會。

我記得十多年前在德國法蘭克福旅行時，去了大文豪哥德的故居，在他書房裡書桌正對面的牆上，看到了哥德個人的手繪星圖。歌德誕生於一七四九年，星圖上還有出生的時間及經緯度。而根據歌德的生年資料，歌德對占星學及煉金術都有著強烈的興趣，而他的鉅作「浮士德」中許多原型觀念都來自這兩種神祕學的啓示。

想想一七四九年離現在已經是兩百五十年了，如果歌德不是誕生於權貴之家，或十八世紀時科學已相當先進的德國，根本不可能在出生時有時間（鐘錶的條件）及經緯度（地理知識），再加上當時占星學的「不普及性」，我想一張由占星學家繪製的手繪星圖可能在當時索價不低。

中國社會就是因爲科學條件的限制，因此中國占星學一直只能以時辰法（兩小時爲一間隔）及六十干支（不考慮宇宙星曆的變化），更不考慮出生地經緯度的不同（就如同地球只是平面，而非球面）。這三大不夠「科學化」的缺失，使得中國占星學就如同畫一張地圖只是靠著人在地平面上東走西走做記錄，而非靠著衛星在高空拍攝精細的俯瞰圖。

今天的我們，比起過去數十世紀無法親身研究、了解個人星圖的人們要幸運太多了，但幸運的機會也需個人的把握，如果連去取得一張個人星圖的功夫都懶得，只想靠著太陽星座速食了解自我或靠著太陽星座速配了解人際關係，那眞是糟塌了自己身處的「歷史機緣」。

在宇宙占星學的研究中，二十世紀末期，尤其是從一九八一年起當天王星進入射手座，人類即逐漸地進入重要的個人靈性及神祕知識覺醒的階段；新世紀思潮及占星學的發展也將逐漸越來越重要。接著從一九九五年底當冥王星進入射手座，整個世界對於靈性、宗教、神祕學的追求也將越來越強烈。台灣這幾年來對各種占星學、神祕現象、各種宗教門派的狂熱，都是反應著這股世界性的潮流。

但每一個社會、文化、國家的靈性發展之路，都會受到那個地方自身文明水平的限制，當西歐國家拍攝一張「靈光」照片只要台幣兩百元時，台灣某些教派卻會拿這樣的照片大做文章，變成偶像崇拜、唬人斂財的工具。

當西歐國家不少高級知識份子正逐漸投入嚴肅正統的占星學研究，已求對人類的成長、發展、福祉有所貢獻，反觀國內的神祕學界，大多只停留在算命一小時爲人指點迷津、算算人們的妻財子祿、禍福吉凶一番，或更等而下之，靠幫人改運、給符咒、賣明牌等等，怪不得許多高級知識份子寧可明哲保身，也不碰神祕學。

同時，一些受西方占星學思潮影響的所謂「占星學家」，除了非常少數的幾位之外，不少人拿著西洋占星學當幌子，靠著一些通俗甚至不正確的「占星胡說」求名謀財，使得正統占星學的研究成爲飽受誤解的冷門工作。

從蘇格拉底說「認識自我」到今日，人們一直想了解自己，這是一個多麼神聖又重要的工作，而今天，我們的文明提供了不少工具幫助我們走上自我了解之路。但天下沒有白吃的午餐，只有努力，才能帶來收穫。想眞正自我了解的人，如果想藉著占星學這盞明燈，那麼一定要去取得一張個人的星圖，再買幾本眞正的好書，花點耐心研讀一番，不要只把占星學當成「休閒的書」，不要只用休閒的態度去了解自己。許多人花無數的時間研究股票明牌，卻無法從股票市場上賺到錢，而生命的價値爲什麼不能讓我們多花一點時間去研究呢？

了解自我，從星圖的曼陀羅圖開始，了解所謂「生之輪中的人」(Man on the wheel)，知道我們爲何浮沉於因果之中。在藉著玄祕占星學靈性知識的啓示，走上「生之路上的人」（Man on the path），這是我們每個人最珍貴的生命之路。這也是我寫作所有占星學的書時，最大的動力來源，也是我最渴望和讀者進行的沉默對話。祝福大家。

part 2

★行星配對相位 演出人際關係的情節

由於本書的重點在研究行星的配對相位與宮位，是如何對人際關係造成影響。因此無法詳述每一行星落入的星座，所產生的性質變化，以及這些星座的性質又如何對相位及宮位的配對發生作用。這種無法「全盤皆顧」的現象，是每一本占星學書籍都會遇到的兩難處境，只要談論的內容越專門，必須捨棄的通識就越多。

如果本書的讀者，早已熟讀各種和星座以及行星落入的星座有關的基本入門書，那麼在閱讀本書時，不要忘了將已有的知識系統溶入本書的配對相位及宮位的知識系統內，以建立更面面俱到的觀察、判斷能力；如果不曾讀過以上的入門書，雖然也不妨礙閱讀本書，但最好還是找一些基本的參考書來看，才能更透徹地了解行星相位及宮位更複雜的天文演義。

怎麼看行星的配對相位

在我們進入有關行星配對相位及宮位的「食譜」內容(Cook book)之前，必須再三提醒讀者。以下的資料都是建立在占星知識的「綜合性」和事件的「或然性」之上，因此絕對無法全面代表占星知識的「完整性」和事件的「絕對性」。因此，讀者在觀看或做個人星圖和他人星圖的比較配對時，必須牢記這本書只提供「參考性」，尤其是強調「相似的心理過程」參考，而不強調任何事件的「預測性」。所以讀者千萬不要把書中的內容看成是「咒語」或「預言」，最多只能看成「寓言」或「隱喻」，而透過對寓言的體會與對隱喻的心得，我們或能更了解豐富的人際關係中意識及潛意識交集的內容。

運用食譜書的方式寫作本書，是大部份占星學家不能不做但又不太愛做的事。好的占星學家本身一定有如善烹調的大廚，做菜時絕不會把鹽幾匙、醋多少、又香料幾分的掛在口頭上。他們在研究任何單一星圖時，都能把腦中深藏的占星知識以及潛意識的直觀能力調和成對占星這門生命科學的全面了解與體會。這個境界的高低，當然因人而異，但必然有許多非語言能傳達的奧妙心得。但是，大廚教做菜，也必須從選什麼材料用什麼醬料開始，占星學家想要普及占星學時，也必須把占星知識分門別類，才能逐一教導讀者去了解這門奧妙的學問。

而所有好的占星學家，也一定是從閱讀別人寫的食譜書開始占星學之旅的，只是學問研究到一定境界，必然要拋開食譜書而走向專門的、奧義的占星書，最後再進入知識的沉潛、發酵、成熟、轉化期，才可能成就一個好的占星學家。但是，占星學家也不能忘本，所以不少占星學者才會有志於寫作更好的食譜書，以幫助才剛走上占星道的讀者。

本書所論及的占星知識系統，當然有不少部份是來自作者多年精讀占星書籍產生的體會，但也有將近一半的內容是根據本人歷年來觀察、研究的星圖所獲心得。在此我要感謝所有我擁有的星圖的當事人，由於他們豐富的生命原貌，才能使我領略更多占星學的活用知識。其實，任何的占星書籍或食譜書，絕不能根據古籍照本宣科，完全根據前人所述。而不引進新的個人體悟，將是占星學脫離社會、時代的演變。占星學是一門古老的學問，但也永遠是一門新生的學問，每一個個人及群體人生的片斷、縮影、事件，都能提供占星學家無窮的資料，以豐富占星學生生不息的知識系統。

此外，本書的食譜分類，並不以傳統的太陽行星開始以至其他行星，而是以較綜合性的行星性質來分類，譬如說強調感覺、情感、性愛的互動反應。或強調心智、意志的溝通對應等等。而對各宮位的敍述，也是以不同的生命情境爲主，譬如說個人家庭和社會家庭和人類大家庭的聚合。

這種分類法的目的，即在強調占星學的人生舞台性，讓讀者了解行星、宮位具有原微性的「角色」能量，因此不只是枯燥的「符號」。這麼分類，雖然會增添讀者在查閱個人星圖及配對他人星圖時的困難（其實是很小很小的），但卻希望讀者能更有置身於人生劇場的感覺，看看這些行星的相位和宮位是如何在演戲，而我們也是其中的演員。

最後，還要特別提醒讀者注意一點，在以下的食譜內容中，每當出現某行星呈現合諧、有利、好或不佳、不利、不好的相位這樣的內容時，指的不止是該行星（從太陽至冥王星）在個人「本命星圖」中是否有所剋相，也包含了彼此「配對星圖」中交錯產生的相位好壞。而這是非常重要的影響力，因爲任何本命星圖中的行星，與配對星圖中的行星相位的好壞，將產生正面或負面的力量，影響深遠，請特別留意。

月亮知道我們的心意

在個人星盤中，月亮可看出一個人對情緒、情感的基本需求，由於個人的月亮和母親、大地之母均有其聯繫，因此月亮也顯示出個人對安全感、保護的認同意識。

當我們星盤中的月亮和他人的行星產生了關係時，我們最容易感知自己的情緒產生了變化，也因此有了各種微妙的感情，而這種感情究竟是帶來正面的安全感的滿足或保護、孕育我們的支持力量？還是負面的安全感的挫折或摧毀性的認同感的失落？關鍵就在個人的月亮和他人行星之間產生的相位的變化，這些變化奧祕無窮，現在就讓我們藉著行星力量的線索，踏入人類情緒迷宮中探索吧！

月亮和他人太陽的相位

合相（0度）：在這個相位中，月亮反映出母性的功能。因此傳統上認爲，女性的月亮和男性的太陽合相這種男陽女陰的模式是兩性情緒關係融洽的一種保證。但如果是男方的月亮合相女方的太陽（男陰女陽），在眞正兩性平等的關係中也無不可。只不過由於這個合相是以太陽爲主導地位，因此不管是男方或女方的月亮，都必需有心理準備要在情緒上配合對方。但這種配合經常是志願的，因爲太陽的一方總是充滿了光和熱照亮了月亮一方，使得月亮一方情不情禁地想呵護、體貼對方。

對相（180度）：這是非常困難的相位，但也經常出現在婚姻及重要的人際關係中。這個相位通常使雙方的負面特質較易顯現出來，因此彼此的相遇常代表「透過對方的陰影來學習成長」。在對相的關係中，太陽的一方常代表意志力及自我較強悍的那一方，因此對月亮的一方會採取嚴厲掌控的態度，使得敏感的月亮一方喘不過氣來。月亮的一方認爲太陽太兇悍、霸道，而太陽一方認爲月亮感情用事、軟弱。彼此都不能在情緒上了解及接納對方。

和諧相（120度）：這是人際關係中情緒和諧最美妙的相位，不僅適用於兩性愛戀關係中，也是家庭關係及父母子女關係中的良好相位。通常太陽的一方能引導月亮的一方表達情緒及感情，而月亮的一方也很能吸收、反映太陽的感情。因此太陽一方是長輩較適合。這個關係比合相較能讓雙方的情緒自主，因爲月亮一方也不致過份依賴太陽的光輝。

衝突相（90度）：這個相位常代表雙方來自不同的成長背景，彼此對情緒、情感的表達及要求均有很大的不同，因此常造成彼此的誤解。太陽的一方在關係中常無意識地受自己的母親的影響，而去評斷月亮的一方。而月亮的一方也會受父親的薰陶，對太陽的一方而有所不滿。雙方相處必須先克服家庭環境的制約。

月亮和他人水星的相位

合相（0度）：雙方溝通的情緒滿足度很高。通常月亮的一方較喜歡表達個人對事物情緒性的看法，而水星一方較喜歡表達個人對事物的分析性的意見。當彼此有合相的關係時，月亮的一方覺得對方的邏輯分析能幫助他了解自己的情緒，而水星的一方則覺得對方能在情緒上接納他的意見。彼此均在溝通中有所收獲。這個相位不會帶來羅曼蒂克的感情，但當彼此已存有其他浪漫的情感時，這個相位有助於雙方心智的了解。這個關係也常發生在好朋友及良好的家庭關係中，通常月亮的一方是較敏感，藝術化傾向較高的，而水星的一方則較聰明、心智能力較高。

對相（180度）：這個相位代表了溝通的困難，雙方常常是情緒及心智互相沒有交流，月亮的一方常覺得自己的情緒不被對方的心智了解，水星的一方也覺得自己的道理對方根本不愛聽。一個被認爲是愛說教（水星一方），一個被認爲是沒有思維能力（月亮一方），雙方最好不要是師生的關係，如果是情侶夫妻，則老是會有理說不清、有情卻無法會意。

和諧相（120度）：這個相位帶來有利的溝通情境。通常水星的一方常能幫助月亮的一方理清情緒的盲點，指引月亮的一方在處理日常事務時多做理性判斷，減少過份依賴情緒。月亮的一方則鼓勵水星一方的知性發展，並以感激的情緒反應加強了水星一方的自信。這個相位對彼此的工作關係幫助很大，尤其當彼此的工作和食物、房地產、餐廳及家用品有關時最爲有利。

衝突相（90度）：這個相位對家庭成員和處理家庭事務最爲不利。通常水星的一方常以批評、找碴的溝通方式，威脅到月亮一方情緒的平靜及安全感，而月亮的一方則會常常顯得鬱鬱寡歡、感情用事而造成水星一方的頭昏腦漲及誤解。這種溝通的障礙使得彼此甚至無法對日常最平常的事物達成共識，常有浪費兩人的精力而一事無成之感。

月亮和他人月亮的相位

合相（0度）：這個相位帶來彼此的「心有靈犀一點通」，也讓雙方都能讀懂對方的心。占星學傳統上認為這個相位是很好的婚姻夥伴，因為月亮掌控跟家庭有關的活動，這個相位象徵了彼此在家庭生活中的配合可以天衣無縫。但如果個人星圖中的月亮有不好的相位，反而不適合找這樣的搭配，因為會使家庭問題更加麻煩。

對相（180度）：這個相位也常見於婚姻及親密關係中，通常會讓彼此變成典型的怨偶。這個對相讓雙方情緒上老是不能互相配合，好像雙方總在「相同的時候」需要「不同的事」，譬如有時一方需要情緒的親密，另一方卻在當時想要心理的空間。這種老是搭不上線的感覺會讓彼此很著急，因此常激起對方很強的情緒防禦，雙方生活中最缺少的就是平靜，但奇怪的是，有的夫婦就這樣吵吵鬧鬧過一輩子。

和諧相（120度）：這個相位帶來彼此情緒的親密及和諧。最適合在家庭成員中出現，能讓彼此樂於享受親密的家庭生活。對於婚姻伴侶而言，這個相位常讓彼此有種親人多於夫妻的感覺，彼此很自然地懂得合作及分享家事及親情，當生活中有困難時，這個相位也可幫助雙方為對方著想的傾向。

衝突相（90度）：這個相位常帶給雙方相處時情緒上的困難，對方的存在，總是會引起另一方某些不愉快的感受。有時雙方會來自教養很不同的家庭，彼此對事情的情緒反應因此常常迥然不同。有時這個相位會引發很強的情緒吸引力，但也同時產生排斥力，但通常彼此一旦相處較久，就會發現兩個人對家庭、小孩、父母等等事物的看法差距很大，而逐漸讓戀情冷淡。家庭成員中若有這樣的相位，彼此最好不要住在同一個屋簷下，最好各管各人的事以免增加情緒摩擦的機會。

月亮和他人金星的相位

合相（0度）：這個相位通常使雙方產生很強的情感連繫。月亮的一方能提供家庭及情緒的安全感給予金星一方，而金星的一方則付出了摯愛及感激之情。這是個共同生活的良好相位。有這樣相位的親人自然能產生很深的家庭情感，而發生在情侶和配偶之間時，也使得他們的感情有種「親情」的特質。

對相（180度）：這個對相雖然困難，卻常使男女雙方產生極強的浪漫之情和極大的性吸引力。通常金星的一方會想在情感上征服月亮的一方，但卻不懂得體貼月亮善感的靈魂，使得月亮一方雖然受金星強大的吸引，但同時又有種情緒的失落。這種相位常發生在不能協調愛和情緒滿足的戀人及配偶身上，總有一方空歎「你懂我的情，卻不懂我的心」。

和諧相（120度）：這個相位帶來十分羅曼蒂克的吸引力。彼此都喜歡有對方為伴，並且樂於一起分享家庭生活。金星的一方常帶領月亮的一方去體會藝術、音樂及各種的享樂活動，月亮的一方則提供金星安慰、包容和舒適。這個相位有助於婚姻及家庭關係的維持，即使彼此之間存有別種障礙時，這個相位總能使雙方「珍惜一些美好的感覺」。

衝突相（90度）：這個相位常帶來兩人相處的緊張。月亮的一方總認為金星的一方表達感情的方式太粗魯或太具強迫性，而金星的一方有時是為了月亮提供的經濟，或家庭的有利條件而選擇這個關係。這個相位通常難以產生自然的愛戀之情，兩個人相處總會受到外在因素的限制或促使，而情感和安全常常成為彼此互相誤解的關鍵。

月亮和他人火星的相位

合相（0度）：這個相位一方面帶來彼此相處時困難，一方面又帶來極強的關係吸引力。標準的「床頭吵、床尾合」的關係。火星一方的攻擊和侵略的能量，帶給月亮一方情緒的騷動及不安。月亮一方的超級敏感及過份情緒化又讓火星一方不耐煩。但同時火星的主動及熱烈的性能量卻又神祕地引發了月亮一方的反應，使得雙方的性活動在一強一弱的配合下到達了神祕的強度。通常男方是火星一方較好，否則女方過強的火星有時反而會引起男方的「性無能」，這代表男方陽剛力量的瓦解。

對相（180度）：這個相位雖然也可帶來關係的吸引力，但造成的困難比合相更嚴重。算是「可以做愛但難以相處」的關係，即使是做愛，也常常不是在很平等的關係下發生，通常火星的一方是主動者，而且會利用月亮一方來達成性或財務的滿足。這個相位也不適合財務或商業的關係，容易引起衝突。通常月亮的一方是較忍氣吞聲及受害的一方，如果家庭成員間有這樣的關係，火星的一方必須多做檢討、控制自己的侵略性。

和諧相（120度）：這個相位並不會比困難相位帶來更強的關係吸引力，反而更適合於彼此有共同目標要完成的人。通常火星的一方扮演激勵者，能鼓勵月亮一方破除惰性、慣性的傾向而變得較主動。火星一方適合的角色有師長、父母及上司等等。在親密的兩性關係中，火星的一方常能帶領月亮的一方表現出較本能的一面，對彼此的性關係自然有所助益。

衝突相（90度）：這個相位發生在家庭成員中時，常帶來相處的火爆場面，火星一方的壞脾氣常引起月亮一方的沮喪，而月亮一方永不休止的抱怨更加強了火星的反感。這個相位也不適合彼此之間有財務往來，通常火星的一方會帶給月亮一方金錢的損失。在兩性關係中，這個相位存有一種難以言傳的「亂倫」的感情，通常月亮的一方似乎藉著和火星的性關係來脫離自己對父親或母親的依戀之情。

月亮和他人木星的相位

合相（0度）：這個相位是帶來很強的情緒滿足。通常月亮的一方深受木星一方的情緒激勵，只要對方在場，月亮一方就不由自主地覺得很有精神、彷彿吃了活力劑，木星的一方也會因月亮的信任及依賴而變得更有自信。這個相位產生的感情比羅曼蒂克的感情更深沉，兩個人之間會有一種「互生互利」的感覺。這種感覺如果是表現在物質層面時，代表雙方會是很好的生意夥伴，如果表現在精神層面時，雙方常常是靈性、哲學及宗教領域的好同道。

對相（180度）：所謂「好的意圖並不見得產生好結果」，最適合說明這個相位。通常木星的一方過份的樂觀常促使月亮的一方冒上許多不必要的險。同時，木星一方也容易鼓勵月亮的一方養成放縱、輕率的生活習慣，尤其當木星的一方是家庭中的長輩時，經常會以溺愛、買禮物等方式養成小孩好享受、好吃懶作的壞習慣。本星一方的這種溺愛，通常並不會引使月亮一方的反感，但長期下來卻會造成月亮一方的無能。

和諧相（120度）：這個相位能引發彼此產生善意、大方、樂於助人的性情，這是對所有人際關係都十分有益的相位。木星的一方常以智慧及樂觀鼓助月亮的一方，而月亮的一方則懂得付出同情及關心，雙方之間常有種很知心的感覺，彼此樂於一起分享文化、藝術、宗教等較高層次的精神活動。這個相位也十分適合當旅伴，不管是實質的旅遊活動或是當一個探索生命歷程的夥伴。這個相位不像合相那麼強調兩個人的一體感，因此使得兩個人關係雖不那麼緊密卻有較大的自由。

衝突相（90度）：這個相位常代表彼此的人生價值的、宗教觀點的迥異，但因為木星的關係，使得雙方不致發生嚴重衝突，但卻會以偽善及虛情假意的方式來隱藏彼此的不合。通常木星的一方常以慷慨的方式來控制月亮一方，而月亮的一方有時則可能暗藏想從關係中得到某些好處。這個相位常存在於不夠誠懇的社交關係中，雙方並不真正相知相惜，但只要彼此都能有一點好處，這份膚淺情誼並不難保持。

月亮和他人土星的相位

合相（0度）：這個相位對親密關係造成很大的困難，因為土星的一方總是要以權威、紀律、世俗價值壓制月亮，使得敏感、不穩定的月亮深受壓迫而變得很容易沮喪。但奇怪的是，不少婚姻伴侶都有這種相位。土星配偶在關係中常常扮演的不是夫或妻的角色，而像嚴父或嚴母，而月亮的一方也常常不自覺地扮演脆弱的小孩，不敢公然反抗父母。但月亮一方有其私下反叛之道，通常月亮一方即使聽話，但也早就把情感轉移到他處了，土星一方也許保住了權威，但卻失去了別人對他的眞情。

這種相位如果出現在職業的關係中，通常若是月亮員工怕土星上司還說得過去，如果是月亮上司怕土星員工，則這個月亮上司恐怕就要懷疑自己的領導能力了。發生在家庭成員中時，傳統的土星父母會因過份重視威權，反而失去了和小孩親密的情緒交流。但的如果月亮父母碰上土星子女時，王文興的《家變》最能說明這種情形的悲慘。

對相（180度）：這個相位是最不平等的人際關係，象徵了「奴僕與主人」的對立。通常土星的一方代表了統治者，設定下了各種嚴厲的規矩要月亮一方遵守，而月亮的一方經常受制於某些現實的考量及限制而必須服從土星一方，但兩個人之間卻潛藏著敵意與不滿。通常月亮的一方要學習情緒的自主及自由才能反抗土星的權威，而土星一方必須了解威權帶來的奴役，不僅奴役了別人，也奴役了主人自己。

和諧相（120度）：這個相位帶來的是權威的正面價值。通常代表土星的一方雖然有權威，卻不會誤用這個力量，土星一方懂得用權威去「幫助」、「領導」他人，而不是「控制」、「奴役」他人。因此土星的一方能指導月亮的一方節制自己情緒的不穩定，穩固月亮一方散漫的生活習慣，而同時月亮一方的善感與同情也帶給土星一方情感的滋潤。這個相位帶來的不只是尊敬，還有眞愛。是好的上司、好的父母、好的長者或權威者都應當學習的行星力量。

衝突相（90度）：這個相位常代表雙方有著輪迴上的課題要學，就像「前世冤家、今生來還」，彼此雖心存憎恨，卻又覺得少不了對方，彷彿無形中有種鎖鍊把兩人鎖在一起。通常土星的一方代表了父權，要月亮的一方聽從社會的價值，而月亮的一方則代表了母性的功能，強調保護性的家庭價值。雙方都想控制對方，土星藉著強勢的力量要對方服從，而月亮藉著弱勢的力量要對方接受保護。通常彼此都會受挫，因爲這個相位的業報即在於「要懂得放下舊有的價値系統，不要受過去世因緣的限制」。

月亮與他人天王星的相位

合相（0度）：這個相位通常使雙方產生非常強烈，但來得快也去得快的迷戀之情，除非彼此的星盤中還有其它更穩定的相位（如土星），否則這個相位產生的感情常常像「一場春夢了無痕」。

通常月亮的一方和天王星的一方相遇時，會突然感受到一股立即的、爆發性的吸引力，天王星一方就像磁場一樣刺激、興奮了月亮一方，這種力量很容易讓當事人覺得像是愛，但除非雙方有金星的關係，否則這種愛並不是一般人了解的私人的愛，而是一種更神祕的、向宇宙意識開放的愛。這種相位產生的關係，主要的意義並不在完成雙方世俗的關係，因此並不適合雙方結婚或做長久的夥伴，只適合讓彼此用來拓展更高的精神意識，天王星的一方就像個頻道一樣，可把月亮一方帶到更高的情緒次元。

對相（180度）：這個相位雖然帶來令人興奮、刺激的關係，卻非常不穩定。尤其在親密關係中，兩個人常會發現彼此的吸引力「來無蹤、去無影」。但對於較不傳統的人際關係，這個相位卻很適合雙方有志於一起探索靈性、哲學、神祕學的領域，因爲彼此的「對立」其實更有助於雙方認識宇宙的多元性及多樣性。通常天王星的一方是刺激月亮一方思索的人，但也可能帶給月亮一方許多困惑，兩個人的關係如果保持心智的開放，則常會有異想不到的精神次元的分享，反之，則兩個人的關係常會有突然的障礙及困難。

和諧相（120度）：這個相位就像香料一樣能增加人際關係的味覺變化。通常天王星的一方能帶給月亮一方許多新奇的活動及興奮，使其生活增加風采，而月亮的一方則常常提供現實之協助，使得天王星的點子得以完成。同時，月亮的一方也懂得不過份依賴不穩定的天王星，保持自己情緒的自主，而天王星也珍惜雙方這種情感的空間與自由，反而更願意親近月亮一方，而不是躲避月亮的情緒索求。這個相位可產生正面的分偶或關放的婚姻關係。

衝突相（90度）：這個相位常帶給雙方突然、短暫、奇妙的吸引和遐思。通常月亮的一方不由自主地想去擁有及佔有不可靠的天王星，但天王星雖然喜歡月亮，卻不想被佔有，因此造成月亮一方的挫折感及失落感。但當月亮一方退縮時，好冒險的天王星又忍不住去挑逗月亮的反應。雙方的關係就像一下通電、一下斷電的插頭，但這種奇怪的情感交流對雙方既是刺激也是騷動，最後通常是天王星玩累了不玩了，而月亮則是受夠了也玩不起了。

月亮和他人海王星的相位

合相（0度）：這個相位會使雙方互有極強的神祕感應力，並對彼此的情緒、感覺有著十分靈敏和深沉的覺察。這樣的關係也常常代表雙方共有著藝術或音樂或心理學式神祕學的興趣，彼此的關係會更加強這種興趣。通常海王星的一方如果是神祕感應能力上較進化的一員，就能帶領月亮的一方進入人類精神幽微神祕的世界中，如果月亮的一方有著藝術的能力，海王星的一方也將成為很好的導師。

對相（180度）：這個相位常帶來關係中心理上的難題。海王星的一方對月亮一方充滿蠱惑力，但卻像引導迷航水手撞向危險礁石的女妖一樣，海王星一方的允諾總是充滿欺騙，讓月亮的一方最終走向幻滅之境。在兩性關係中，這種相位常伴隨著許多空洞的幻想與逃避現實的渴望，而海王星的欺騙與月亮的自欺共同組成了一則美雖美，但虛幻不實的愛的謊言。

和諧相（120度）：有這樣相位的人彼此在第一次遇到時，常會有種靈魂的熟悉感，彷彿已經相識了很久。這個相位代表雙方有著輪迴上的親密感，而某種前世的記憶會隨著這個相位的力量而浮現。兩個人通常有著心電感應的關係，常常能感受到對方的思想及情緒，也常常不由自主地起了相同的念頭。這個關係很適合一起分享藝術、音樂、神祕主義等領域的心得，同時，兩個人相處時也很重視彼此對隱密及寧靜的需要，能一起分享靜默之美。

衝突相（90度）：這個相位會加強雙方不切實際、遁世、空想與不負責任的傾向。通常雙方會共同製造一個充滿幻象的私人夢世界，彼此的心靈感應經常充滿個人的囈語和自欺，無法提昇到更高的靈性領悟。月亮的一方通常會對海王星一方有著依賴的幻想，但海王星一方卻無法滿足這樣的幻想。這個相位極不適合彼此當生意夥伴，因爲雙方都難以負起現實的責任。有的時候，月亮的一方要小心在海王星一方的影響下，養成酒精及藥物依賴的習慣。因此，如果醫生是海王星，月亮是病人時，則容易發生病人藥物過敏及中毒的現象。

月亮和他人冥王星的相位

合相（0度）：這個相位常帶給當事人強烈的情緒的吸引力，有時也帶來關係親密的需要，而這種關係需要的本質並不全然是為了性欲的滿足，而是藉著身體的親密去達成情緒更深的連結。通常冥王星的一方會有著要控制月亮一方的傾向，這種既保護又佔有的熱情讓月亮的一方一方面覺得滿足，但又同時會覺得喘不過氣來。而冥王星一方的支配欲不僅觸及月亮一方的感情及情緒，還會發展到想支配月亮一方的日常生活習慣與家庭關係等等。如果月亮一方的整體星圖顯現較強的獨立人格，這份冥王星式的愛戀與佔有會使月亮一方越來越無法忍受。這種關係可能存在於各式各樣的人際關係中，譬如戀母或戀子的關係，譬如佔有欲驚人的配偶及情人等等，有時富支配欲的精神導師也可能和師徒產生這種關係。

對相（180度）：在這個相位中，冥王星的一方雖然想控制及改變月亮的一方，卻常受到月亮一方的微妙的躲避。有時冥王星的一方對月亮的興趣是奠基在性欲及金錢的需要，因此冥王星會使盡全身的招數以吸引月亮一方就範。但就算冥王星最終達到了目的，兩個人的關係卻經常出現性的不合諧以及財務的糾紛，對彼此都沒好處。

和諧相（120度）：冥王星改造的力量，在此相位發揮了正面的價值。通常月亮的一方在冥王星的影響下，會有改頭換面及煥然一新的生命感受。冥王星能帶領月亮一方像蛻皮一樣除去了個人過去的陰影及壞習性，讓月亮一方朝向自我改進及改善的道路。這個相位適合於各式各樣的指導關係，不管是精神導師、心理醫生或配偶情人。冥王星的新生力量帶來了祝福，而月亮一方將以忠誠、支持及熱愛回報冥王星。雙方的相遇，使彼此都更有活力。

衝突相（90度）：這是個十分困難的相位，比對相更困難。通常冥王星的一方在控制月亮一方時，運用的手段會比對相時更爲徹底與蠻橫，而月亮一方則會顯得更無能逃避，尤其當月亮一方是傳統女性而遇到一個父權思想濃厚的冥王星丈夫時，月亮一方常常會在心理上，意志上受到對方長期的欺壓。這種黑暗的權力情緒雖然有時會強化冥王星一方的性欲，但月亮一方除非是被虐狂，否則並無法享受冥王星一方的性熱情。如果冥王星的一方是女性，則月亮一方的男性常會產生性欲反轉的感受，兩個人常常變成性戰場上的敵人而非同志。

金星代表我們的情愛

金星，占星學傳統中分別由天秤和金牛兩星座支配。也因此代表了兩種相似但又本質迥異的氣質，受天秤星座影響的金星強調情感、和諧、精神美，因此代表一種理想性的感情，像眞愛或精神性的吸引。

至於受金牛星座影響的金星則強調感官、愉悅、物質美，代表的是較功利性的感情，接近世人熟悉的情愛及物質性的吸引。從個人星盤中，每個人表現金星的力量各有不同，一般而言，土象或水象較強的人，比較容易顯現金星的物質性，而風象及火象較強的人，就較容易顯現金星的精神性。但金星的雙重性永遠並存在每一個人的情感源頭中，因此，學習平衡這兩種力量是每個人的功課。

在個人星圖中，金星所在的星座、宮位與相位，都會影響一個人對感情、感官的反應而當個人的金星和他人星圖中的行星形成各種相位時，更會產生千變萬化的反應，形成了各種不同的人際情感關係。

當我們反省個人的生命經驗中，都不難發現「自己會在不同的關係中表達出很不同的情感態度」，像是有人能激起我們的佔有欲，有人會引發我們對美的嚮往，有人則增加了我們對愛的渴望，有人卻讓我們討厭自己等等。

在感情關係中，我們都是百變的愛的化身，而每種人際關係，都能幫助我們更發現自己內在蘊藏了多豐富的情感礦產，所謂正面的、負面的、成功的或失敗的感情關係，都只是反映了世間價值對情感的衡量，但從宇宙律的觀點來看，人間情愛的歷練，最終是爲了讓靈魂學習各種愛的力量，從中學習解脫與淨化。

金星和他人太陽的相位

合相（0度）：這個相位顯示雙方有著相似的藝術、音樂及社交方面的美感，彼此相處甚歡，如果一起從事和美及藝術有關的工作十分適合。通常金星的一方自然視太陽的一方爲「可愛的」對象，而太陽的一方也願意接納金星溫暖而體貼的情感。

對相（180度）：這個相位經常比合相更容易引發出兩性之間的吸引力。雖然這個相位帶來的情感衝突也比前者多。但情感的吸引力常常是建立在尋求自己失落及缺少的部份。因此對相的吸引，發展好時彼此可互補，不好時彼此就常起摩擦。通常太陽的一方會同時受到金星的美及感情的吸引，但有時太陽的一方又不願讓自己的意志及自我受金星的限制，使得金星的一方有時覺得太陽一方不解風情。

和諧相（120度）：這個相位有助於雙方感情的發展及婚姻的和諧。彼此可分享情感的親密及溫暖，也常有著共同的美術、音樂、劇場、文化的興趣。婚姻伴侶有此相位常意味著多產，因此在避孕上要特別下功夫。通常太陽的一方在關係中擔任主動者，金星一方則願意配合太陽，兩個人合作良好時，可帶給彼此精神及物質上的繁榮。

衝突相（90度）：這個相位會帶來相處上很大的困難，通常金星一方會覺得太陽一方既不敏感又不體貼，常常對其態度粗魯又愛指揮，太陽一方則覺得金星懶惰、浪費、耽溺。雖然這個相位有時會帶給雙方暫時的吸引，但這個相位並不適宜長期相處，因爲彼此缺乏眞正的同情及體貼，因此當關係越來越困難時，雙方都會覺得內心充滿挫折感，以致越來越互相反感。有時，雙方的衝突會反映在金錢關係上，因此要小心金錢的往來。

金星和他人水星的相位

合相（0度）：這個相位使雙方對彼此的情感能共有一種心智的了解，因此很適合「談情說愛」，口頭及心智的溝通在彼此情感關係中佔有重要的地位。水星的一方能幫助金星一方對自己的感情的分析、態度、模式增強心智的反省，而金星的一方則幫助水星一方更能體會情感的深度及強度。雙方也適合一起從事和文學有關的工作。

對相（180度）：這個相位使雙方在情感和心智方面的連繫產生困難，金星一方常覺得水星一方太理智、太愛分析、不夠理性。其實雙方如果都能學習中庸之道，便會發現彼此都能從對方身上學習到不同的情感及心智的價值。這個相位帶來考驗，但也帶來互補的可能。

和諧相（120度）：這個相位帶給雙方心智及情感的和諧，在家庭成員、朋友及工作夥伴關係中出現時要比親密關係更有利；尤其當彼此的活動和教育、文化、出版、媒體、服裝、等有關時。在親密的兩性及夫婦關係中，這個相位不像合相那麼「你懂我的心，我懂你的情」，但卻加強了彼此就算做不成夫妻也能做好朋友的情誼。

衝突相（90度）：這個相位帶給雙方心智及情感溝通上極大的障礙，互補是不可能的，最多只能學會容忍對方的不同，接受一粒米養百種人的觀念。通常金星一方常會有情感受誤解的感覺，認爲水星一方太冷酷，但水星一方卻認爲金星一方感情用事、根本無法溝通。兩個人就像十字路口般交集，但各有各的方向，長時間的相處只會不斷消耗彼此的耐性。

金星和他人金星的相位

合相（0度）：這個相位能帶來的是熟悉的吸引力，因爲彼此對感情的態度、需求及反應都很相似，尤其當合相產生在同星座時更強。當雙方不是親密伴侶時，這個相位有助於彼此欣賞對方對藝術、美及文化的鑑賞力，兩個人會是很好的藝術同道。

對相（180度）：兩個人對藝術和愛的品味、嗜好都十分不同，但如果雙方都夠客觀的話，也許可以學習用對方的眼睛去欣賞不同的世界。但在還未達成這個互補的理想之前，雙方有時會覺得對方不是自己眞正的知音，而常有感情的失落感。這個相位既能帶來吸引力，也會帶來排斥性，雙方的相處常擺盪在這兩極之間。

和諧相（120度）：這個相位帶給雙方相處很大的愉悅，兩個人對美及愛的反應雖不完全相同，但卻可以配合，彼此都覺得對方加強了自己對美及愛的渴望。在這個關係中的男性常會覺得自己變得更溫柔、更體貼的同時，兩個人都很懂得給予對方情緒上的安慰，有種「只要你陪伴，我就不再孤單」的甜蜜感覺。

衝突相（90度）：這個相位常導致感情的挫敗與無能感。雙方都有心想親近及愛對方，但總是像有座無形的牆隔開彼此。尤其是關係中的男性，常會覺得自己已經努力得

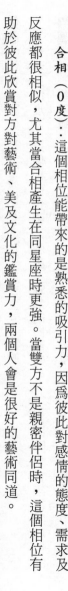

夠了，卻得不到對方情感的回報，而女方卻覺得自己的感情不被理解。雙方的愛不僅不能結合對方，反而把彼此推向更遙遠的距離、這是一段很難發展的感情，雙方在感情路上會走得很累。

金星和他人火星的相位

合相（0**度**）：這個相位是讓男女雙方產生肉體興奮及吸引力最強的一個相位。雙方即使是陌生人，相遇時也會有種奇怪的觸電感。當光憑這個相位並不能保證彼此一定會發展出一段感情穩定或美滿的關係。單憑這個相位，最多只能使雙方享受性愛強烈的樂趣，但同時這個相位雖代表肉體的活躍，也引發了肉體的不安性，兩個人做愛中總有種做戰的性質，因此容易引發佔有、嫉妒、競爭等不快的感受。

對相（180**度**）：這個相位也帶來刺激、強烈的肉體吸引力，但同時也會讓情感和性的協調出現一些困難。通常當火星的一方是女性時，金星一方的男性常會覺得女方雖然令他興奮，但女方的太主動有時卻傷害了他的男子氣概，反而使他無能。至於金星的一方是女性時，雖然她喜歡火星男性對她的強烈進攻，但有時卻會覺得男方只在乎肉體的樂趣，而忽略了讓她的情感得到滿足。

和諧相（120度）：這個相位雖然沒有合相強，但卻讓兩個人的肉體吸引及做愛有種較舒適及愉悅的感受。雙方在主動及被動、粗魯與溫柔、付出與給予之間產生自然配合一致的韻律，也許不是高潮迭起，卻有細水長流的合爲一體感。這個相位也比較不會引起強烈的競爭及佔有感。雙方即使最後做不成愛人，也較能維持友誼。

衝突相（90度）：這個相位常顯示兩個人的關係中的不公平。常常火星的一方會利用金星一方來滿足他的性欲，而金星的一方願意配合火星是爲了得到愛，最後卻會感情受傷。火星的一方缺乏替對方設想的溫柔心，而金星一方卻又不夠自愛，以致讓自己成爲別人的性工具。當火星一方是男性等，金星女方會覺得對方是薄情郎，當火星一方是女性時，金星一方的男性則覺得自己像被閹割了的男子漢。

金星和他人木星的相位

合相（0度）：這個相位通常和性或浪漫的吸引力無關。因爲木星的性質，使得雙方的關係奠基在追求智慧及自由的價值，因此不強調束縛性的親密關係。通常木星的一方，能引導金星一方變得更樂觀、更能欣賞生命的智慧，尤其是和哲學、宗教有關的；同時也會鼓勵金星的一方好好使用自己的資源。這個相位常常會帶給彼此好運道，尤其當彼此星圖中還有其他較實際及穩定的合作關係時，這個相位能帶給雙方物質或精神的財富。

對相（180度）：這個相位雖然反應了雙方在哲學、生活觀、宗教觀的態度和價值的不同，但彼此卻都會盡量不表現出自己的反對態度，雙方即使心中不苟同對方，依舊保持外表上禮貌的客氣，因此是很社交性的關係。在親密關係中，通常金星的一方雖受木星的智慧及自由的價值的吸引，但卻同時覺得安全感不夠，因爲金星所愛的木星太像一隻花蝴蝶了，難以將其鎖定下來，即使定下來，蝴蝶也成了標本而失去了活力。這是這個關係的兩難之處，是愛和自由的衝突。

和諧相（120度）：這個相位帶來的兩性關係會超越肉體的情愛，兩個人都會覺得彼此的關係中有種更高的靈性的需求，通常木星的一方會帶給金星一方生命的覺醒及啓示，而金星的一方懂得欣賞木星的智慧及愛的光輝、讓木星一方覺得受肯定而感到愉悅。兩個人相處，自然產生對關係的樂觀、肯定及滿足，能幫助他們一起度過生命的低潮。這個相位不僅有助於親密伴侶，對任何需要合作的關係都是天賜良緣。

衝突相（90度）：雙方的人生觀、哲學觀、宗教觀是彼此衝突的，但總是有種無形的力量，讓彼此不能不用僞善及虛情假意的方式相處。雙方常常表面上友善，內心卻大不以爲然。通常金星的一方覺得木星一方太大膽、太不安定，以致威脅到金星一方的安全感及價值，但木星卻覺得金星一方太物質主義太耽溺世俗。在親密的兩性關係中，木星一方雖然愛金星，卻不願失去個人的自由，而金星一方會覺得旅行、哲學、宗教才是木星的眞愛，而常有自已被冷落感。

金星和他人土星的相位

合相（0度）：由於這個相位引發出雙方對實務及財務的關注，非常適合雙方是事業及生意的夥伴。通常兩個人的合作是奠基於現實的需要，由於彼此都早已深謀遠慮，這個相位帶來的關係通常可以維持甚久。這個相位不能引發雙方產生自然的愛意，因此很少在愛侶關係中出現，但奇怪的是卻常在婚姻或家庭夥伴中出現。通常土星的一方可能是年紀較大的，或是在關係中擔任長輩的角色，當土星發揮正面功能時，通常能穩定及輔導金星的情感，使其導向較實際的功能，而金星一方則能帶給土星一方情感的滋潤及溫暖。但當土星的負面功能太強時，尤其是土星相位不佳時，通常土星一方會顯得過份功利、強調金星的物質性而非精神性，使得金星情感受壓抑，兩個人的關係會只強調「富」而不重視「美」。

對相（180度）：這個相位對情感十分不利，尤其是發生在親密關係中時，金星的一方常是受害者，但偏偏有的婚姻就有這樣的業障相位，只能說「不是冤家不聚頭」。通常雙方的結合總非出於自願，也許是豪門或政治聯姻，也許是盲婚或家庭安排等種種狀況。通常土星的一方總被金星一方視為冷酷、沒感情、斤斤計較、功利心重等等，而土星一方則視金星一方缺乏紀律、過度浪漫、不夠實際。這個關係也不適合父母與子女的關係，當父母的一方是土星時，小孩會覺得父母愛錢或成功甚過愛他們。當子女的一方是土星時，父母會覺得小孩不懂回報父母感情。這個關係如果只是純生意或職業關係時倒無妨，只要金星小心土星的算盤可能打得比較精。

和諧相（120度）：這個相位雖不會帶來羅曼蒂克或性的吸引，卻加強了雙方產生自發的責任感和忠貞的情感，對於任何想長相廝守的關係都有其助益。這個關係尤其有利於父母（土星）與子女（金星）的關係。因為土星的一方能帶給金星很好的紀律及道德的模範，但又不會因為過份的嚴厲及權威而引起子女的反感。在職業關係中，這個相位有助於雙方互利，彼此生意好來好往，但又不致完全只是見錢眼開。至於在親密關係中，雙方愛的表現以「互敬」、「互重」為主，雙方都願意合作及承擔責任。通常土星的一方對金星一方，會擔負起象徵性的父親或母親角色的正面功能。

衝突相（90度）：這個相位常帶來情感的悲傷、失望及不能滿足，尤其是金星一方的感受最強。通常當事人都不是自願要進入這個關係中，總像經過命運巧妙的安排，雙方的關係也許是家庭成員、親戚、師生或上司下屬，總之，總有種身不由己之感。如果結成夫婦就更奇怪，只能說是前世緣份未了，通常這個關係總會捲入金錢及利益的考慮，尤其是土星這一方最明顯。但這個關係雖然困難，當事人卻似乎總是難以掙脫，只能說這個困難的「愛的功課」之所以存在，一定是個人靈魂演化上重點的學習課程吧！

金星和他人天王星的相位

合相（0度）：這個相位產生的吸引力僅次於金星和火星的合相，但較不著重肉體的嚮往，反而是精神的迷戀更強。但這個關係非常不穩定，除非兩個人星圖中有其他穩定的行星力量，否則光靠這個合相，常常是突然「一見鍾情」，但也常常是「來得容易、去得容易」。只不過當兩人相互傾心時，產生的迷醉及渴望又強又令人興奮。不少羅曼史小說電影都只處理這種關係的前半段，卻不強調分手的後半段。

通常天王星的一方會讓金星的一方產生愛的冒險意識，但當金星一方變得太有佔有欲時，也是天王星一方想說再見的時候。這個相位常出現在同性戀或年齡、階級、社會背景「不適當」的戀人身上。如果是家庭成員中有這個相位，則要小心隱藏的「亂倫情結」。

對相（180度）：這個相位也像合相一樣帶來迅速、短暫、強烈的情感和性的吸引及迷戀，但比前者更容易出現在「不倫之戀」的關係中。當事人陷入戀情，總有一部份原因是「愈不適合愈吸引」，但這種違反倫常的吸引力卻常常會因爲關係穩定下來後反而失去了風味，通常當事人剛開始相遇時並不會像合相那麼一見傾心，而是透過共同的朋友及社交圈交往了一陣，而突然有一天產生了愛的電流及火花。通常天王星的一方常常是帶領金星一方進入許多新奇活動的人，如果當事人對占星學、電腦、新科技有興趣時，金星一方往往可以從天王星身上學到不少的創意及啓示。這個相位不能束縛個人的情愛，卻很適合發展較宇宙性的博愛。

和諧相（120度）：這個相位帶來新奇、特殊而興奮的關係，但又不會太古怪或太突兀，也通常不是發生在「不適合」相愛的人身上，而是金星的一方會視天王星的一方是比較「特別」的人。也許是特別的聰明或古靈精怪，因此懂得在金星的生活中帶入不少創意及變化，而因爲天王星客觀的能力，也使得這個關係不致太緊密到難以呼吸的程度，通常金星的一方能透過天王星這方學習到比較不佔有性的愛，雙方的關係會相當特殊，但又不會太顚覆倫常。

衝突相（90度）：這是個「相遇就是爲了要分手」的典型相位，通常雙方一相遇，心裡都有數這將是一段維持不久的戀情，彼此（尤其天王星這方）都有一種「情感假期」

的冒險感，但也知道放假放不久。這個相位常出現在短暫的婚外情關係中，但雙方都不致太認眞，因此也較少造成彼此太大的傷害，通常天王星的一方是主動者，但也是較早想結束關係的那一方，金星常常會有些無奈，但也可以釋懷。這個關係的本質常是要讓當事人了解什麼是愛的「如露亦如電」，兩個人的關係有時不過像夜裡一場下得又急又快的春雨，第二天則回復平常的天氣。

金星和他人海王星的關係

合相（0度）：這個相位可以產生非常美麗、虛幻、難以捉摸的愛，也可能發生極度理想、崇高和犧牲的愛。通常當雙方有這個相位時，雙方都會感覺到彼此受一種神祕磁場的影響而互相吸引。雙方的愛的方式是「一切盡在不言中」，常常是一個眼神、一個動作都能撩起對方的心電感應。

通常海王星一方的詩意及音樂性或藝術性的氣質，常引起金星一方想要親近更具靈性的愛和美的體會。而金星的一方也可幫助海王星的一方將其飄渺、神祕的靈感找到世俗的的頻道、管道表現出來，例如透過兩人的愛或藝術作品來表現。這個相位產生的愛是極獨特的，但如果兩個人的相位中缺乏土星或其他有力的聯繫，這份感情卻可能無法落實。有時是雙方都暗戀對方但始終不敢表達，有時是雙方原先的牽絆（例如是已婚）使得彼此的愛難以完成。

這個相位強調的是「愛的幻想」，既然是幻想，就很少能在人間實現的。有時這個相位會減弱彼此性的欲望，而以柏拉圖式的愛爲主。

對相（180度）：這個相位引起很強的愛的迷惑，但卻常常是既不可靠又不誠實的。通常海王星一方會被金星一方認爲是非常迷人又理想的對象，而忍不住像飛蛾撲火一樣奔向對方。通常海王星這方在吸引金星的同時，依然還想吸引更多的求愛者，海王星並不想把自己的愛固定在一個對象上。但由於海王星有種特別的本領可以同時愛很多人，因此當金星發現海王星的「不忠實」時，往往受傷得很深，因爲他們本來以爲自己已經得到了眞愛，而不幸的是，即使金星一方最後離開了海王星愛人，但海王星曾經提供的愛的浪漫、迷惑及夢想卻常成爲金星一方內心永遠的痛。

和諧相（120度）：這個相位引起的浪漫情愛較淡，但卻較永恒，尤其是這個相位不會逼使雙方非要親密不可，有時雙方只做藝術的同好或心靈的知音反而更美。雙方相處時自然有著溫柔及親暱的磁場引力，但又不會強制渾身發熱或發緊，彼此能提供對方適當的支持、甜蜜及同情。如果雙方只是朋友，這種情誼會有種淡淡的戀情，如果是愛人，又會有種朋友相知相惜的感情。通常海王星的一方能加強金星一方對藝術和美的鑑賞力，因此很適合發生在藝術領域中師生的關係。

衝突相（90度）：這個相位是最容易產生婚外情的相位，但帶來的迷戀卻不像天王星一樣，不是三天兩頭就能結束的關係。通常金星一方會情不自禁地愛上海王星一方，而通常兩個人中總有一方或雙方早就有了伴侶（以海王星這方最有可能），但海王星一方又無法拒絕金星散發出來的愛的呼喚。雖然雙方都明知最好不要陷入感情的漩渦中，卻又都忍不住往下跳。這個相位也常出現在同性戀、亂倫的關係中。這個相位會產生巨大的愛情幻象，彼此會有被愛神蠱惑的感覺。但不幸的是，這種關係不眞正發生時還滿美的，但一旦發生後，就常常讓雙方失望痛苦。因爲愛的咒語解除後，往往是人間醜陋不堪的現實，這個相位等於是苦戀的代名詞。

金星和他人冥王星的相位

合相（0度）：這個相位引發了強烈、緊張、無法躲避的激情的性欲。如果冥王星發揮的是正面功能，則雙方會有種因愛而獲得新生之感，雙方的生命能量都會因此增加。但當冥王星發揮負面功能時（如冥王星相位不佳時），則冥王星的一方會以激情伴隨嫉妒、佔有、控制等等黑暗力量去操縱金星，以滿足自己的權力欲。在此，性欲和權力欲變成一體。有時，性和金錢也會成為彼此的戰場，如果是不好的相位，雙方都要小心性的過度及金錢的糾紛所帶來的傷害。

對相（180度）：這個相位引發了極強的情愛和性欲的吸引力，只次於金星、火星的合相，及金星、天王星合相。但可怕的是，這個相位持續的力量較久，當天王星已經忘記時，冥王星的力量還生生不息。通常金星是一方會不由自主地受到冥王星的控制，可能是情，也可能是性，也可能是金錢或權力。總之，金星一方既畏懼又愛戀冥王星這方。這個關係太容易造成緊張的壓力，因此不適合發生在家庭成員及配偶之間。常常有這個相位而要分手的伴侶，會引發很大的財務糾紛。

和諧相（120度）：這個相位常帶來對愛的力量的驚歎及覺醒，通常是金星的一方透過冥王星一方了解到情感的奧妙、複雜與強度。金星一方變得可以愛得更深，而同時冥王星的一方會因為金星的愛而更加成熟。這個相位常伴隨著世間或精神的財富，兩個人適合共同投資股票、礦產，也適合一起參與心理學、醫學、神祕學的研究。

衝突相（90度）：這個相位不僅容易發生在三角戀情中，也容易發生在殉情的愛侶中。這是個典型的「羅蜜歐與茱麗葉」或「失樂園」式的情感關係。雙方相愛至欲生欲死的境界，通常彼此的肉體吸引力極強，而常常在做愛的高潮中會喚起雙方對死亡的渴望，法國人就認為性高潮就像小死亡。因為欲望的昇起和消滅本來就和生死的力量相似。

通常冥王星的一方會因性或金錢、權力完全控制住金星的一方，而金星的一方通常會在這種催眠式的統治下動彈不得。這個關係是非常難掙脫的，有時死亡反而是彼此的解脫。

火星燃起我們的欲望

火星，在占星學中代表個人的驅策力、行動和欲望。火星強的人，通常是較主動、敢冒險、積極及容易衝動的人，但這種能量卻會因爲落入個人星圖中不同的宮位，而產生不同的影響，彷彿同樣的演員在不同的戲碼（宮位）中演出。有時，火星會專注在運動、冒險、打架、事業等種種領域，有時火星會著重於賺錢、性、權力鬥爭等等。

因此火星本身落入的星座、相位和宮位都會對其產生不同的作用。同樣地，當個人的火星和他人的行星產生相位時，也會對當事人的行動、欲望造成影響，有的相位會使我們變得更積極活躍，有的相位卻讓我們覺得動彈不得，有的人讓我們「觸電」，有的人卻讓我們「冷感」。通常當火星在個人星圖中落入較重視性欲的星座（如金牛、獅子、天蠍、牡羊），或落入五宮、八宮時，當事人再經由他人相位刺激產生的性反應，自然就更強。同理，對於天生比較性冷感的人，可能對相位帶來的行動力的刺激，可能就比對性要更有反應。

但不管如何，兩個人之間火星的相位，對於親密的兩性關係影響重大，性的合不合諧，常常不是一方的問題，每個人適合的性伴侶，有時未必正好是其情緒、情感、思想或生活方式適合的伴侶，每個人的生命中總要面對許多不同的選擇及考驗，但明白自己以及明白自己和配偶的性關係，也許並不能解決問題，至少雙方容易心平氣和，不去怪罪任何一方，只有雙方共同面對這些問題，才能幫助人類了解自己的性意識，以做出最適合自己的選擇。

火星和他人太陽的關係

合相（0度）：這個相位可能會帶出火星方面的性衝動，但當彼此星圖中沒有金星及月亮的關係時，這種性衝動並不能產生愛及溫柔的感覺。這個相位很適合彼此是運動的同伴，因爲會激起互相的鬥志而讓比賽更有活力，做爲事業的夥伴時，當合作得宜時，能讓彼此獲得很大的成就，但有時卻會因爲過份的競爭導致不快。通常火星一方的人不能太衝動及過份自我中心，因爲太陽一方對於獨立自主及自尊的需求也很大。

對相（180度）：這是個很容易使雙方起衝突的相位，太陽一方會覺得火星一方侵略性太強，火星一方則反控太陽一方過份自大武斷，兩個人相持不下時，常導致爭論、衝動、甚至打架。但如果兩個人都能自我控制及懂得尊重他人不同的意志，這個相位也有可能幫助彼此成大事。

和諧相（120度）：這個相位能幫助雙方自我改善，以及改進他們的生活事業等等。雙方將成爲不錯的事業夥伴，也適合做戶外運動的拍檔。當雙方是親密伴侶時，這個相位也有助於彼此性的合諧。在一般關係中，火星的一方會自然地配合太陽的一方，但在性關係中，火星一方反而會扮演主導的角色。

衝突相（90度）：這是個讓雙方非常不能相處的相位，彼此的衝突和不合相當激烈，如果雙方都是脾氣火大、不能自控的人，這個相位很容易引發肉體的對抗。在親密的兩性關係中，當火星一方是男性時，也許會演變成婚姻暴力。同理，雙方的性活動有時也會讓太陽一方有種被「強暴」的感覺。

這個相位也不適合職業的、商業的或家庭的關係，尤其當火星一方是父母長輩時，更要小心自己的火爆脾氣，因爲自尊心強的太陽一方的不聽管教及反抗命令，有時會讓火星一方暴跳如雷。克服這個相位的最好辦法是彼此「保持距離、以策安全」，或是「儘早分手、以免後患」。

火星和他人水星的相位

合相（0度）：在一般的關係中，這個相位有助於增進彼此心智及行動的活躍性。通常水星的一方會帶給火星一方做事情的新點子，而火星一方也會鼓勵水星一方把意念付諸行動。但在親密的兩性關係中，火星一方的性欲常會被水星一方的心智活動所阻，兩個人會變成在床上談話談個不停，但卻不做愛的那種關係。

對相（180度）：這個相位很容易導致雙方對彼此失去耐性而發火的局面。通常是水星一方覺得火星太毛躁、衝動，而火星則看不順眼水星的思前想後的習慣。兩個人不管處理什麼事情都互不對盤。這個相位也不適合任何職業及生意的關係，有時雙方的差距會帶來吵架及官司。千萬別找這種人做律師，免得被反告一狀。在親密關係中，火星的一方如果是女性，會覺得這個關係使她變得不夠女性化，如果是火星一方是男性，則有時會因爲女方太知性，會有陽痿之感。

和諧相（120度）：這個相位有助於當事人變成既可心智交流、又能一起做事的好夥伴。尤其在需要很多的知性介入、心智參與的活動及事業，他們是可以辯論的好對手，但又不會傷和氣。雙方也可能是圍棋、橋牌等需要策略及思考遊戲的好對手。對情侶或配偶而言，這個關係常常不在強調肉體的親密而是心智的親密，通常火星的一方會鼓勵水星的一方發展心智，水星一方往往又變得更聰明，同時水星一方也會引導火星一方的行動使其更有效。兩個人都懂得如何塑造對方。

衝突相（90度）：這個相位帶來口頭的爭吵不休，兩個人互看對方不對勁，水星覺得火星粗魯又獨斷，火星則覺得水星反覆多疑、只說不做。通常火星是較常發火的一方，水星如果壓抑自己的怒氣，有時會導致神經緊張及身體不適。在親密的兩性關係中，這個相位常意味著彼此心智的不合諧，火星一方有時會用性的親密來掩飾彼此溝通上的困難。在較長的關係中，雙方的意見不合會日漸嚴重。

火星和他人火星的相位

合相（0度）：這個相位激起雙方強烈的競爭心及侵略性，如果雙方可以較客觀，以目標爲重而不是自我爲重，可以達到成功，反之，則很容易變成競爭的敵人，尤其是像激烈的肉體運動，例如相撲、美式足球、西洋拳賽等等。這個相位並不會引發性吸引力，反而會讓男女朋友變成像「哥倆好」的關係，雙方卻對對方失去了肉體的興趣。

對相（180度）：對兩性關係而言這是個雖困難但奇特的關係，雙方有如飛向不同方向的弓箭，沒有交集，但卻奇怪地對彼此有著有強烈的肉體的興趣，但這份吸引始終難以落實。因為彼此都會覺得，如果和對方發生了關係，似乎就會失去了自主的能力。是一種既怕又愛的關係。對於一般的人際關係而言，這個相位會讓雙方有種被威脅的感覺，彼此都有種準備做戰感。最壞的情況下，有時會引發肉體的衝突，雙方也不適合當職業或生意的夥伴，除非雙方的修養都是一流的才有可能。

和諧相（120度）：這個相位有助於雙方的合作，通常雙方都能既共事也能單獨做戰，兩個人都懂得尊重對方的自主性及獨立。適合像軍人、警察、籃球、足球等需要團隊合作及個人表現的職業及活動。在親密關係中，這個相位並不會帶來太強的肉體吸引，但彼此卻還是可以在性活動上面有適當的配合，通常在這種關係中的女性會有種中性化的色彩。

衝突相（90度）：這個相位帶來很緊張很不快的關係，雙方都覺得自我的行動及需要受對方的阻擾彼此都會激起對方有欠考慮的衝動及不耐煩感，嫌惡及憎恨的感覺也會滋生，因此對任何長遠的關係都不利。在兩性關係中，有時這個相位會帶來暫時的肉體吸引，但通常都是為性而性，而且把性當成征服對方而不是和對方親密，因此常常在發生關係後產生厭惡感。

火星和他人木星的相位

合相（0度）：在一般的情況中，這個相位會帶來興奮及活躍的人際關係，但有時也可能太冒險或太樂觀。通常火星一方會刺激木星的想法，這些想法可能是旅行、冒險或哲學、宗教的，同時火星會鼓勵木星把這些想法赴諸行動，有時火星則藉用木星的念頭而自行發展。在親密的關係中，通常雙方却可能對運動、旅行、哲學或宗教有興趣，因此關係絕不枯燥，但有時關係可能變得太容易興奮，尤其要小心性的過度。

對相（180度）：這個相位帶來彼此的誤解和隔閡，通常火星一方是較看重本能的、較自我中心，而木星一方又太不實際、故作神聖，因此忍不住互相批評。通常木星有好爲人師之嫌，總想提昇火星一方發展較高的意識，偏偏火星有興趣的是把木星拖回人間，拖回到本能的世界。這個關係不適合合作，但有時反而提供了對方從反方向思考的機會。在親密的關係中，火星通常有興趣的是性，而木星卻想改變對方的思想，而木星的喜歡自由，又會讓火星覺得不可靠。很難發展穩定長久的關係。

和諧相（120度）：這個相位帶來較輕鬆及容易的關係。雙方自然會有種合作的意願，互相幫助彼此完成目標。這個相位有利於法律、教育、宗教、出版旅遊的共事，通常木星一方常是領導人或老闆，而火星一方是徒弟或員工。在親密關係中，這個相位並不強調性欲，但兩個人常常是很好的玩伴、旅伴或哲學、宗教上的同道，而通常這個關係也會帶來兩個人心智的成長。

衝突相（90度）：雙方對宗教、哲學、倫理、法律、政治、文化的看法都有很大的差異，因此根本不適合共事，互相打官司的人可能就有這樣的相位。在兩性關係中，這個相位有其危險之處，因為這個相位有時會讓雙方各自採取很突然、衝動及急躁的行動而造成對方的不利，這個相位會帶來肉體的吸引，但代價很大，通常火星的一方容易惹火木星的一方，而木星的一方又容易讓火星更衝動、自我中心乃憤怒。

火星和他人土星的相位

合相（0度）：這是個最不利於性合諧的相位，通常土星的一方會對火星的一方性冷感，因此會拒絕，或對火星的性要求沒反應，而火星會因此有很強的受挫感。但奇怪的是，這個相位經常發生在婚姻關係中，因為這是個和業報十分有關的相位，通常顯示兩個人緣份深重，有種超乎性的需要在結合彼此，一旦結合，很少會分手。

這個相位雖然對性不利，但卻對兩人的合作很有利，尤其有利於財務，通常土星的一方扮演的是權威的角色，指導火星一方變得更有效率、成熟及能幹。這個相位發生在一般的情況下時，也有助於彼此獲致事業、地位的成就，尤其有利於政治、軍事及商業活動。

對相（180度）：這個相位不利於任何關係。在職業的關係中，當土星是上司時，常常是那種對員工苛刻，工作要求很多又嚴厲的雇主。在家庭關係中，土星若是父母，子女常會覺得被管教、限制得太多而喘不過氣。當事人通常是對社會價值及現實事務的看法不同的人，土星一方通常會代表較保守、老舊的傳統。在兩性關係中，通常剛開始會有肉體的吸引，但很快就冷淡了下來，而當土星一方希望用傳統的價值綁住火星的一方（像「你已經是我的人」之類的話），這反而會引起火星的反抗之心，而徹底脫離土星的束縛。這是個很難持續的關係。

和諧相（120度）：在這個相位中，通常土星是出力較多的一方，土星通常能提供物質或社會經驗的幫助，而讓火星一方有較好的發展，有這樣的土星上司或父母是很幸運的，但有時反而是小孩或員工擔任土星的角色。在兩性關係中，這個關係並不鼓勵性欲的滿足，尤其土星是女方時，通常火星男方會覺得對方太不女性化，而當土星是男性時，火星女方又會覺得對方雖然很成熟、有智慧（像個父親），但實在少了一點羅曼蒂克及溫柔。

衝突相（90度）：這個相位帶來非常困難、不利的人際關係：土星一方的規矩嚴厲及功利保守的態度很容易引起火星一方的憎恨，而火星一方的衝動及侵略性又會讓土星覺得深受威脅，深怕地位、財產、安全受損。在兩性關係中，通常土星的一方會使盡渾身解數去控制火星的活動，尤其是性活動，但火星卻是不斷地想掙脫，兩個人勢必引發很大的衝突。這個相位也不利於雙方性的和諧，而且火星一方有時會洩欲像洩恨一樣，而土星卻是即使冷感，也要盡義務以保有火星。

火星和他人天王星的相位

合相（0度）：這個相位常帶來很奇特、古怪、有趣、不尋常又爆炸性的關係。當相位良好時，雙方很適合共同從事新科技、新發明、新觀念的工作，像電腦、占星學、實驗科學、社會革命等等。但當合相的相位不佳時，雙方也有可能是一起離逕叛道、打破倫常的夥伴。在親密關係中，這個相位常帶來一種不太相配：但卻又驚天動地般互相吸引的伴侶（同性戀、亂倫或師生、老少戀等等），而通常雙方的肉體吸引力不僅強，並且喜歡嘗試新花樣，但這個關係通常很不穩定，在早期的新奇興奮的熱潮一過，通常天王星的一方會很快地冷淡下來，而火星一方也不會留戀太久。

對相（180度）：這個相位常導致彼此意志的對抗及衝突。通常天王星那方特別對火星的侵略性及愛管閒事能度反感，天王星會盡一切努力去違抗火星的意見、命令，使得火星更加生氣，認為天王星這方不可理喻、古怪麻煩。這個相位不適合任何的合作，雙方常常是在各種領域上意見爲敵的人。在親密的關係中，這是最容易離婚及分手的相位，通常火星這一方是比較想穩住關係的人，但天王星一方的不可靠及善變卻一再令火星一方沮喪、生氣，最後大吵一架而分手。有時分手後，火星這方反而發現，天王星這方做朋友實在比做情人或夫妻要好太多了。

和諧相（120度）：這個相位帶來十分有創意、精力充沛的人際關係，雙方都能刺激對方的靈感及精力去從事越不尋常越好的新發明、新科技或新思潮的工作。尤其是天王星的一方，常常帶給火星不少原創觀念，是這個關係中的金頭腦，而火星一方則會很熱中地向別人推銷天王星的聰明與才智。在親密關係中，這個相位帶來兩人之間性的興奮，但又不致太古怪，如果雙方星盤都顯示了較開放的態度，這個關係也可能會發展出不具束縛性的性關係，意即雙方都容忍對方有別的性關係。

衝突相（90度）：這是個十分不穩定、火爆的關係，雙方經常意見不合，極不適合共事。但在兩性關係中，這個相位卻常常引發非常劇大的性吸引力，而且經常發生在很突然、又不能預料的情況下。雙方都視性爲歷險，因此花樣不少，帶給彼此各種新奇的樂趣。但這種肉體關係常常是發生和結束都是又快又不能預料，通常天王星的一方是主動者，先吸引火星，但隨即天王星一方的善變及疏離卻會引起火星的反感，雙方遲早會分手。

火星和他人海王星的相位

合相（0度）：這是個相當麻煩的相位。雙方雖然有著一種神祕、奇特的共鳴，但卻很難將這份共鳴導入眞正的了解。這個相位常導致一種虛幻不實的關係。非常不適合雙方從事任何實際的工作。有時，在精神性的領域，海王星會蠱惑火星探討神祕的世界，但由於海王星和火星的性質不合，常常會引發較負面的力量，使得火星的活動可能捲入、怪力亂神的活動。但如果雙方都是自覺較高及演化較成熟的靈魂，這個相位有時能鼓勵火星一方靈性的實踐，並有利於共同合作宗教、藝術及慈善的工作。在親密的兩性關係中，這個相位常常讓彼此的吸引變成「性靈化」，夫婦有這樣的相位，會變成自然的禁欲主義者，而不會想到欲望的壓抑。

對相（180度）：這個相位常帶來欺騙、失望及幻滅的關係，不適合任何共事，不管是精神或物質性的活動。有時讓人幻滅的宗教「上師」可能就是在這種相位中產生的。在兩性關係中，火星一方就像是追逐風車的唐吉訶德一樣，在尋找一個不可能的愛之夢，雙方起初會有很強的心靈及肉體的吸引，但其實肉體的吸引也不是建立在性的興奮及滿足，而是想透過肉體的親密達成靈魂的融合，因此雙方眞正的性關係常常並不是很有血有肉的，並不能給彼此帶來很大的肉體滿足，有時反而在發生關係後有些悵然。通常海王星一方是那個撲朔迷離、無法掌握的夢，而火星一方越想把握住對方，越會從夢中失望地醒來，流下枕邊一灘清淚。

和諧相（120度）：這個相位常代表雙方對神祕學、藝術有著共通的興趣，當事人對待彼此時會有種特別的敏感；很自然地就了解對方的欲望和反應，通常海王星這方很懂得在安撫火星的脾氣，能讓火星好過些。這個相位很適合在藝術、宗教、靈性及慈善的工作領域，通常海王星一方的藝術家、上師或醫生等等，能特別讓火星得到心靈的安慰。在兩性關係中，這個相位能產生非常迷人的性關係，海王星的一方有著催眠力量，能夠讓火星一方感到性的迷醉和風流，兩個人能創造出飄飄欲仙式的性愛。然而，好夢易醒，當海王星又飄走時，火星只能悵然憶往。

衝突相（90度）：這是個最容易引發欺騙、謊言及陰謀的相位，當事人最好不要捲入任何的合作關係，通常海王星一方的不可靠、不負責及逃避主義的作風會帶給火星很大的損失。而火星的發怒、生氣又會造成海王星的受傷及沮喪。在親密關係中，這是個很容易造成不忠實的相位，也許海王星會是那個負心漢或薄情女。有時這個相位也發生在婚外情中，通常海王星一方會是那個本來就有配偶的人。這個相位會帶來性的吸引，而且主要的魅力就在於偷情快感，而火星這方常常是用性控制對方的人。

火星和他人冥王星的相位

合相（0度）：這個相位蘊藏了極大的爆發力，如果相位良好，雙方將像鐵漢無敵般的夥伴，在財務、軍事、警力、工程、調查、研究私工作合作，將會有非常重大的成功及進展。但當合相相位不佳時，卻有可能彼此成爲權力鬥爭、互疑、互剋的關係，彼此將是對方最可怕的敵人。雙方若想避開上述危險，必須懂得尊重彼此都是意志力驚人、不容他人動搖的硬角色，只是火星一方通常表現得較直接，而冥王星一方卻表現得較迂緩隱密。

在親密關係中，這個相位會帶來極大的肉體吸引，激情和熱情使得彼此的性關係有如夏日的雷雨，這個相位常意味著兩個人相遇是前世關係的「再現」，火星通常希望兩人關係延續，但冥王星卻可能想在今世終結過去世的情債。

對相（180度）：在一般的情況中，這個相位帶來很危險很不利的關係，當事人對彼此充滿敵意、憎恨，在最壞的情況下，有一方可能會施加暴力、或殘酷對待另一方。後遭受他人兇殺、性虐待的受害者與兇手之間有時就存著這個致命的相位。當這個相位發生在親密關係中，當事人或許是受一股不可抗拒的肉體吸引所驅使，兩個人的性關係中必有某種互相虐待的力量存在，但彼此可能既沉迷其中又互相憎恨。這個關係持續越久，越會激起雙方人格中負面及黑暗的摧毀力量，反而在分手後，雙方或有可能從極大的傷痛中重獲淨化和新生的力量。

和諧相（120度）：這個相位特加強雙方的意志及決心，非常適合科學及神祕學的尖端研究，冥王星的一方將是掌握卓越和奧祕力量的舵手，帶領著火星一方在知識的大海中探索。這個相位也適合銀行、稅法、礦產、石油、等大企業的合作。在親密關係中，這個相位帶來肉體的吸引，而冥王星一方通常是帶領火星一方探險神祕性愛國度的人，冥王星的熱情將使火星領略性能量和生命之火的源頭，生命的召喚將使兩個人的關係更強化。

衝突相（90度）：這個相位代表雙方強烈地反抗不踐踏彼此的意志和決心，兩個人是勢均力敵的對手，各不讓步。冥王星想改造火星，但火星會用最野蠻的本能嚇阻冥王星的干預。這個相位不適合共事，雙方遲早干戈互見，在最壞的情況下，這個相位可能引發犯罪的關係。

在親密的關係中，這個相位帶來最最困難的兩性關係，雙方的關係水深火熱，而性往往成為彼此短兵交接的戰場。兩個人都可能妄想用性征服對方，短時間內或許令性的熱度燃燒劇烈，但長時期兩個人都可能燒得焦皮爛肉。要非常小心這種「玩火的性」。有時虐待、暴力交織在性的戰爭中。雙方必須學習深度的心理治療來轉化這個相位的負面力量。

太陽照出我們的形象

太陽，在占星學上，代表個人的意志、外在自我及象徵性的父親形象或父性功能。當太陽和另一個星盤中的行星形成各種相位時，則意味著這個人的自我形象、決心、權威及自主人格會遇到各式各樣的吸引、挑戰、阻撓或幫助等等。

在前幾章中，我們已經針對太陽和他人月亮、金星、火星之間的相位去討論個人的意志如何和他人的情緒、感情、欲望產生互動，在這一章中，我們要著重討論人與人之間人格互動產生的各種影響。

除了觀察個人太陽和他人行星的相位變化之外，我們總是要銘記在心，任何個人本命星圖上現存的和諧或困難的行星相位，也都會帶給與他人交集時產生正面或負面的反應。

例如個人困難的太陽或月亮、金星、火星等等的相位，會因爲和他人形成和諧的相位，而得到某些幫助，獲得一些負面力量的釋放，但同時也會帶給和諧相位某些挑戰的壓力。但是當個人本命行星困難的相位又和他人形成困難的相位時，將如火上加油，使得麻煩加大。因此，每一個人都必須同時爲自己的生命負責，也爲他人的生命負責。當我們肯藉著占星修行來改善個人生命本身的障礙時，我們將不止幫助自己，也幫助了每一個和我們相遇的他人。

太陽和他人太陽的相位

合相（0度）：這個相位意味著雙方有著相似的意志、決心及人格。他們尤其能互相了解對方較外顯的個性。在相位處關係上時，太陽落入的星座不同影響不一。例如落入比較看重和諧的天秤或博愛的寶瓶，自然會比較容易相處，或在較體貼別人感受的雙魚、巨蟹也可以保持友善，但落在重視競爭性（牡羊）、領導欲（獅子）、支配力（天蠍）時，反而彼此不好搞。

如果當彼此是異性時，還比同性好相處。有時雙方太陽落入的宮位也會產生影響。當雙方是親密關係時，彼此會有種自然的親暱與知心，也能認同對方大致的人生觀點，但有時會過份強化彼此的屬性，使得生命觀點過份窄化。如果落在較主動及意志力太強的星座時，則要小心彼此的競爭性。

對相（180度）：這是個典型互補型的相位，經常出現在婚姻及重要的人際關係中。雙方擺盪著意志及自我的對立及平衡之間，同時有著強烈的吸引及排斥力。在一般的關係中，雙方如果懂得客觀地看對方的觀點，學習對方身上自己缺乏的長處，將對自我改善有很大的幫助。在親密關係中，這個相位帶著很大的性和感情的吸引，但彼此將成爲對方的補光還是陰影，則要看兩個人的成熟度，及個人太陽行星力量的正負了。

和諧相（120度）：這是個讓雙方自然能適應及配合的相位，特別對友誼及父母子女的關係有利。但要特別注意的是，有時看似和諧的星座（例如同是水象或風象），有時卻可能形成90度角，而產生有些困難的衝突相。譬如一方太陽在金牛29度，另一方太陽卻在處女1度。另外，不同的和諧相也許產生的不同的作用力，例如同是土象的人適合一起做事業，同水象的適合一起聊感情等等。在兩性關係中，這個相位可以幫助彼此了解及接納對方，但基本上的友誼感永遠勝過愛意或性吸引力。

衝突相（90度）：這是個比對相困難許多的相位。雙方的意志、人格常常會有擦槍走火之感，但當個人太陽落入和對方衝突星座的宮位時，情況會好一些。會使雙方個性雖然不合，但卻能認同對方選擇的人生舞台。同時，也要注意，有時看似衝突的星座（例如一方在天蠍25度，一方在獅子5度），並不一定成90度相，雙方的屬性雖不同，但比較能客觀相處。但若雙方落入比較標準的衝突相時，雙方之間會存有很緊張的關係，彼此都想當家做主，又看對方不順眼，尤其是夫婦有這樣的相位時，對孩子尤其不利，小孩會從小陷入進退兩難、左右不是的心理困境中，對小孩人格的整合將造成負面的影響。

太陽和他人水星的相位

合相（0度）：這個相位代表雙方的關係將以心智的討論爲重點，對彼此心智的發展都有幫助。通常太陽的一方會鼓勵水星的一方發表意見，而水星的一方則能以其思想、談話刺激太陽一方的頭腦活動。在兩性關係中，這個相位強調的是心智的拓展，而不是情愛的體驗，因此雙方談得來，卻未必其他方面合得來，但如果雙方有其他方面的吸引或排斥力時，這個相位有助於雙方面對問題、以良好溝通取代冷戰或誤解，對彼此的互諒很有幫助。有這樣相位時，做不成情人，還是談得來的朋友。

對相（180度）：這個相位帶來心智溝通與了解的困難，但如果雙方較成熟，又能客觀地思考對方的觀點，也可能擴大雙方思想的廣度。通常水星一方較容易以自己的心智去批評太陽一方的個性或人格，令太陽一方不安。這個關係並不會帶來兩性之間特別的吸引，如果雙方已有其他的吸引時，這個相位反而會導致一些困難，尤其當水星一方是女性時，太陽一方常會覺得水星女方太好思辯而威脅到他的男子氣慨。而當水星的一方是男性時，太陽女方則會覺得對方有低估女性心智之嫌。

和諧相（120度）：雙方是十分談得來的夥伴。這個關係有利於各種關係，像朋友、家庭成員、同事、夫婦等等，尤其對上司與下屬，師長與學生特別有利。雙方溝通良好，尤其是在文化、教育、大衆傳播等領域。通常水星一方扮演的是指導者與建言者，能幫助太陽一方釐清自己的思想、個性、觀念等等。而太陽一方則能幫助水星更有自信及增進表達的技巧。在親密關係中，這個相位帶來的是柏拉圖式的吸引，尤其當水星是女性時，太陽一方常會把水星女方看成是同性。

衝突相（90度）：這個相位常常帶來心智溝通的誤解和衝突。太陽一方常認爲水星一方好批評，滿口廢話，尤其水星最愛批評的對象偏偏是太陽，令太陽一方自尊受損。水星一方則認爲太陽一方根本不尊重其心智的能力，這個相位常會減損兩性相互的吸引力，使得關係柏拉圖化。太多的語言爭辯使彼此的情緒交流大受影響，在一段的關係中，雙方談不來並不代表一定合不來，尤其當彼此月亮成爲相位時，有時會變成那種終日鬥嘴不停的朋友、同事、家人等等。

太陽和他人木星的相位

合相（0度）：這個相位帶來意識的擴展和互相學習、成長的機會，有時也帶來物質的好運道。通常木星一方是帶來精神或物質好運的那一方，但當合相相位不佳，或太陽一方本身的相位不佳時，有時木星帶來的「好運」反而變成災難，使對方過份樂觀、冒險而失去了重心。但在親密關係中，這個相位反而不若土星那般容易「修成正果」，因爲木星的性質強調自由、冒險，因此除非太陽一方也接受不互相牽絆的關係，否則想讓木星一方天長地久是很難的。

對相（180度）：這個相位可說是好壞參半。通常木星一方的本意絕對是良善的，但卻不見得有好的影響。雙方的哲學、宗教、人生觀常常是不同的，尤其木星一方常會讓太陽一方覺得太理想主義、太不實際、太好高鶩遠。而木星一方則覺得太陽一方太沒想像力、太呆板等等。雙方無法分享彼此的不同觀念，一起旅行時也常興趣不同。在親密關係中，木星全帶給太陽一方很大的不安全感，尤其當木星一方是女性時，太陽男方會覺得木星女方想用哲學征服他，而不是用其女性的柔情。

和諧相（120度）：這個相位帶來精神的和諧及物質的順利。雙方都會從關係中得到一種充實感。通常木星一方常扮演較有智慧的夥伴，而太陽一方一點也不覺得自尊受傷，反而會感到驕傲、滿足。兩個人會是很好的旅伴或哲學、宗教的同道。這個相位對家庭成員，尤其當父母是木星一方時會特別有利。在兩性關係中，雙方將非常看重關係能帶給彼此心靈的收穫。

衝突相（90度）：這個相位會帶來麻煩，但卻不致於使雙方反目為仇。基本上雙方雖然哲學、生活觀、倫理、宗教想法都不同，導致合作的困難。但木星的樂觀、好意卻讓太陽一方最多只能生氣，卻不致仇恨。通常木星一方常是過份樂觀、誇張、浪費、大膽、不實際的那一方，太陽要特別小心，運用理性及意志去抗拒木星的影響。

在家庭關係中，木星是父母時，則是會寵壞、溺愛小孩的人，在兩性關係中，木星一方可能是個不能負起實際責任的配偶。在人際關係中，這個衝突相並不特別糟糕，只要當事人多運用紀律及理性即可克服這個相位的缺點。

太陽和土星的相位

合相（0度）：這個相位有其獨特的困難及利益。有時土星一方潛藏了對太陽一方的嫉妒，會試圖限制太陽的發展及貶低太陽的自尊心。但奇怪的是，這個相位經常在父母子女及夫婦身上出現。因爲土星是緣份星。有這樣相位的親密關係，土星一方要特別謹愼地使用自己的權威，不要以過份功利、世俗的價値去左右太陽自主的發展。

當土星發揮較正面的價値時，會帶給太陽世俗力量的支持與肯定，有助於太陽一方事業的發展。這個相位在職業關係上是利多於弊，尤其雙方是以利益中心爲主時。但在兩性關係中，當土星是女性時，要特別小心太陽男性意識被矮化的問題。

對相（180度）：這是個很不愉快、很壓抑的關係。通常土星一方代表的是不受歡迎的權威及建制，經常代表著太陽一方想反抗的世俗價値及制度。當土星是父母時，小孩常覺得父母太嚴格、太保守，又缺乏溫情。在職業關係中時，太陽職員會覺得土星上司太苛刻又小氣。在兩性關係中，當土星是女性時，關係會特別的困難，太陽男方會覺得女方不夠溫柔是「妻管嚴」。當土星是男性時，女方會覺得對方像令人害怕的嚴父而不是「愛夫」。儘管這個關係困難，但卻有種奇怪的力量將雙方綁在一起，難以徹底分開。尤其土星總是充滿責任地想管好太陽，有時提供的意見或幫助也並不賴，如果太陽一方能稍微放棄一部分的自我，土星是有其「現實的智慧」的。

和諧相（120度）：這個相位對職業的關係很有利，土星的行政、組織、管理的能力，將對太陽一方的計畫有所幫助，而太陽的活力及意志又可鼓勵較被動、悲觀的土星。這個相位帶給友誼的是較實際的助益，例如益友多建言之類的，雙方未必可以同樂，卻可共苦。在兩性關係中，這個相位並不會帶來吸引力，但卻能夠增進雙方的責任感，有助於穩定婚姻及家庭生活。

衝突相（90度）：這是個對人際關係非常困難的相位之一，冷漠、嫉妒、憎恨常是關係的主題。尤其太陽一方特別不滿土星一方對其的壓抑及阻撓，雙方將有巨大的意志衝突；對職業及家庭的關係均不利，尤其當土星一方是較長輩或握有權力的人。

在兩性關係中，雙方相遇常意謂著是業報的學習，雙方將透過負面的權力的展現（土星的力量）去了解人性的脆弱及無助面。太陽一方若能從這關係中學到超越權威的力量，將不致停留在自我壓抑及憎恨他人的枷鎖之中。

太陽和他人天王星的關係

合相（0度）：這個相位帶來獨特而令人興奮的人際關係。雙方只要相遇，就如同磁鐵般吸引彼此。尤其是太陽的一方，將對天王星一方產生強烈的好奇心，而天王星一方也的確能帶給太陽無止盡的新鮮創意及驚奇。雙方的合作適合較不尋常的工作，例如高科技、娛樂、神祕學、科學等等，尤其天王星的靈感將對太陽變得更有創造力。在兩性關係中，這個相位會帶來強烈的心靈吸引，但兩個人都必須尊重對方的獨立和自由，尤其天王星一方更不容被綁緊，否則這個關係將不易持久。

對相（180度）：這個相位帶來古怪、突然、不穩定的人際關係，通常天王星的一方會被太陽視爲太不保守、太離經叛道、太難以掌握。尤其當天王星是女方時，太陽男方的自尊會強烈受損。有時這種無法掌握的挑戰會突然激起太陽一方的性欲，但卻又會像無法下錨的小船無法停靠港灣。當男方是天王星時，女方太陽會覺得男方有如天邊那朵美麗的雲朵一樣，只是偶而投影在她的波心。這將是很難維持的親密關係。但在職業或一般關係中，如果太陽肯較開放，不妨把天王星一方當成觸媒劑，刺激太陽從事另類思考及另類活動，將使生活更多采多姿及有趣。

和諧相（120度）：這個相位帶來不凡、有趣、多變化的友誼及戀情。雙方常會在料想不到的情況下認識，但立即喜歡上對方。通常天王星一方常具有一些特殊的氣質，例如很獨立、客觀、具有創意及先進，將帶給太陽一方不少啓發及刺激。雙方很適合一起從事需要不斷有創意的工作及學習，這個相位能帶來彼此的進步及對世界的貢獻。在兩性關係中，這個相位帶來的是較開放、特別的關係，雙方的家庭生活在世人眼中一定有些不同之處，彼此都很能尊重對方的自由和獨立，同時又樂於分享彼此的不凡和非傳統的生命觀點。

衝突相（90度）：這個相位有如鹽水蜂炮一樣，令人眼花撩亂、耳眩目迷，但靠得太近又有被炸傷之虞。天王星的非正統、不可預料、爆發性的人格一開始就強烈地吸引著太陽一方，但同時又令其擔驚受怕，覺得凡事不可預料、生命難以承受太多變化。尤其當天王星是女性時，太陽男方會覺得對方太不像傳統女性，令人不能掌握。當天王星是男性時，太陽女方則覺得對方桀傲不馴，無法依靠。兩個人在一起的生活有各種無法預見的變化，經常最後讓彼此走上分道揚鑣之路。

在一段人際關係中，這種關係常代表太陽一方覺得天王星一方太古怪、不可靠、有些危險，而天王星一方則覺得太陽一方太沒想像力、太有領導欲。但雙方只要懂得保持距離，以策安全，彼此其實都可給對方獨立空間。但若雙方不夠成熟，則這個相位將帶來很強的意志對抗，尤其天王星的一方的叛逆將帶給太陽一方不少苦頭。

太陽和他人海王星的相位

合相（0度）：這個相位常代表雙方具有前世的關連，因此彼此能心電感應，當合相相位良好時，太陽一方則能幫助海王星一方對自己的潛意識有較強的自覺，而海王星一方可幫助太陽一方發展其靈性的能力。但當相位不好時，太陽一方會有控制海王星一方潛意識的傾向，而海王星一方則會以逃避、欺瞞的方式來避免太陽的干預，雙方的關係將不夠誠懇及坦白。因此若要合作實際的事務時，雙方都要保持十分警覺的態度，才不致讓彼此陷入麻煩。在兩性關係中，這個關係發展良好時，代表彼此都很貼心照顧。對方海王星的一方會覺得太陽帶給他光亮，而太陽一方會覺得海王星帶給他溫暖，雙方通常對藝術會有共通的興趣，因此很適合一起從事和藝術有關的工作。

對相（180度）：這是個不太容易相互調適的相位、通常海王星一方會以混亂、不誠實、逃避的方式對待太陽，而太陽一方則會阻礙海王星一方的藝術、靈性、感性的表達，但當雙方都有藝術及靈性的天份時，海王星的一方反而能提供太陽一方不同的藝術感性及靈性的境界，有助於彼此心靈的成長，但並不有利於任何世俗及實際事務的共事。在兩性關係中，這個相位帶來很大的吸引力，雙方會產生一種浪漫的、不眞實的愛的渴望，但卻難以讓愛的允諾實現。尤其太陽一方根本上並不信任海王星一方，但始終自欺欺人地沉醉在愛的幻象中，直至不可靠的海王星最後謊言破了。

和諧相（120度）：這個相位帶來深具藝術、靈性、的成長關係。尤其是海王星一方，將對太陽一方有著非常正面的幫助，帶領太陽一方發展藝術、精神、靈學的興趣及能力，並且非能了解太陽一方的潛意識。雙方很適合一起分享及從事音樂、宗教、靈性、神祕主義的工作及活動。通常海王星一方會是這個合作關係中的導師和謬思。在兩性關係中，這個相位帶給雙方浪漫、敏感和知心的關係，海王星的負面特徵將減至最低，雙方將一起分享浪漫之愛和藝術、靈性之愛，通常海王星一方將是太陽一方眼中「愛神」的象徵。

衝突相（90度）：這個相位很容易帶來猜疑、誤解和欺騙。通常海王星一方的確會有些有意或無意的不可告人的事在太陽背後進行，太陽一方則老是以警察捉小偷的方式在防止海王星搞鬼，使得海王星越躲越遠，造成兩人的關係越來越遠。這是一個極不適合共事的關係，雙方都將使彼此疲於奔命卻一無所獲。在兩性關係中，海王星一方對太陽一方有種神祕的吸引力，彷彿水中月一般一直蠱惑著太陽一方冒險下池撈月，卻不知道海王星只是呈現了幻象。這個婚姻極易造成海王星一方的不忠實，彷彿警察越愛抓小偷，小偷卻偷得更起勁。

太陽和他人冥王星的相位

合相（0度）：這個相位會帶來雷霆萬鈞、複雜深刻的人際關係。冥王星一方將對太陽一方有著很強的心理洞察力，令這個關係又迷人又緊張。如果雙方卻不夠成熟，這個合相有時會產生窒息感，尤其當冥王星一方企圖全盤控制太陽時。但若雙方都懂得尊重彼此的權力，卻有可能結合成一對力量很強的超級夥伴，可在許多領域中得到驚人的成功。至於在兩性關係中，冥王星一方通常對太陽一方而言有點太複雜及深奧，但就是這個難解之謎吸引著太陽，如果太陽懂得把握，將學習到不少人性深奧的功課，但有時冥王星的黑暗面卻可能使習慣光亮的太陽更加迷惑。

對相（180度）：這個相位帶來緊張的關係，通常冥王星一方深刻的精神力量會令太陽一方不安，尤其當冥王星有意無意地想改造及重塑太陽一方時，更令太陽不高興。如果冥王星一方懂得控制自己無處不在的權力，卻有可能讓太陽一方較容易了解及接納冥王星轉化及淨化的力量。

在家庭關係中時，當冥王星是父母時，要特別小心自己的力量，不要以爲自己用意是好的，就要支配控制小孩的一切，因爲當關係發展成像「日全蝕」時，即意味小孩自身的光明將完全被父母遮蓋住了，對小孩的獨立人格發展非常有害。

在兩性關係中，雙方起初的性吸引將非常大，因爲這個相位將帶出太陽的征服欲及冥王星的性本能，但雙方同是陽剛的欲望卻常常使彼此越來越互相排斥，而造成彼此性欲的退化。若冥王星一方仍想完全佔有這個關係時，將造成太陽很強的抵抗，而冥王星一方則要小心自己本身黑暗的摧毀力量。

和諧相（120度）：這個相位帶給人際關係正面的冥王星力量，雙方將可經驗自我改進、變形、轉化及新生的過程。尤其是冥王星一方對太陽將有很強的精神或物質的助方，雙方適合共同從事財務、靈修、神祕學、表演藝術等方面的工作。在兩性關係中，這個相位帶來肉體的、心靈的雙重吸引，雙方對彼此有種潛意識的了解，往往會有精神和肉體神祕的一體感。

冥王星的一方將是那個帶領兩人攀越情感及心靈巔峯的號手，這個關係非常有助於雙方將靈魂演化當成此生重要的功課。透過對意志、人格、權力、性能量的轉化及淨化，兩個人將能體驗靈魂的新生。

衝突相（90度）：權力衝突將是這個關係的重點。雙方都愛權力、冥王星想支配，太陽想領導，誰也不讓對方，正好成爲旗鼓相當的對手或敵人。雙方要特別小心捲入財務的糾紛，不少爲了爭遺產、贍養費、合夥資本等而鬧得不可開交的人或許正有這個相位。在兩性的關係中，這個相位很奇特，雙方是又著了魔般想親近對方，又畏懼魔鬼般想逃開親密的可能。尤其當冥王星是女性時，將是所謂「致命的女人」，讓太陽男人又愛又怕。當冥王星是男性時，有時冥王星過強的性欲會導致太陽女方適應上的困難。

水星傳達我們的思想

水星，是支配人際關係中心智、語言、思想、日常事務、生活細節等重要的行星力量。這個力量常是朋友、知音、同事、同道關係的重要基礎，決定兩人是否「談得來」。

在決定男女關係時，水星表面上不若掌握決心情緒的月亮、愛意的金星、性欲的火星、那麼強烈，但卻是維繫關係不可或缺的因素。一對完全談不來的伴侶，也許可當暫時的情人，但天長地久相處下來，卻將造成極大的互相了解及溝通的困難。

水星和他人水星的相位

合相（0度）：這個相位意味著彼此有著極類似的心智興趣及觀點，尤其當合相落在同一星座時更強。雙方極容易溝通，因此即使雙方的關係有其他的困難時，雙方至少可以談一談。在職業關係中，這個相位有助於雙方合作出版、教育、傳媒等工作。但當合相的相位不佳時，雙方則會有心智方面的競爭。在兩性關係中，這個相位常會引發兄弟姊妹般的情誼，雙方十分談得來，但有時也會覺得太熟悉對方的想法而失去驚奇感。

對相（180度）：雙方的思想有如地球的南北極，兩個人在一起時常常奇怪對方怎麼想法那麼不同。如果雙方夠客觀，這個相位產生的互補將是非常有趣的，但如果各自堅持己見，彼此將很難共處。

雙方對文化、教育、學習、傳媒等想法都很不同，有時也代表健康、飲食、工作習慣的不同。在兩性關係中，雙方如果有別的相位相吸引，這個水星的對相剛開始時或有可能讓彼此覺得對方不同而有趣，但長期相處，卻會連容忍也救不了事，因爲雙方思想、心智的差距太大了，彼此相處會太累。

和諧相（120度）：這個相位有助於雙方互相學習、了解及合作，在出版、教育、寫作、旅遊、交通、大衆傳播等領域共事有利，並且因爲雙方的想法不會太相像，反而不致引起一爭長短的競爭心，更有利於合作。在兩性關係中，這個相位比合相有趣，雙方是聊得來又能分享彼此不同的想法，有時一些專靠電話聊天但很少見面的男女朋友即可能有這樣的相位。

衝突相（90度）：雙方溝通時常有對方在找碴的感覺，兩個人就是對許多事情的看法很不一樣，不適合一起合作需要心智合諧的工作，但倒適合在辯論競賽中舌槍唇劍。但在兩性關係中，這個相位將使彼此常常意見相左；經常吵嘴會使兩個人慢慢地就不溝通、少開口了，更容易增加彼此的誤解。即使雙方有其他合諧的相位，這個不能溝通的問題不解決，遲早會腐蝕彼此的關係。

水星和他人木星的相位

合相（0度）：這個相位幫助雙方分享教育、文學、旅行、哲學、宗教等的心得及興趣。木星的一方通常代表層次較高的觀念，幫助水星一方拓展心智的超越，但水星一方卻可幫助木星一方落實於一般人可了解的心智層次，水星一方像記者般，可以把像哲學家木星的想法報導出來。在兩性關係中，雙方的關係將有助彼此心智的成長，兩人日常生活中也會容納許多心智的活動及朋友。

對相（180度）：這個相位刺激雙方因不同的教育文化、哲學觀點而更愛爭論，兩個人總是企圖說服對方。水星認為木星的想法陳義太高、太理想主義，木星卻認為水星眼界過窄、見樹不見林。如果雙方都能客觀地面對不同的行星力量，這種心智的交手將有助於彼此視野的開放及落實。但如果堅持自己是對的，雙方則有可能陷入沒有建設性的哲學囈語或心智乒乓戰之中。

在兩性關係中，木星一方的智慧常常超過水智一方的心智所能理解，如果木星是女方，則水星男性會特別有性別角色適應的困難。

和諧相（120度）：這個相位帶來非常有利的夥件關係，尤其當雙方一起從事哲學、文化、教育、宗教等工作。木星一方可幫助水星一方拓展心智的視野，水星一方則幫助木星一方執行計畫。兩個人將是非常好的旅行同伴，一同探訪異國文化。在兩性關係中，兩個之間將會產生特殊的精神盟友的關係，雙方很適合密法的同修，不管木星是女性或男性，水星一方都不會覺得有壓力，而願意在木星意識之光的帶領下達到啓蒙。

衝突相（90度）：雙方代表不同的心智，在水星眼中，木星一方根本是空想家，是沒有生產力的哲學家，而木星則認爲水星一方膚淺、短視。雙方尤其不適合一起工作，兩個人的想法將互相衝突。也最好不要一起旅行，彼此常會爭論不休而造成行程耽誤或擱淺。

在兩性關係中，水星一方將覺得木星一方較超越性的觀點對自己造成壓力，尤其水星是男性時，他將發現他的人生之路無法容納木星，因爲他要的是愛人或妻子，而不是一個先知或聖人。

水星和他人土星的相位

合相（0度）：當相位良好時，這個相位頗適合職業及家庭的關係，像上司下屬、老師學生、父母對孩子。通常土星的一方是權威者，以紀律及命令激勵水星的生產力，但當相位不好時，水星一方會覺得對方太嚴或想法太刻板。

在兩性關係中，土星一方也是擔任教導者，水星一方或許會尊重土星的嚴肅及負責任，但也會覺得有點束縛，而在土星眼中，水星這方則常常像個想逃課的學生，更需要嚴加教導。

對相（180度）：這個相位帶來負擔、掙扎、解放的人際關係。水星一方既受土星的吸引，又希望脫離土星以求得個人心智的獨立。土星在此象徵著父親、社會、體制一切保守的力量，既可提供安全感，又會帶來束縛。水星將在土星的訓練下變得更強壯，但終極的目標卻是要在心智上脫離土星的權威。

和諧相（120度）：這個相位帶來認定、實際、有效率的心智溝通，雙方很適合在科學、工程、學術、會計、法律、政治等領域共事，土星一方將是較嚴謹、實事求事、勤勞的一方，有助於水星一方的專注及效率。如果土星一方較年長，則更適合擔任起教導者的角色。在兩性關係中，這個相位有助於彼此維持長久的合作關係，土星一方通常都會建立一個較有利的環境讓水星工作。

衝突相（90度）：這個相位帶來阻撓，反抗的心智關係。水星一方常覺得土星剝奪他獨立思想及自由言論，土星卻認爲水星思考欠周詳、意見太幼稚，土星的優越性激起水星的反感，變得更不愛聽土星所說的任何意見。

兩個人的心智關係，就像反叛時的青少年看待最傳統、守舊的父母。其實水星是有新意的，而土星也有老成的智慧，但雙方都看不到這一點。在兩性關係中，這個相位若不克服，將使兩個人心智的關係將變得十分呆板。

水星和他人天王星的相位

合相（0度）：當相位好時，天王星的一方將拓展水星去接觸不凡的、卓越的、奇特的、原創的心智。水星的觀念將會變得更開濶、不拘泥及有創意。這個相位很適合雙方從事占星學、新科技、神祕學、超心理學、人道主義或社會革命的工作。但當合相的相位不佳時，天王星一方的古怪、偏激、不近人情的想法卻會讓水星神經緊張。在兩性關係中，天王星的一方需要較不世俗及傳統的關係，否則兩人很難相處。

對相（180度）：天王星的一方將對水星一方造成持續的心智刺激，水星一方面對天王星不羈、自由、獨特的心智感到莫名的興趣，但同時又不時感到困惑及苦惱。因爲水星要求的邏輯及秩序似乎在兩人的心智溝通中找不到定點。這個相位帶來興奮又疲倦的心智關係，雙方的溝通常像透過不太淸楚的摩斯密碼，有隱喻但又不淸楚。適合較短期的關係，譬如天王星一方開了某門特殊的講座課程。

和諧相（120度）：這個相位將促使彼此的心智交流加速，兩個人能像電光石火般地溝通，對彼此心智的成長幫助極大。通常天王星一方能促進水星的原創性，而水星幫助天王星更知變通。兩個人能分享新科技、新觀念、新政治理念等等，適合從事任何鼓勵創造及發明的工作。在兩性關係中，這個相位並不鼓勵雙方過太傳統的生活，雙方必須能包容彼此其他的差異，才能繼續保有這份思想的開放關係。

衝突相（90度）：天王星的不可預料、前衛、反傳統的看法會使起水星強烈的不安及緊張。兩個人的溝通常會有短路及不對盤的情況出現，有時水星的一方根本無法理解天王星的奇想及古怪念頭。通常水星會要求天王星要更邏輯些，更實事求事，使得天王星非常不耐煩，而天王星喜歡隨便更改主意，也會讓水星沮喪。在兩性關係中，這個相位會讓彼此產生很大的心智吸引力，雙方都想接近對方，以滿足心智的好奇，雙方如果只做做朋友還好，近一步發展後，雙方會覺得彼此心智關係老像在搭乘雲霄飛車，讓水星一方旋得得頭昏腦脹。

水星和他人海王星的相位

合相（0度）：雙方會有心電感應的思想交流，尤其是海王星一方特別能刺激水星一方促進其下意識的活動，幫助水星解決生活的難題。這個相位經常發生在心理醫生和病人及靈性上師和徒弟之間。當著彼此的合相相位不佳時，有時海王星的神祕領會及直觀反而會迷惑水星，令其更不加所措。在兩性關係中，雙方會產生神祕的心智交流，總有些「一切盡在不言中」的感受，水星將會很想去了解海王星的神祕，而使水星更加追求神祕學、心理學、靈學等心智活動。

對相（180度）：這個相位常帶來心智的誤解、困惑和欺騙。兩個人似乎總在不同思想波長上活動，海王星太高太抽象，水星太低太具象，但有時又讓彼此產生很大的心智吸引。尤其是水星一方，會視海王星一方像一本看不懂的神祕經典，訴說著遠古的祕密。在兩性關係中，這個關係希臘時代的理性主義遇上波斯文明的神祕傳統，讓亞歷山大大帝滯留不歸鄉。

和諧相（120度）：這個相位帶給當事人流暢、輕易的思想、心智交流，雙方通常有著共通的哲學、宗教、神祕學、異國文化的興趣，彼此能分享心得與觀點。通常海王星一方會幫助水星一方增加自覺和直觀的能力，而水星一方則能提供海王星表達的媒介和環境。這個關係尤其有利於文學和音樂的合作，也有利於家庭情誼。在兩性關係中，雙方能結合心智與美的追求，彼此的愛意中總深藏了對音樂、文學、靈學的體會。

衝突相（90度）：這個相位帶出雙方行星的負面能量，在水星的眼中，海王星一方愛說謊、愛做夢、不能信賴，在海王星眼中，水星一方好批評、不敏感、太實際。雙方像短路的電流，無法清楚接通彼此的信息，更無法欣賞彼此的特點。這個相位常帶來語言、文書的誤會，雙方若要簽定合約時要特別小心。在兩性關係中，海王星一方對水星一方有著神祕的吸引力，但每當水星越想了解海王星，海王星就越容易閃爍其詞及言不由衷，造成水星的不信任。雙方的相遇，像在霧夜中的旅人，彼此都看不清楚對方，很難建立一個合宜明理的關係。

水星和他人冥王星的相位

合相（0度）：這個相位帶有偵查祕密的性質，也許是冥王星一方想徹底了解水星一方思想的祕密。也許是雙方共同合作從事像稅務調查、犯罪偵探、醫學研究、神祕現象探索或金融分析等等。冥王星一方思想的深度既可幫助水星，也可能成爲控制水星的思想，端看合相的相位是否良好。

這個相位可結合成很有力量的心智同盟，雙方可成就很大的科學、靈學、醫學等的成就。這個相位也適合心理醫生（冥王星）和病人（水星）的關係。在兩性關係中，這個相位常意謂著雙方有著非常深邃及獨特的心智關係，冥王星就像雷達一樣，可以接收水星最微細、潛在的訊息，並且懂得解讀奧祕。水星對冥王星又愛又怕，既高興有人如此了解，又擔心自己無所遁形。有時，冥王星一方具有改變水星一方對性的觀感的能力，雙方靈性的成長，往往重於肉體的結合。

對相（180度）：這個相位會帶出彼此多疑及探根尋底的傾向。冥王星一方將有如情報局或調查局的偵查人員，老是想搞清楚水星腦子裡想什麼，是不是有「思想犯罪」，讓水星很受不了，然而冥王星的確能讀出水星的思想，因此也具有精神上控制水星的能力。雙方很不適合一起有共同的財產或共同做生意，在兩性關係中，財務也將成爲彼此的衝突點。這個相位會帶來雙方心智的成長，尤其是對水星一方的刺激尤大，但這個成長是在付出痛苦的心智摩擦的代價後得來的。這個關係有其思想收穫的正面價值，但實在不適合天長地久的關係，畢竟，對水星而言，每天和個思想顯微鏡一起生活眞的很不好過。

和諧相（120度）：這個相位可以帶來雙方思想和心智的提昇及轉化，水星一方將提供獨特的神祕意識供冥王星一方鑽研，而冥王星所領略的深意有助於彼此了解人性的深度和奧祕。如果雙方本身的心智能力很高，這個相位極適合共同合作心理學、神祕學、生死輪迴學、高等數學、高等物理學等的研究。

通常冥王星一方的幫助有力但不會太強勢，不像合相的關係，水星一方不會覺得有被洗腦的感覺。在兩性關係中，雙方意識的提昇及深化往往超越了一般肉體的欲望，雙方有可能達成自然的解除欲望的狀態。

衝突相（90度）：這是容易引起緊張、不安、爭吵的心智關係，對水星一方而言，冥王星一方太難了解了。而的確，冥王星總有一些黑暗、隱祕的事不願讓水星知道，造成兩個人之間無法建立互信。雙方尤不適合捲入金錢肉體中，更易引起糾紛。在兩性關係中，冥王星一方既吸引著水星，又讓水星想逃開，冥王星像一座深深的隧道，吸引著水星走進去，但隧道盡頭卻未必是光亮所在，激情、緊張伴隨著心智的角力，這個關係適合寫成偵探愛情故事，但不適合在眞實生活中上演。

木星應允我們的願望

木星代表了宇宙中擴展、放大的力量，因此也代表精神和物質世界的開放、擴張、成長，當表現在精神方面時，哲學、神學、宗教等都反映了人類意識的探索，反映在物質方面時，如旅遊、異國文化、法律等也就代表了人類空間和人際關係的探索。

在人際關係中，當木星和他人的行星成相位時，也代表這種擴張、延展的力量，當相位良好時，往往帶來精神和物質世界的好運道，是很被一般人喜歡的一顆吉星。但所謂「物極必反，樂極生悲」，宇宙萬物自有其成住壞空的自然律，當木星成不佳相位時，又當個人本命星圖上本來就有過份強大及問題叢叢的木星相位時，木星力量也有可能造成過份放縱、盲目樂觀、不知節制的力量，反而代表當事人許多風險。

不過，木星始終是一顆本質善良和樂觀進取的行星，因此即使是不佳的木星相位，當事人也不會覺得太難過，或者冒險栽了大跟斗後，也不會太想不開，也因此木星始終能讓人學習及成長，不管是精神或物質的成功與失敗、滿足或失望，木星都帶領我們航行人際意識的大海，去了解生命的潮汐。

木星和他人木星的相位

合相（0度）：代表雙方具有相似的宗教、哲學、文化、法律、旅遊等的想法，雙方經常可成為好的遊伴和分享思想的同伴，也會帶給彼此樂觀、愉快的影響。當這個相位是發生在不同年齡階層時，如差十二歲、二十四歲、三十六歲以上，影響會比同年齡的要大，尤其有利於家庭關係。當合相相位不佳時，雙方可能會加強彼此愛玩、享樂、冒險的傾向。若彼此個人本命星圖嚴重受剋，合相又受剋時，則不宜一起出遊，容易發生意外。

對相（180度）：雙方的觀點差異甚大，經常會因彼此的辯論而筋疲力竭，但也同時也讓雙方思想有角力的機會，而增進了彼此思想的空間。這個相位仍可以做朋友，但不適合當家人，因為彼此的差距會讓親密生活不時產生摩擦，在兩性關係中，這個相位常意味著彼此會給對方許多無法承諾的諾言，雖然是好意，但最終會帶來失望。

和諧相（120度）：這個相位比合相更有利，雙方能分享宗教、哲學、教育、旅遊、異國文化等等的興趣，也適合一起從事這方面的工作。如果是家庭關係，雙方的家庭生活中也會充滿前面提的那些事物。這個相位會帶來的運道，雙方的精神和物質生活都會有所成長，在兩性關係中，這個相位尤其容易帶來快樂的感覺，雙方相處很容易，同時，又有一種自由自在的親密感。

衝突相（90度）：雙方對哲學、教育、宗教、文化的觀點極不協調，根本是「道不同不相為謀」，但雖然道不同，彼此仍無太大惡感，有時還能做不同道的朋友。在家庭及在兩性關係中，有時這個相位意味著雙方對彼此的期望均很不切實際，彼此也都不願擔起現實責任，或彼此會放任對方，雙方在一起會變得很會花錢，尤其是花在旅遊上。

木星和他人土星的相位

合相（0度）：這個相位非常有趣，也非常複雜多變。木星代表擴張的力量，土星代表限制的力量，合相一起，究竟會變成幫浦還是拔河，則要看雙方的合作了。通常土星一方會教導木星一方要耐性、負責及勤勞，而木星一方則會帶給土星樂觀及希望。這個相位很適合雙方在教育、宗教、政府、地產方面的合作。至於在家庭關係中，土星一方經常是穩固家庭生活的重心，如果木星一方有才氣，將在土星的幫助下，獲得名聲及榮響。

對相（180度）：這是個「不幸運」的相位，雙方最好不要一起合作做事，通常木星一方會覺得土星太保守、太嚴格，而土星覺得木星太不可靠、太不實際。在家庭生活中，雙方會經常為責任誰屬的問題爭吵，土星會認為木星逃避責任，而木星覺得土星應當獨力承擔。

在兩性關係中，木星一方常常會覺得不自由，土星一方不管在精神或物質上都會限制木星，而同時，木星一方也帶給土星一方很大的不安全感，最終，木星會企圖掙脫這個關係，但同時也會帶著他在土星這兒學到的世故智慧及堅強。

和諧相（120度）：這個相位對維持社會的進步與穩定、開放與平衡、改革與安定均有很大的貢獻。有這個和諧相位的人，適合的和諧，在家庭成員中，如果土星一方是長輩，通常代表父母子女將有極和諧及互相學習的關係，土星父母以自己人生豐富的閱歷指導小孩穩重及審慎的重要，而木星小孩則以開放、新奇的興趣擴大父母的視野。在兩性關係中，雙方都懂得適中之道，在維持傳統及風俗的美德的同時，雙方也都懂得改革及開放的重要。

衝突相（90度）：一個是革命黨，一個是保皇黨，這個相位注定帶來危機，但誰贏誰輸則未定。木星一方追求自由、開放；土星則強調權威、不變，許多青少年的反抗運動即意味著這種木星衝突土星的力量，雙方常常看不到彼此的優點，只看得到缺點，這個相位極不適合合作。雙方還會經常互相推擠牽制對方造成了錯誤的人生節奏，譬如說擴張或撤退不得時，雙方最好也不要一起旅行，常會一起遇到奇怪的耽誤。

在兩性關係中，這個關係常意味著雙方來自很不同的家庭背景，譬如一窮一富，一開明一保守等等，彼此剛開始時會因爲這些差異更有吸引力，但隨之則問題叢生，土星一方常是不願放手的人，會緊緊抓住土星，不管是用傳統、物質、社會輿論、婚姻制度的壓力等等。但木星卻極想推翻這一切，革命隨時會發生。

木星和他人天王星的相位

合相（0度）：這個相位可能帶給雙方突然的好運，譬如說一起買彩票中了樂透。這個相位也很適合雙方合作富有前進觀點、新科學觀、人道主義價值的工作，對占星學的研究更是有利。

通常天王星的一方會以獨特不凡的見解啓發木星一方，而木星一方則能提供精神的支持或現實的肯定，如幫助其出版得利等。在兩性關係中，這個相位帶來很強的心智觸電，雙方都將經驗心智的啓蒙及高潮。但這個相位並不利於肉體關係，當雙方做愛時，會有一種無法緊密結合的感覺，因此比較適合柏拉圖的關係。

對相（180度）：這個相位帶出了彼此原本就不安、焦躁、不穩定的特質，雙方會像兩個同時發聲的喇叭，對著彼此狂吼，但沒有一方聽得見對方在說什麼。雙方最好不要一起操縱電器、或從事法律、旅遊、宗教、教育等活動。

當彼此有金錢關係時，木星一方要小心天王星一方糊塗或古怪的支出。在兩性關係中，這個相位雖然帶來一時的心智刺激及吸引，但雙方實在嚮往不同方向開駛的高速子彈列車，永遠無法同時到站，如果妄想追逐或握有對方，反而會增加彼此的焦慮和緊張。

和諧相（120度）：這個相位極適合一起從事教會、學校、醫院、文化中心、人道組織的工作，並且改善這些組織，天王星的一方將會有不少新奇的好點子，而木星一方將可以是很有效率的執行者。

在兩性關係中，這個相位帶來「互相承諾但又不互相佔有」的關係，雙方都是對開放婚姻有信心的人，因此也適合各有工作、各居一方，但又彼此相知相愛的關係。尤其是天王星的一方會特別覺得自己較高的精神潛能在木星的鼓勵下產生，這個相位也會增進彼此的超感應力，很適合一起探索人類神祕現象。

衝突相（90度）：這個相位容易引發雙方捲入，衝動、考慮欠週的計畫，尤其是一夜致富的美夢，而造成彼此金錢上的損失，雙方也對彼此的朋友互相看不慣，因此很難共有生活圈。有時這個相位會帶來一對妄想推翻社會現有制度，但又未有更好方式取代的革命空想家。如果赴諸實行，將會帶來災難，有時他們會活在自己的烏托邦世界中，棄現實生活於不顧。這個相位只適合空想，不適合任何的合作關係。在兩性關係中，雙方都是要求絕對自由的人，也許會擁護換夫換妻或開放關係等，但通常無法實驗成功，彼此都會對對方失望。

木星和他人海王星的相位

合相（0度）：這個相位常意味著靈性的結合。雙方最適合一起從事和宗教或神祕學有關的工作。通常海王星一方是較富有神祕直觀力的人，能引發木星一方的潛意識知覺，雙方可分享許多私密的靈感及心情。但當合相相位不佳時，要小心彼此蠱惑對方進入私人的夢想國度，沉醉於浮誇不實的幻覺中，而忘掉了現實世界，變成回不了家的武陵人。

在兩性關係中，這個相位常帶來很大的迷戀，兩人在一起時，有時會有星光體相連的感受，有時，雙方會想停留在那麼神祕相連的境界中，而不願意回到人間。這個相位極適合雙方都有藝術及靈學的天份，這個關係可以強化這個天份，但如無其他有利的海王星關連，這個關係太難落實，有如「此情只有天上有」。

對相（180度）：這個相位帶來靈學上不同的觀點，木星代表的是人間的法律，只有是非善惡，而海王星卻代表天上的法律，不作善惡判斷。木星覺得海王星危險、不實際，是不能實現的價值。海王星則認爲木星太狹隘，只知對錯，不知寬恕與慈悲超越一切。這是羅馬國王彼拉多遇到耶穌的困境。這樣的相位當然不利於職業的關係，在家庭關係中出現，也會有正統和非正統的衝突。在兩性關係中，雙方的關係會有如律師碰上巫師，一個老是要把事情說清楚，一個則永遠強調神祕經驗，雙方其實都有道理，只是互相說不通。

和諧相（120度）：這個相位適合雙方一起從事宗教、神學、靜坐、輪迴研究等等的活動，也許某些靈修中心的成員彼此正有這樣的關係。這個相位帶來也有利於一起從事喚醒他人靈性及鼓勵人類潛能開發的工作，適合一起做宗教的同門或慈善團體的義工。在兩性關係中，宗教及靈性的活動將對彼此有很大的影響，雙方會有種同修情誼更遠甚過情人或夫妻。

衝突相（90度）：這個相位帶來危險的關係，雙方可能共同捲入邪教或偏頗的神祕活動，有時，迷信的上師崇拜即導因於這樣的相位，將使得木星一方喪失現實的判斷力，走入精神的迷宮。在家庭關係中，這個相位常意味著彼此有互寵對方，鼓勵對方放縱的生活習性而漠視人生的責任，如果海王星是父母，通常不能給予小孩明智的人生指導。

在兩性關係中，代表雙方對彼此的靈性均互不了解，卻又隔著一層霧紗自以爲了解，反導致更多的誤解與緊張。海王星強調幻象的眞實體驗，而木星強調實相的眞實理解；兩人相遇，一個是道家，一個卻是儒家。

木星和他人冥王星的相位

合相（0度）：這是個潛藏有極大的物質及精神好運道的相位。雙方之一可能受惠於遺產的繼承，或各種公司財、獎學金、政府資助等財務的幫助。通常冥王星一方將是受惠者，而這個受惠多因於當事人公也或前世的善行所致。雙方也適合共同從事和法律、教育、靈學、宗教有關的活動，木星一方將受惠於冥王星深奧及卓越的直觀力而冥王星一方將獲得木星有形的社會性的支援。這是對家庭關係十分有利的相位，也有利於師長和學生的關係。在兩性關係中，這個關係常意謂著重要的物質或精神的善緣，雙方可能共享巨大的財富或精進的靈性演化。

對相（180度）：這個相位非常不利法律、商業、教育、宗教及情感的關係，雙方經常互不同意雙方看待及處理事情的方法。這個相位也經常出現在互爭遺產、爭離婚財產及競爭公司資本的當事人身上。雙方有時會爲了外在的利益才互相忍受對方，但彼此的結合卻會以互爭利益而終結。在兩性關係中，將造成雙方都想贏，但經常演變成兩敗俱傷。這個關係代表了精神或物質的惡緣，但在面對惡緣時，其實沒有誰比較對或錯的問題，雙方都應該爲這個惡緣負責，因此雙方靈魂的演化才是超越、救贖惡緣的機會，要互相還債而不是互相求債。

和諧相（120度）：這個相位有利於彼此追求物質和精神的成長，冥王星一方將以意志、決心、直觀帶領木星，而木星將以樂觀、效率、友善幫助冥王星適應潮流，雙方將會經驗許多變革及新生，但始終是迎向更光明及深沉的意識中心。這是個強調成長及收穫的關係，適合各種人際關係。

在兩性關係中，有時意味著木星一方在接納冥王星的同時，必須拋棄一些舊有的現實，因爲冥王星帶來了「舊的不死、新的不生」的允諾，但冥王星帶來的新生將超越一切的苦難。這個相位在神祕學上也象徵了十字架的意義，冥王星是基督之死，木星是基督的復活。

衝突相（90度）：這是個帶來鬥爭、憎恨、死亡的相位，雙方尤其不適合一起旅行或共同捲入醫院、法律、宗教有關的工作，有時這個相位會造成了致命的神祕宗教活動，如一同殉道的邪門歪教。通常冥王星一方在此代表了專制、黑暗的力量，而木星代表了盲目樂觀、迷信的本質，兩個互相引發雙方最負面的力量，自然造成悲劇。

在家庭或一段關係中，雙方尤其要小心不要捲入不當的投資及商業、法律的邪門歪路。在兩性關係中，雙方精神或物質的背景差距甚大，這將形成兩人結合的阻力及障礙，有時勉強結合，雙方必安要先承受極大的精神和物質的損失。

土星帶來我們的考驗

土星，在占星學中被定義爲「宿命星」，經常對人際關係有其最宿命力量的影響。當雙方形成重要的土星相位。不管是相生或相剋的，都會激發強大的行星作用力讓當事人形成一些重要的關係：例如家庭成員、夫婦，或相當長久而固定的情侶及事業夥伴等等。雙方的關係絕不會是暫時的、輕易或不落實的。

土星代表了限制、歸屬、束縛和現實的力量。土星相位使得雙方根本不可能逃避彼此的牽連，雙方一定要一起學習一些宿命的功課，也許是感情的、性愛的、金錢的、責任的等等。困難的土星相位將帶來十分艱難的功課，有的伴侶或許學習一生仍無法悟道，因此，有時土星會被認爲是最會帶給雙方麻煩、痛苦、不幸的「壞星星」。許多人避之唯恐不及，卻又避不掉，於是變成宿命論的詛咒者。動輒以壞命、壞運、惡緣、孽緣等字眼指責土星的力量。

其實土星是生命中的大功課，人類的修行勢必要以土星的領悟及超越為重點。土星是世間的、現實的、倫常的、肉身的限制及磨難。從土星開始發展意識的覺醒，正是面對輪迴、業報因果的最佳關口，而人際關係中的土星相位也是刺激個人面對各種的人情前世債，以修正今世的心念及行為。因此，土星不僅帶來了苦，也帶來了悟苦而得道的機緣。

在前面幾章，我們以分別談過土星和他人太陽、月亮、水星、金星、火星及木星的相位，通常土星和個人的內行行星之間的接觸，有較重要的意義，也比較容易被雙方察覺這些土星相位形成的作用力。但當土星和外行行星（木星、土星、天王星、海王星、冥王星）形成的相位，卻需要較高的意識才能察覺土星的作用力。但這並不意謂著這種作用力不強或不厲害，只是當事人常常不自覺罷了。

這些土星和外行行星形成的相位常以兩種力量出現；一當雙方星圖中本來就有其他重要的土星或行星相位時，土星和外行行星的力量常扮演著個人無意識中的決定力量，決定當事人的命運。例如冥王星和土星的九十度角，常帶給當事人不可避免的分離。第二當雙方個人星圖中並無重要的土星或行星相位時，土星和外行行星的力量常會以所謂集體或超個人的命運方式出現，例如透過非個人的接觸而改變了雙方或一方的命運，例如天王星和土星的九十度角帶來的革命。

土星和他人土星的相位

合相（0度）：這個相位只發生在雙方年齡同歲或差二十八歲左右或五十六歲等。當合相成好的相位時，這個相位帶給雙方一種同儕意識，彼此分享近似的現實感而產生強大的連結力量。但當合相相位不佳時，雙方將會製造彼此的壓力及負擔，感受到無形的束縛，當雙方年齡差距在二十八歲以上時，這個合相會帶給雙方分享一種周期性的社會命運，例如經濟大恐慌的輪替。在兩性關係中，這個合相並不太有利，雙方容易產生權威的對立，或當土星相位不佳時，雙方很難在對方需要援手時提供幫助。

對相（180度）：這個是非常不利於人際關係的相位。雙方常意謂著不同傳統的對立，因此造成雙方在婚姻、家庭、政治、法律等領域責任的對立，雙方有時會形成敵對的關係。但如果雙方星圖中顯現出較開放的人格，這種對立有時也造成雙方互相吸引的力量，譬如產生了「可敬的對手」、「向敵人學習」等等現象。這個對相通常發生在雙方差距十四歲左右，上司下屬要小心這個相位。在兩性關係中，雙方年齡的差距自然會有許多社會、經濟、文化的差異，也因此常造成最後因不適應而分手。

和諧相（120度）：這個相位帶來很好的協力因緣，雙方將特別能幫助對方完成各種的目標，彼此的關係將是穩定而逐漸進步的。雙方極適合一起從事政治、商業、法律的事務，雙方將成爲彼此忠實的盟友。在家庭關係中，這個相位對父母和子女的關係特別有利，能使雙方避開許多因年齡差距產生的代溝衝突。在兩性關係中，這個相位會發生在年齡差距很大的「老少配」身上（差約二十來歲），奇怪的是年齡的差距並不會妨礙彼此的交流，反而會造成有力和緊密的結合。

衝突相（90度）：這個相位帶來挑戰，雙方都視對方爲必須超越的障礙，由個人在一起，會感受到無形的束縛和限制，因此雙方都想打倒對方，以獲得自己的身分、地位及權威。這個相位自然不可能變成同志、盟友，而是各種商場、政治、軍事上的競爭對手。但雙方在希望「你死我活」的戰爭中，卻常造下更多的業，這是必須雙方深思之處。在兩性關係中，這個相位常意味著雙方是彼此的「討債鬼」，但一味討債反而忽略了「解鈴還需繫鈴人」，雙方若能「放下對債的執著」、「無債一身輕」反而是彼此的正果。

土星和他人天王星的相位

合相（0度）：這個相位代表新、舊勢力的交會，通常天王星的一方將帶給土星一方嶄新的、革命性的、打破傳統的觀念，而造成土星一方的改變。當相位好的時候，土星一方將會有好的變化，但相位不好時，改變未必對土星有利。在兩性關係中，兩者的相會通常意味著土星一方正面臨十字路口的抉擇，而天王星適時出現，帶來了新的視野及可能性，這個相位也意味著雙方必須結束前世的相處模式，以展開新的生活。

對相（180度）：雙方代表了新與舊、前衛與保守、動盪與穩定力量的對立。對立可能帶來互補的了解與學習，也可能帶來鎮壓與反彈。通常在土星眼中，天王星太缺乏節制，而在天王星眼中，土星太缺乏彈性，兩個人在許多事情上的看法與做法都偏向這兩極，因此不容易合作。

在兩性關係中，土星一方企圖控制天王星一方遵循傳統的規範，譬如做個賢妻良母或可靠負責的丈夫等等，但天王星一方卻不願扮演這樣的角色，而主張自我的獨立與自由，而造成土星一方的不安全感。土星通常會覺得自己是社會價值認可的一方，而指責天王星是錯誤的。但天王星卻不在乎別人說他是錯或對，堅持「活出自我」更重要，這是保守與前衛配偶的標準衝突。通常當土星是男性時，要適應不合傳統的女性將特別困難。

和諧相（120度）：這個相位帶來新與舊勢力的合作，保守與前衛的互相調整，傳統與革命的融合，主流與非主流的互相支持，這是造成社會在既定結構下逐漸改變的穩定力量，是革命的理想境界。通常土星一方代表的舊勢力，能察覺有改革的需要，願意接納想改變的天王星力量，但天王星又珍惜土星的支持，願意穩健下來，不妄想推翻一切，改朝換代。這個相位對各種的人際關係均十分有利，是最理想的社會變遷形式。在兩性關係中，這個關係既可帶來穩定及持久，又可常保新奇及興奮，雙方有此相位，實在是良配。

衝突相（90度）：這是個帶來驚天動地、石破天驚的虛無革命的相位。雙方代表的新舊力量、建制及顛覆、權威與反權威各自相持不下，勢必要拚個你死我活。通常土星剛開始時土星會得勝，而且保持舊勢力的光榮甚久，但常常在一夜之間，天王星奇特的顛覆力量出現了，一時山河變色，土星連連慘敗，而所謂壓制得越久，反彈得越高、也越不可收拾，這時天王星是絕對義無反顧的，秩序、倫理、安全通通被推翻。

這個相位當然不利於人事，也不利於社會，許多的社會革命都以此模式讓人類付出慘痛的代價，然而保守與前進勢力卻要為彼此的不能合作負責。在兩性關係中，這也是個家變、婚變的相位。通常土星一方以為對方將永在其鐵腕統治之下，但誰知道天王星說變就變了，而且變得毫無轉圜餘地，更缺乏前思後慮，於是，雙方都只好為此付出慘痛的代價。

土星和他人海王星的相位

合相（0度）：這是個夢想和現實相會的相位。通常海王星一方代表了追求不可能及理想事務的力量，而土星代表了認清現實，了解俗世責任與限制的力量。兩者相通，如果相位良好，則土星一方會提供海王星一方物質的支持，使其有做夢的本錢，而海王星則以同情、藝術、慈善、美來回饋對方。但當相位不好時，海王星可能會背著土星，發展自己不可告人的夢想，而心靈脫離土星越來越遠，土星最終將是擁有海王星的空殼子而非對方的靈魂。

這個相位可產生藝術、慈善及宗教理想的合作，也可能代表虛假的合作。在兩性關係中，這個相位有很大的力量，通常會具有一種不能不結合的力量，吸引雙方並綁住雙方，有時海王星這方常是擁有藝術及靈性天份的人，土星介入此關係象徵了宇宙的使命，要土星幫助海王星完成才能貢獻給更多的人。

對相（180度）：這個相位代表了夢想和現實的對立。海王星代表的理想過高，是土星所沒法完成的，而土星的謹慎小心，卻讓海王星覺得對方缺乏做夢的能力。雙方的相遇，常帶給彼此更多的恐懼及失落感。在兩性關係中，這個相位有時代表海王星一方是土星想要又不敢要的愛人，但即使土星鼓起勇氣追求這個虛無飄渺的海王星時，對方卻逃避得更遠，因爲海王星雖然也嚮往土星提供的保障與安全感，但卻更擔心自己將受困其中無法掙脫。這個相位常意味著彼此互有嚮往但不能結合的命運。

和諧相（120度）：這個相位有利於任何祕密或隱私的活動及交易，如心理學、祕密研究、內線買賣等等。通常海王星一方能提供土星一些隱密的情報，而土星一方則能將這些情報用成有利的成果。有時海王星一方具有一些靈性的或藝術的天份，土星一方則會幫助海王星一方找到世俗的支持（如大學、研究機構、宗教中心）等等。

在兩性關係中，這個相位有種特殊的意義及力量，海王星的一方能開啓土星更寬廣、敏感及玄妙的視野，使土星脫離原本的限制與生命的沉重。海王星代表了他更理想的自我，經由這個相會，土星會變得更有創意、更具想像力。而同時，土星代表了現實的錨，可以幫助海王星定位，指引他更有效率地呈現藝術及靈性的才能。雙方將感受這是一股強大的、激發彼此藝術靈性的潛能關係。

衝突相（90度）：這個相位代表了夢想和現實的衝突。土星一方考慮的是冷酷的現實需要及限制，而海王星一方著重的是美好的靈性的、慈善的、藝術的目標及理想。土星認爲海王星不實際、虛無飄渺，而海王星認爲土星功利、冷漠及缺乏想像力。有時，雙方的互不相讓，會造成海王星一方更逃避現實的傾向，雙方尤其不適合從事宗教、神祕學、心理學和醫院，收容所等有關的工作，通常海王星的理想主義會深深受挫。在兩性關係中，這個相位常意味雙方精神和現實的對立，一個可能是不得志的藝術家，而另一個是老怪對方不努力賺錢的生意人，兩個人互不欣賞對方的特質，勉強在一起，只能造成彼此更大的痛苦。

土星和冥王星的相位

合相（0度）：這個相位的力量非常大，因爲土星是宿命星，而冥王星是掌管輪迴重要的星星，前者代表的是宿命的業報，後者則代表靈魂的輪迴，但這兩者結合，往往代表業報的結束與新的輪迴的開始。而這裡的業報可能是善果，也可能是惡果。當相位好的時候，冥王星一方較幫助土星一方達成政治、財務等各種事業的完成，但當相位不好時，冥王星一方將帶給土星一方財務、稅務、遺產的困難。

在兩性關係中，這個相位常意味著冥王星一方的原始欲望，本能的競爭性將因土星的制約而昇華，冥王星將尋求更高層次的生命能量，也因此找到了靈魂新的方向。

通常這個相位很重要，但卻很容易造成雙方分離。甚至可以說，雙方相遇就是爲了向過去的緣份說最後的再見，但這個分手長期來看卻是好的，雙方生命的新頁將更有意義。

對相（180度）：這個相位帶來彼此互不信任及疑心，雙方都覺得對方是自己生存的威脅，這樣的敵意當然不適合任何的合作關係。在親密關係中，這個相位常意味著彼此是過去世的敵人，今生相逢是有過去世的情債要還，因此這個關係常常非常堅強，非常不易解除。雙方常常造成彼此極大的痛苦，卻又無法分離，尤其發生在家庭成員中時力量最大。

在婚姻關係中，雙方也不易分手，冥王星的佔有欲加上土星的維護現狀，使得這一對即使外人看來糟透了的關係照樣天長地久。這個相位需要雙方靈魂的覺醒，必須先徹底清除內在的敵意及仇恨，不要再被宿世惡緣的力量掌握。

和諧相（120度）：這是個帶給雙方自我改進力量的相位，雙方可合作生意、稅法、保險、心理學、神祕學等工作，將會得到很大的成就。這個相位對父母小孩與師長學生亦特別有利，尤其冥王星一方是長輩時。在兩性關係中，這個相位會加強彼此的責任感，讓雙方有強烈地想天長地久的意願。

通常這個相遇，對冥王星特別有利，認爲土星將指導及協助冥王星破除負面的冥王星能量，達到靈魂的淨化及成長。這個相位常意味著冥王星一方在前世是喪失了人生方向的人，但在今世卻找回了生命目標，而土星一方在前世也是個永遠的學生，從來不能將其所學的智慧實踐，卻在今世透過了和冥王星的關係而開始展開了生命的實踐。這是個受宇宙祝福的相位。

衝突相（90度）：這個相位代表雙方相互提防、彼此懷疑。通常冥王星一方會特別看土星不順眼，而威脅到土星的身分及地位，而土星一方則希望控制冥王星以達到私人的利益及欲望。當雙方共同捲入財務、稅務、法律、政治、軍事等活動時非常不利。在家庭關係中，要特別小心彼此產生遺產、稅務、保險、贍養費的糾紛。

在兩性關係中，這個相位常意味著雙方在前世曾有極深的聯結，也許是家人，也許是夫婦，這一世土星仍然想保有冥王星，回到過去世的束縛中，但冥王星卻因爲這一世新的學習而有能力脫離這層關係，因此帶給土星很大的挫敗感。如果土星也能了解並接受這個無法避免的分離，將了解到彼此都從新得到靈魂的自由。

天王、海王、冥王星喚醒我們的潛意識

許多對占星學初有興趣的人，都很容易犯一個錯誤，以爲所謂的三大外行星：天王星、海王星、冥王星，由於走得很慢，因此會被同樣世代的人所共有，所以以爲這些外行行星的影響力也就侷限在世代的影響，對於個人星圖的影響力就不那麼重要了。

這其實是個大錯特錯的觀念，外行行星正因爲走得慢，因此當這些行星和個人本命星圖中的其他行星產生了特定的相位時，或在流年星圖中因推運(Transit) 產生了相位，以及這些外行行星落入的本命或流年宮位，對當事人的影響力其實是遠超過內行行星的。再加上外行行星激發的力量，來自心理學上所說的「集體無意識」，屬於人類共有的心理基因。因此當其發生作用時，當事人常有一種身不由主的感覺，彷彿自我成了宇宙力量擺弄的棋子，下著奇怪的棋陣。

近代心理學，對人格的研究，最重要的貢獻就是在探索這些「集體潛意識」對人的影響，譬如說佛洛伊德的心理分析，常追溯病人的夢、童年和雙親，都可以從個人星圖上天王星、海王星、冥王星和太陽、月亮的關係以及這三個行星落入四宮、八宮、十宮及十二宮中看出端倪。而容格學說強調的分析心理學，著重心靈力量及靈性成長對人格的影響，也可說從三個行星和水星、木星的關係及落入的九宮、十一宮、十二宮加以研究。至於了解人類的性、愛傾向，從這三顆行星和金星、火星的關係及落入的五宮、八宮，將會得到相當完整和清晰的個人性愛地圖。

在人際關係中，這三個外行星產生的作用力同樣也是大的驚人，譬如說，在兩個人個人星圖中太陽和金星成相位或月亮和火星成相產生的力量，絕對不如太陽或月亮和另一個人的冥王星或海王星成相位來得大。前者的力量往往要兩個人相處一陣子後才會慢慢增強，但後者的力量卻會來得很猛烈，當事人往往會感受到某種無形的吸引力，同樣的，前者的緣份常常是當事人自己可以說得清楚的，譬如說喜歡或討厭彼此的個性、長相、思想、情緒等等，但後者的緣份卻說不上是爲什麼喜歡或討厭。

了解人際關係，絕不能忽略三個外行星的力量，但要了解他們的力量，個人精神及意識的演化往往是重要的條件。通常越缺乏自我覺察能力的人，也常是越無法明白自我命運的人，而同時這樣的人也容易變得越迷信，他們不肯也無能了解自己才是自己「命運的創造者」，即「自己的心念創造實相」，他們反而將自己的無助投射在外在的力量上。

譬如說迷信宗教的教條或信物，或隨便相信江湖術士的符咒或解運良方。

在本書的前面幾章中，都已分別談過天王星、海王星、冥王星和太陽、月亮、水星、金星、火星、木星、土星之間的相位，對人際關係的影響，這些段落需要特別的注意。而在後面幾章中談宮位的影響時，個人三大行星落入他人的不同宮位產生的作用力更不容忽略。至於這三大行星彼此之間的相位，產生的影響確實是屬於較世代的影響。譬如說天王星和天王星合相，天王星和海王星衝突相等等，往往年齡接近的世代都將共有這些相位，因此常常產生某些世代性的影響力。譬如說性解放的一代、離婚率高的一代、共同經歷戰爭苦難的一代等等。但當個人本命星圖中如果有強大的三大外行星的力量，例如寶瓶座、雙魚座、天蠍座，或三大行星和本命星圖有重要的相位，及落入一宮、四宮、五宮、七宮、八宮中，將對彼此的人際關係產生重要的影響。

天王星和他人天王星的相位

合相（0度）：這些同世代的人將會一起遇到世代的新的變化，而改變命運。如果當事人對科學、靈學、社會革命有強烈的興趣，他們將成爲精神的同盟。

對相（180度）：這個相位大都出現在彼此相隔四十二歲。代表了不同世代、不同觀念的對立。彼此基本上是不協調的，但如果開放地了解及接納對方，將有助於精神的演化。年輕的一輩產生的社會、科技革命將對老一輩產生巨大的影響。

和諧相（120度）：這個相位將結合不同世代但觀念接近的人一起從事社會改造的工作。這個結合並無束縛的力量，雙方的合作將是十分自由的，適合各種人道、研究團體的成員。

衝突相（90度）：這個相位有其特殊的意義，尤其在私人的人際關係中，將使雙方極不容易相處。彼此都是想改變對方的人，但卻不願意被對方改變，因此導致互不相容和互不耐煩。這個關係像兩支火柴相遇，誰都不願做打火石，因此也打不出火花。

天王星和他人海王星的相位

合相（0度）：這個相位是藝術、神祕主義和科學、新發明的相會。對世代的影響有如ESP（第六感）及LSD（迷幻藥）的發現。在私人關係中，兩個人將刺激彼此產生對超心理學的興趣。

對相（180度）：這個相位在私人關係中有較重要的意義。天王星一方常是想忘記過去的人，但海王星一方卻不斷地提醒不愉快的過去，產生彼此相處上的困難。彼此的心理及情緒的不安、焦慮、恐慌將因此增加。

和諧相（120度）：這是個共享烏托邦及人類理想新世紀觀念的相位。當個人本命星圖有強烈的天王星及海王星的影響時，雙方將合作從事宗教的、神祕學的、占星學的、瑜珈等等靈性的活動。在私人關係中，這個相位將增強彼此的創造力。

衝突相（90度）：這是科學派玄學和強調個人神祕經驗的神祕主義者分道揚鑣之處。天王星一方勇於追求新知，以擴大對人生的體驗，而海王星一方強調回歸個人靈性實踐的源頭。在私人關係中，天王星一方不滿海王星退縮、內化、朦朦朧朧的傾向，而海王星則責備天王星過份理性、疏離，缺乏同情的態度。雙方的靈性之路各走各的，沒有交集。

天王星和他人冥王星的相位

合相（0度）：這是個不太平靜的相位。雙方各自帶有「改變」（天王星）他人與「改造」（冥王星）他人的能量，聚在一起勢必激發非常強悍的力道，這個相位要求彼此的轉變，適合共同從事具有發明、探險、進化特質的工作。譬如像獵鷹號的船長邀請達爾文做伴去南太平洋探險，而促成了達爾文寫作進化論。

在私人關係中，冥王星的性能量將受到天王星的疏離的影響，而使冥王星朝向較高的精神能量。雙方如無靈魂進化的追求，這個關係並不容易。

對相（180度）：這是個龍捲風遇上火山爆發的相位。天王星如龍捲風來得又急又快，要求立即的應變，而冥王星卻是慢慢地累積能量，但一旦爆發，造成的影響卻比龍捲風更大。雙方都必須學習尊重對方的能量，不必正面衝突。在私人關係中，「保持距離，以策安全」是上策。

和諧相（120度）：這個相位加強彼此的決心與力量，通常天王星一方是前鋒，冥王星是後衛。天王星衝力驚人，而冥王星耐力高超，兩個力量合作，可以開拓新視野也可增進深度。在兩性關係中，雙方都是極其獨立自主的人，因此彼此必須有一些超越個人的目標來結合對方。

衝突相（90度）：這個合相對私人關係有其特殊而巨大的影響力。通常雙方總會因爲某些緣份而相會，並且注定爲彼此的生活帶來巨大的改變，而這些改變通常和彼此的性、財務、權力有密切關係。冥王星一方常常是被改變的對象，而天王星一方是採取主動的人。

海王星和他人海王星的相位

合相（0度）：這個合相的世代影響力較強，除非海王星是在個人星圖上有重要的影響力。這個合相帶來了世代的共同理想及幻滅。譬如說有的世代強調家庭的和諧及價值，有的世代強調自我的發展及完成。

對相（180度）：這個相位很少在一般人際關係中發生（彼此差距了九十多年。但也意味著百年左右世代的差距，如十九世紀末和二十世紀末，對立之外也有互補的價值，值得仔細研究。在個人命運中，如果有人對相差九十來年的古人有著特殊而強烈的興趣時，也可以研究這個相位的意義。

和諧相（120度）：這個相位常發生在雙方差距六十歲左右，因此常發生在小孩子或年輕人與其祖父母或其他年長的對象之間。這個相位常意味著老一代將其人生神祕的領會傳承給下一代，對藝術家而言，這個相位常意謂著藝術精神世代的傳承。

衝突相（90度）：這個相位常發生在雙方差距四十五歲左右，如果彼此個人星圖中並無和諧的相位，這個相位常帶來世代文化、心理、倫理價值觀的差異。在私人關係中，當這個相位發生精神導師與門徒的關係中，彼此要特別了解時代差異對靈性發展的影響是不同的，沒有任何一方是絕對的眞理。

海王星和他人冥王星的相位

合相（0度）：這個相位常意味著彼此有著心電感應的關係，都能暗中察覺對方的心事，常發生在家庭的成員及共同參加降神大會之類活動的人身上。通常海王星一方的神祕直觀能力，會經由冥王星的趨策力而得到發展。

對相（180度）：這個相位極不適合雙方從事神祕學、宗教、財務、法律、商業的活動，彼此將面臨不同價值的對立。通常海王星一方的欺瞞或逃避，將帶給冥王星一方的損失；但冥王星一方黑暗的摧毀及控制力量，也會帶給海王星一方傷害。

和諧相（120度）：這個相位可將藝術及神祕學的力量和心理學、性結合。例如心理戲劇、占星心理學、心理學性治療等等。海王星的神祕直觀將結合冥王星的洞察力產生驚人的創造力。

衝突相（90度）：在私人關係中，這個相位常意謂著彼此將受到世代及社會環境的影響，而使兩個人的關係受到嚴重的考驗。譬如社會的經濟危機或戰爭造成兩人的分離等等。這個相位極不適合雙方共同合作和財務、稅、商業等活動，雙方可能遇到完全無法預期的困難，也要特別小心彼此心理的衝突，有時會引發精神上互相虐待的情況。

冥王星和他人冥王星的相位

合相（0度）：這個相位主要以世代的影響爲主，常意謂世代的社會、經濟、政治、軍事、生態對集體產生的影響。例如一同經歷世界大戰或政治動盪或生態危機等等。但個人星圖中帶有強烈的冥王星影響時是有或不佳的冥王相位，則要特別注意這個合相所可能引發的危機意識。

對相（180度）：這個相位不會在私人的關係之中發生，因爲彼此年齡的差距至少會差一百幾十年以上。但對研究歷史及古人時可提供有趣的觀點。

和諧相（120度）：這個相位發生在雙方年齡差距六十五歲或一百三十多歲。在私人關係中，通常差六十五歲的人會傳承一些和生死神祕學有關的智慧。有時，文化上的「智慧老人」的精神傳承也可能來自這個相位。

衝突相（90度）：這個相位發生時雙方年齡差距四十五歲和九十歲，除非雙方星圖中有著重要的冥王星影響，否則這個相位不易顯出重要的影響。雙方將面臨不同的性、財務、權力的衝突及糾紛。

四個交點尋找我們的命運

當地平線與子午線交接黃道，產生了四個點，也在星圖定下了四個黃道宇宙的角(Angle)。位於黃道與東方地平線交會的點是上昇星座(Ascendant)，代表個體的身體特徵、氣質與今生前進的方向。

位於黃道與西方地平線交會的點是下降星座(Decendant)，代表了個人缺乏的特質、互補的伴侶與過去已經走過的方向。位於黃道與南方子午線交會的是天頂（MC, Medium Coeli)，代表我們的未來，即命運、事業、與公家的關係。位於黃道與北方子午線交會的是天底（IC, Imum Coeli)，代表我們的過去，即個人的根、家、祖先。

這四個交會點，必須根據非常正確的出生資料，尤其是時間及地點一定要準確，否則難以計算出準確的交會點。當個人本命星圖中有行星和這些交會點合相或對相時，產生的影響力最大。譬如說金星和上昇星是合相，則代表當事人會有個很迷人的外貌、外表很受人喜愛，如金星和天頂合相，則代表當事人的事業很容易受歡迎，適合從事和具有知名度，和大家接觸的工作。

當個人的行星，和他人的四個交會點形成相位時，也會產生重要的影響。如果出生資料極正確，而雙方產生的相位又極近時，常意味著雙方的關係具有不平凡的特質，值得特別注意。

太陽的相位

太陽（合相上昇、對相下降）：如果上昇星座的一方有著成熟的自我覺察，將可提昇太陽一方的靈性發展，但若上昇星座一方的自我覺醒未到時，則會受太陽一方影響，表現出較本能的意志、行動方式也受其所吸引。

當彼此相位合諧時，雙方的連繫會變得緊密而忠誠，但當相位不佳時，雙方則可能成爲競爭的敵手，互相較量誰才是主人。

太陽（合相天頂星座、對相天底）：天頂一方的事業、社會地位將強烈地受太陽一方的影響，如果太陽一方具有較佳的社會基礎及能力，將可幫助天頂一方了解自己的事業潛能。這個相位有利社會、職業、政治的人際關係。但若太陽一方本命的相位不佳，則可能因事業的緣故和天頂一方產生衝突。

太陽（合相下降、對相上昇）：這個相位常意味著浪漫的愛和性的吸引，因此經常產生親密的情侶或夫妻的相位。雙方的吸引建立在「異質相吸」的基礎，下降一方深受太陽吸引的同時，又覺得太陽具有的性質是下降極想擺脫的過去，而太陽認爲下降極力想發展的未來方向（上昇）雖然帶來新奇的挑戰也同時引起不安，這個相位發展好時，雙方可成爲互補型的伴侶，但發展不佳時，雙方卻常成爲無法交集的伴侶，雖然在一起，但各走各的人生之路。

太陽（合相天底、對相天頂）：這個相位常發生在雙方有著血緣或親屬關係的人際關係中，天頂一方將提供家庭、保護、支持的基礎供太陽一方發展自我，這個相位尤利於子女（太陽）和父母（天底）的關係。子女的發展將受到天底的支持和保障。這個關係有時也出現於天底一方提供家庭，做爲太陽一方聚會、演講的宗教、社團或聯誼的人際關係中。

月亮的相位

月亮（合相上昇、對相下降）：上昇一方的自我發展、表達將對月亮一方的情緒、感覺及家庭事務產生重要的影響，而月亮一方經常是提供家庭空間及活動供上昇一方自我成長的人。這個相位有利於父母（月亮）子女（上昇）的關係。如果雙方相位良好，則上昇的發展及月亮的安全感均可兼顧，但當相位不佳時，月亮一方的安全感特受到嚴重威脅，尤其將因家庭事務的糾紛而產生衝突。

月亮（合相天頂、對相天底）：這個相位常發生在家庭關係和事業關係交織的人際關係中。例如在父母（月亮）子女（天頂）的關係中，月亮一方常傳承事業給下一代的天頂，但天頂的事業也因此永遠脫離不了月亮一方的家庭影響。但雙方相位良好時，天頂的事業發展將帶給月亮一方家庭的安全感，反之，則月亮的家庭安定則可能受到波及，這個相位也發生在家族及和家族事業有關的人際關係中，對飲食、地產、礦產、日用品等類的生意較有利。

月亮（合相下降、對相上昇）：這個相位常帶來性的吸引，月亮一方會強烈希望和下降一方共組家庭，而下降一方亦樂於有月亮爲伴。彼此相位合諧時，雙方會產生強烈的情緒連結的需要，有助於家庭生活的維繫。但若相位不佳時，月亮一方的家庭背景及情緒慣性將對雙方的關係產生不利的影響。尤其是月亮一方因親人產生的問題將是上昇一方很大的困擾。

月亮（合相天底、對相天頂）：這個相位常發生在雙方有重要的情緒連絡和家庭連繫的人際關係中，尤其常發生在母女、姊妹等女性親人關係中。月亮一方的情緒、家庭事務將對天底一方產生重要的影響，天底一方經常爲月亮一方提供住家、家庭服務等工作。

這個關係尤其在天底一方達到四十歲之後越來越強烈。

水星的相位

水星（合相上昇、對相下降）：這個相位有利於師生或其他強調心智連繫的人際關係。如果水星一方是年長或智力發展較長的一方，將因水星一方的思想、觀念影響了上昇一方的基本人生態度及知性的發展，如果上昇的一方較年長或較成熟，則會特別影響水星一方的靈性和精神的發展。

水星（合相天頂、對相天底）：這個相位有利於職業的關係，通常水星一方將因他的想法、心智、觀念、人際關係而影響了天頂一方的事業。水星一方很適合扮演類似經紀人的角色，介紹天頂一方認識不少有用的人脈，以拓展天頂一方的社會空間，而水星一方也將扮演天頂一方和外溝通的管道，以增進天頂一方事業的蔓延。同時，水星一方也將因自己的想法、做法受到肯定而更增添人際網路，雙方互蒙其利。

水星（合相下降、對相上昇）：下降一方將爲水星一方引進不少新的社會關係及人際關係，雙方將一起分享心智的社會活動。如果雙方都對心理學有興趣，這個關係常意味著重要的心理學的關係，如心理醫生、諮商者（水星）和客戶（下降），水星一方將可幫助下降一方更了解自己和他人的關連。

在一般的朋友關係中，這位相位強調的是心智的連絡，而非性或情緒的連結，使雙方的關係較可建立在「理性」的基礎上。

水星（合相天底、對相天底）：水星一方將可幫助天底一方，增進對自己的過去、家庭、成長歷史的了解，雙方的話題常環繞著天底一方的家庭事務及家庭背景，水星的角色很適合扮演天底一方的家庭諮商員等等。有時，天底一方的角色將提供家庭空間水星一方知性活動的場所，如水星一方藉天底一方的家舉辦讀書會等等的活動。如果在父母（天底）、子女（子女）關係中，則子女可能會在父母家中從事不少知性的追求，如補習、設立家庭圖書館等等。

金星的相位

金星（合相上昇、對相下降）：這個相位常意味著很強的性愛吸引。通常上昇一方的外表是金星一方會特別喜歡的典型（所謂情人眼裡出西施），而上昇一方也會欣賞金星一方情感表達的方式。雙方會產生強烈的情感聯繫，當彼此相位良好時，這個相位可會產生很穩固的夫婦關係。但當相位不佳時，叫上昇一方的自我發展可能會和金星強調相互聯結的原則牴觸。

金星（合相天頂、對相天底）：這個相位有利於職業的關係，尤其是和財務、藝術、音樂、公關、娛樂有關的工作，金星一方擅長以外交手腕及社會禮儀幫助天頂一方拓展事業的空間，是天頂一方很好的宣傳、公關、經紀人員。而天頂一方的成就，也將帶給金星一方的自我價值及利潤。

金星（合相下降、對相上昇）：金星一方將覺得下降一方是他們理想的伴侶，這個相位常引發強烈的性愛的反應，吸引雙方成爲情侶或伴侶，當雙方相位良好時，彼此將能以溫柔、體貼、合作的態度相互對待，尤其是下降一方將會很喜愛金星一方對待他們的方式。但當相位不佳時，金星一方卻可能情感不忠或虛情假意，或爲了功利的因素想和下降一方結合，而非爲了眞愛，因此當愛情夢破碎時，雙方的關係將產生利益的衝突。

金星（合相天底、對相天頂）：這個相位很有利於家庭關係，及和家庭事務有關的合作關係。雙方將共同致力於把美、合諧、平衡帶進家庭生活之中。天底的一方將提供家居的空間，供金星一方發展藝術及社交的興趣，而金星一方將會爲天底一方帶來愛和美的情緒滿足。這個相位有利於父母（天底）子女（金星）的關係，通常代表子女的藝術追求特別受到父母的支持，在工作關係中，有時這個相位發生於金星一方是室內設計師，爲天底一方打造一個美麗的家。

火星的相位

火星（合相上昇、對相下降）：火星一方將激勵上昇一方更主動及踴躍地表達自我，如相位良好，這個相位有利雙方共同合作商業或職業的活動，但當相位不佳時，雙方要小心彼此意志的衝突，以及避免刺激對方採取冒險、衝動的行爲。如雙方年齡適當，這個相位也可能引發雙方的性吸引力。

火星（合相天頂、對相天底）：這個相位常意味著雙方有著緊密的事業合作或競爭的關係，雙方活動的領域以政治、軍事、財務或工作有關。當相位良好時，火星一方將可幫助天頂一方的事業表現、但當相位不佳時，火星一方將會阻礙、干擾或摧毀天頂一方的事業表現。在私人關係中，這個相位有時也會表現在天頂一方的聲望、名譽等等。如果火星受剋，天頂一方有可能因火星一方的介入而導致聲譽受損、地位一落千丈等等。

火星（合相下降、對相上昇）：在兩性關係中，這個相位有時會引發強烈的性吸引力，尤其是火星一方，將會對下降一方有著突發的、衝動的肉體興趣，雙方如果展開交往，性的熱情將扮演重要的力量。但由於雙方有著本質上的衝突（火星和上昇相對），在長期交往過程中，雙方將逐漸產生相處的爭執、不合，這個相位很容易導致分手及離婚的結果。在家庭或一般的朋友關係中，這個相位也較容易產生齟齬，尤其當火星相位不佳時，雙方常變成公開的敵人，有可能發生口角衝突或肢體衝突，甚至演變成法律衝突。

火星（合相天底、對相天頂）：當火星相位良好，這個相位將代表相位良好時對居家生活及家庭事務有著熱情的投入。許多活動都會以家庭為中心，如整理家務、整修屋子、舉辦家庭派對、在家中運動等等，但對火星相位不佳時，雙方卻會經常為家庭事務而爭吵不休。天底一方常覺得火星一方不體貼、粗魯、脾氣壞，而火星一方覺得天底一方太婆婆媽媽、過份注重家庭瑣事，雙方共處一屋簷下，常帶給彼此不愉快的感受。在職業關係中，如火星相位良好，雙方適合共同從事和地產、建設、礦場和牧場有關的行業。

木星的相位

木星（合相上昇、對相下降）：這個相位帶給雙方相處時愉悅的感受，因此雙方是天生的朋友，喜歡有對方為伴。即使木星相位不佳，雙方也不會互相討厭，只可能產生太不節制、鼓勵對方玩樂、而不願吃苦負責的人生態度。但當木星相位良好，木星一方將鼓勵上昇一方發展更樂觀、正面的人生態度，鼓勵上昇一方從事建設性的社會活動及自我發展，而上昇一方也會幫助、支持木星一方從事改進社會的工作。

木星（合相天頂、對相天底）：這個相位帶來有利的事業合作關係。天頂一方的事業及社會地位將因木星的幫助而有所進展，若天頂一方本來就是事業有成及社會地位較高的人，則木星將因替天頂工作，而使得木星一方得到更多的社會支援，有助於木星一方的目標得到社會的肯定。雙方的合作將以和哲學教育、法律、宗教、外國文化等領域有關時特別有利。

木星（合相下降、對相上昇）：這個相位有利於伴侶、婚姻、合夥、法律的關係。木星一方基本上將對下降一方懷著樂觀期盼的態度，視對方爲重要的人際關係。如木星相位良好，雙方將以誠實、友善、支持的正面精神相待，有助於關係的穩定與發展。但當木星相位不佳時，雙方也無惡意，但卻可能以過份的好意或盲目的樂觀態度過份放縱彼此的關係，而導向不夠負責的相處方式，或者木星一方會習慣以善意的謊言掩蓋彼此關係的眞相。

木星（合相天底、對相天頂）：當木星相位良好，這個相位有利於家庭及婚姻的關係，木星一方將把宗教、倫理、文化的價值帶入天底的家中，而天底一方將提供家庭空間供木星一方發展宗教、文化的興趣。雙方家中的活動或許會捲入不少如家庭禮拜、家中讀書會等等，但當木星相位不佳時，木星一方卻可能過份自以為是、愛自由、放縱、浪費而影響了天底一方家居生活的安定。

土星的相位

土星（合相上昇、對相下降）：這個相位經常使雙方的關係建立在某種神祕而強烈的責任意識之上，雙方彷彿同被宿命的鎖鍊所束縛，既想掙脫卻常越掙越緊。如相位好時，土星一方將教導上昇一方了解嚴肅、謹慎、自律、深謀遠慮的重要。但當土星相位不佳時，上昇一方將會有被土星壓制、阻礙、嚴控的感受，上昇一方的自我追求則會被土星一方視為不成熟、自我中心及衝動。土星的相位，經常意味著雙方很有緣，因此，也代表彼此有很多生命功課要學。

土星（合相天頂、對相天底）：這個相位有利於職業的人際關係，如土星相位良好，土星一方將賦予天頂一方不少重任，使天頂一方必須在職業生涯上經歷更多的考驗，也因此強化了天頂一方的社會形象。但當土星相位不佳時，土星一方可能過份嚴厲、冷漠，在工作上對天頂一方有著各種困難的要求，但卻給予天頂一方很少的回報，而引起天頂一方的失望，這個相位較常發生在雙方共同從事和政治、法律、政府、商業有關的工作。

通常聯結雙方的因素，即彼此對金錢、權力、地位的追求。

土星（合相下降、對相上昇）：在私人關係中，土星合相下降常帶來束縛力很強的婚姻或伴侶的關係，會比合相上昇更難掙脫。通常土星一方會帶給下降一方某些無法迴避的責任感，雙方的結合及關係的維繫通常和自然的男歡女愛無關，而是社會、倫理、現實的制約。在職業的關係中，雙方的工作經常和各種形式的契約及法律關係有關，如果土星相位不佳，雙方要小心彼此的法律糾紛。

土星（合相天底、對相天底）：這個相位不利於家庭關係，通常土星一方會帶給天底一方許多的家庭事務的重擔，或讓天底一方必須有種鎖在家中不得動彈之感。通常這種關係讓雙方即使親情淡薄，卻又無法逃避親屬的責任，使得家庭生活一點也不甜蜜，反而充滿苦楚。這個相位較有利於職業的關係，如土星相位良好，相位良好時會作的領域以地產、礦產、牧場及生態保護等較爲有利。

天王星的相位

天王星（合相上昇、對相下降）：如天王星相位良好，這個相位可使雙方發展出不尋常的人際關係，天王星一方將鼓勵上昇一方發展自我的追求與成長，而上昇一方也很能欣賞與尊重天王星一方與眾不同的獨特性。雙方的關係可能是開放的父母（天王星）與自由成長的小孩（上昇），或開放的婚姻伴侶等等。

但若天王星相位不佳，則天王星一方可能是嚴重忽略小孩的父母，而小孩則對天王星父母的不負責任有所遺憾，或天王星一方是離經叛道的配偶，讓上昇一方無法適應等等。不管如何，這個關係都需要彼此尊重對方的獨立與自由意志，因爲不管天王星一方的意圖是好或壞，強加干預只會使問題更麻煩。

天王星（合相天頂、對相天底）：這個相位常意味著不尋常的、特殊的職業或事業的關係，或雙方將因彼此而產生社會形象、地位、身分的巨大變化。

天王星一方經常是帶來改變力量的源頭，天王星一方可能使天頂一方的政治觀、事業觀、世界觀變得較自由、前進、顛覆和新奇，雙方適合共同從事創新的、追求社會改革的工作。

而天頂一方則可幫助天王星一方的新奇念頭、想法、做法獲得現實的支持，給予其現實運作的基礎，當天王星相位不佳時，則可能對天頂一方的事業、社會地位、名聲造成突發性的負面影響。

天王星（合相下降、對相上昇）：這個相位不利於穩定的婚姻關係，通常雙方成婚常出於天王星一方的衝動，但關係產生變化，也出於天王星一方的不耐及求變，尤其當天王星相位不佳時。

這個相位極容易出現在離婚的配偶之間，但若雙方都是求新求變與衆不同的人。這個相位也能產生關係獨特的伴侶，例如容許多夫多妻或分偶等等關係。

在事業或重要的人際關係中，只要雙方不求天長地久，這個關係也能帶來許多正面的結果，例如天王星一方獨特的想法、點子能帶給下降一方的生活和事業產生更多的變化，而下降一方也能替天王星一方引進許多社會接觸，擴大天王星一方的人際網路。

天王星（合相天底、對相天頂）：天底一方的家庭及居家生活將受到天王星一方巨大的影響，至於影響是正面亦或負面的力量，則要看彼此的相位。如果天王星相位良好，則天王星一方可能以較前進、自由的觀念，鼓勵天底的一方脫離家庭生活的束縛。天王星一方也會引進許多新觀念、新朋友帶進天底的家中。

雙方的關係或許像是一位傳統而不快樂的婦女（天底）經由婦女聯盟的同志（天王星）影響而喜獲新生。但當天王星相位不佳時，則天底一方則可能陷入家庭不安及分崩離析的困境中，例如天王星一方是外遇的對象，要求天底一方離開自己的家人等等。

有時，天王星一方的事業或商業活動，也可能影響天底一方的家庭財務，例如天王星一方是突然倒會的會頭等等，許多天底的會員頓時家中財務受損。

海王星的相位

海王星（合相上昇、對相下降）：當海王星的相位呈合諧相時，彼此的關係將有精神啓蒙的作用，如海王星一方的靈性較成熟，將能帶領上昇一方發展更高的精神追求。如果上昇一方較成熟時，則會幫助渾沌的海王星一方開啓其內蘊的智慧。但當海王星呈相位不佳時，則彼此的關係會出現精神干擾的現象。海王星一方可能會造成上昇一方人生方向的錯亂，而上昇一方可能使原本就迷糊的海王星一方更加混亂。但不管是什麼樣的相位，只要合相的度數極接近時，當事者雙方必定會對彼此的心靈有神祕的感應，並且難以抗拒彼此的吸引。

海王星（合相天頂、對相天底）：海王星一方將對天頂一方的事業造成神祕而微妙的影響，如海王星的相位合諧時，海王星一方可以給予天頂一方獨特的啓示、靈感、想像力，幫助天頂一方發展他的事業，雙方的工作將以和靈學、藝術、音樂、電影、慈善、醫院等領域較爲有利。但當海王星相位不佳時，則可能造成天頂一方事業的混亂、衰微，海王星一方可能因欺騙或隱瞞，而造成天頂一方的損失。

在非工作的私人關係中，海王星不利的相位可能反映在私人的醜聞或不名譽的事件，造成天頂一方社會形象及地位的受損。

海王星（合相下降、對相上昇）：這個相位經常顯示雙方之間有神祕的吸引力，常在不可捉摸、奇妙的處境下變成情侶或結合成配偶。如果海王星相位佳時，雙方會不自覺地去滿足對方所缺少的特質，彼此如同對方失去的另一半的靈魂伴侶，雙方之間有著絕妙的心靈感應和契合。但當海王星相位不佳時，雙方的關係卻有如中間隔了個心靈障礙台，彼此愈想親近對方，反而愈感到疏遠。尤其因海王星一方耽溺於自己失落的夢想世界中，會讓下降一方無法捉摸。海王星不利的相位，經常會反映在感情的不忠、背叛等事件上，但海王星一方也有難言之隱，他們的背叛總像身不由己，反而更讓下降一方更形失望。

海王星（合相天底、對相天頂）：由於天底反映了一個人的家庭及內心之家，海王星在此的相位，也對一個人的家庭狀況及內心世界有著奇特微妙的影響。但海王星相位好時，海王星一方對天底一方的家庭背景、成長過程、心理世界有著絕佳的了解能力，能幫助天底一方克服早年的障礙及心理情緒。

在親密的關係中，海王星一方會帶給天頂一方一個對理想之家的渴求，雙方能分享超越血親的親情之愛。但當海王星相位不佳時，海王星一方會對天底一方的家庭及內心造成不少干擾的狀況，雙方若生活在同一屋簷下，會感到精神的不安與失落，彼此也可能因姻親的不合而產生相處的問題。

冥王星的相位

冥王星（合相上昇、對相下降）：當冥王星相位好時，冥王星一方將對上昇一方的精神或肉體產生正面的轉化作用，譬如像健身教練（冥王星）、心理醫生（冥王星）和客戶（上昇）之間的關係，冥王星一方將以其強勁的意志力或深邃的洞察力，使上昇一方對自己的肉體或精神產生高度的自覺，而後追求自我改善與自我突破。

但當冥王星相位不佳時，冥王星卻可能以高壓、脅迫、控制的手段，而造成上昇一方的不滿或緊張，雙方有可能產生意志、精神或肉體的對抗，而造成負面的結果。在兩性關係之中，這個相位有時會產生強烈的肉體吸引力（怪不得有些人會和自己的健身教練及心理醫生上床！），如相位不佳，有時會加強彼此複雜的心理鬥爭及不安。

冥王星（合相天頂、對相天底）：天頂一方的事業、地位、名譽、社會形象，將受到冥王星強而有力地改造、改變。當冥王星相位好時，冥王星一方將幫助天頂一方取得更多的社會資源，以及更有效率地運用資源，使天頂一方的事業能改頭換面，求新求變或死而後生。有時雙方會聯手一起從事社會、政治、經濟改造的工作，而對社會產生很大的變形的影響。

但當冥王星相位不佳時，雙方可能是競爭激烈的敵手，冥王星一方會竭力摧毀天頂一方的事業、地位、名譽等等；雙方是「你死我活、勢不兩立」的商業、政治、軍事的敵手。在私人關係中，有時冥王星的不利相位，會反映在雙方既敵對，又有性、金錢、權力的掛鈎狀況裡，使得問題更加複雜。

冥王星（合相下降、對相上昇）：在這個相位之中，冥王星一方對下降一方很容易產生強烈的佔有欲。當冥王星相位良好時，冥王星一方會極力提供一切所有，去滿足下降一方的需要，或努力自我改造或改造下降一方，以爲彼此的關係謀求更好的福利。但當冥王星相位不佳時，冥王星的出發點則會以私欲滿足爲主，而手段也不盡然光明正大，下降一方會很忍不了冥王星一方的獨裁專制。

在親密的兩性關係中，冥王星一方則會產生不盡情理的強烈性嫉妒，帶給下降一方極大的騷擾。由於冥王星強而有力的控制欲，因此，除非下降一方本身也有特強的自主及獨立精神，否則冥王星的控制關係很難掙脫，這個相位常發生在夫婦鬥爭了一輩子，卻始終無法分離的關係之中。

冥王星（合相天底、對相天頂）：當冥王星呈有利相位時，冥王星對天底一方的有形家庭或內心之家會有很強的改造及轉化的能量，譬如說子女（冥王星）重建了父母衰落的家道（天底）、養父母（冥王星）收養孤兒（天底），而給予他新生的愛。

冥王星一方將對天底一方的心理成長及重建有著強大的影響力。但當冥王星相位不佳時，則冥王星一方則可能帶來負面的心理控制、專斷、壓抑的作用，而對天底一方造成家庭或心靈的受傷。就如情婦（冥王星）對外遇對象的妻子（天底）造成了有形及無形的家庭的傷害，或被專制父母（冥王星）精神虐待的子女（天底）。不利的冥王星相位將引發很大的憎恨力量，尤其當天底的一方是弱者時，冥王星要特別小心自己黑暗的摧毀力。

part 3

★行星配對宮位 展現人際關係的情境

SYNASTRY

SYNASTRY
SYNASTRY

如果說人生像夢，不如說人生更像戲，我們通常很難清楚自己在夢中做了些什麼，卻多少會記得自己在生命中的「演出」，我們更難知道別人在夢中做了什麼，卻常常看著各種認識或不認識的人，在我們面前演出各種戲劇。

莎士比亞在「悉聽尊便」中早就明白地寫道：「整個世界是個舞台，所有的男男女女不過是個演出者，各有進場和出場的時間，在一生中扮演著無數的角色。」其實，我們並不只是演員，還是自己和他人的編劇、導演及觀衆，只是不同的戲悲歡、長短、精采、賣座、評價不一，只有一條鐵律：只要我們出生，就一定有戲得演。「輪迴是生命的大戲」，明白這個道理，我們還不如做個自願的演出者，而不是被迫的演出者。

占星學可以幫助人們了解自己生命的戲碼，每一個個人的星盤，就是一齣生命的大戲，其間並不是只有一個叫「我」的人在演出，而是無數的我同時在當演員、導演、編劇及觀衆，而每一個人的星圖就像一個小宇宙一樣，隨時和他人的小宇宙發生關係，產生了新的戲劇。也隨時和社會、地球、整個宇宙產生了各種的互動，又有更多的戲劇發生。

要了解戲劇，需要從不同的角度去觀察，我們可以用較簡單及象徵性的比喻來解釋占星學和生命大戲的關係。在每個人星盤中的行星，就像有著不同需要及功能的演員，有的強調情感（金星）、有的強調意志（太陽）、有的強調行動（火星），這些不同的行星常常各自活動，使得「個人」常有被不同演員牽著跑的感受。而這些行星落入的星座則代表了不同的「性情」，有著不同的心理特徵、喜惡。因此當火星在金牛座時，金牛座謹愼、緩慢、堅持的性格就會附著在強調行動的演員身上。

至於行星之間的相位(Aspect)，例如金星和火星的對相（180度），或火星和冥王星的衝突相（90度），則代表了「情節」，例如愛和性的衝突，佔有和嫉妒的對立等等。最後是行星所落的宮位(house)，則代表了不同的道具、佈景及舞台。例如四宮演的都是家庭戲，十宮是職業戲，五宮是戀愛戲等等。

在前面幾篇文章中，我們已經企圖從個人行星和他人行星的相位(Aspect)去分析了人際關係中千變萬化的情節。當我們和不同人相遇，就會演出或多或少的情節，而很自然地，人生經驗越豐富，我們越會了解到自己常常是不同的演員。在有的關係中我們可能演的是「好人」、「義人」，在有的關係中我們卻演出「壞人」、「惡人」。而其實沒有人會希望碰上「壞人」、「惡人」的，因此從靈魂演化的觀點來看，如果世界上人人都努力克服先天限制，努力做好人，那麼即使我們之間的相位是困難時，也會因爲個人的自覺及淨化，使得不幸的情節減少發生。

當然這個烏托邦的境界很難實現，但是透過了解人與人之間存在各種可能發生的情節，卻有助於我們寬恕及體諒別人及自己，情節告訴我們，永遠沒有誰是絕對錯或對的，我們應當珍惜的是彼此的相遇，及彼此「幸與不幸」的情節。透過這些情節，我們更能了解自己，最終是幫助我們自己學好靈魂的功課，學好輪迴這一齣生命的大戲。

在下面幾章中，我們將把焦點放在不同的人生舞台，即占星學上的十二宮的設計，每個宮位都有其特別的道具、佈景及陳設，屬於不同的人生「情境」。當我們每一個人的行星落入他人不同的宮位時，就像演員進入了不同的人生舞台中，不同的生命情境當然就跟著發生了。

在決定人際關係將以什麼樣的「情境」爲主時，彼此行星落入的「宮位」將是我們觀察的重點，從一至十二宮的排列當中，大致可分爲五大類別的生命情境。

第一種是強調情愛（五宮）、伴侶（七宮）和各種欲望（性、金錢、權力：八宮）的。

第二種則是人類的小家庭（親人緣份：四宮）與人類大家庭（博愛、友誼：十一宮）。

第三種強調個人意志發展（一宮）及個人價值實現（二宮）。第四種以心智的日常溝通（家常會話、報紙、電視、左鄰右舍：三宮），和高等遠方的溝通（旅行、異國文化、哲學、宗教：九宮）以及潛意識的溝通（夢、心理分析、心電感應：十二宮）。最後一種（第五種）則是強調彼此的責任與服務（工作：六宮）及和外在世界的責任與貢獻（職業或志業、身分、地位：十宮）。

這些錯綜複雜的宮位，正提供了世界是個大千舞台的概念，形形色色的人們和事件在其中演出。在實際爲他人解析人際關係雙方的星圖的經驗中，我常訝異於宇宙律法的繁複和奧妙，譬如說有的人金星落入他人的五宮中，代表彼此會有戀愛的感覺，如果再加入太陽或月亮落入七宮，那麼雙方即可能發展成較穩定的伴侶關係。但如果太陽或月亮落入十二宮，卻代表雙方的關係很難公開化，彼此可能是互相暗戀，也可能發展成幽會的關係。

在觀察個人行星落入對立的宮位時，除了更注意每個宮位強調那些特定意義外，也千萬不能記忘記前面幾章所提的彼此相位(Aspect)的關係。譬如說當有人的冥王星落入他人的八宮內，然而這個冥王星卻和其他的行星（如土星、木星、金星）形成了不好的相位，例如衝突相（90度）時，那麼即代表冥王星將在八宮內惹出一些金錢、性或權力鬥爭的麻煩。

因此，想要了解任何的人際關係的千變萬化，就像想要了解自己生命的奧妙複雜，都需要有個別解剖及全體綜合的觀察、思考與判斷的能力。想學好占星學或想做個負責的占星學家，一定要虛心及耐心，不可草草論斷，那將如同惡劣的醫生「草菅人命」一樣。

在過去實際爲不少友人解說星盤時，我一直經驗到一個不能說是統計，只能說是巧合的神祕現象。如果兩個人的行星的相位出現了較重要的感情的指標，譬如說某方的金星合相某方的天王星，而月亮又對相某方的海王星等等，常常在兩個人做宮位的配對(Synastry)時，雙方常常會有月亮、金星或五宮、八宮、十二宮等的現象。

這些不斷出現的巧合，其實說明了行星相位和宮位的配對(Synastry)。表面上是分別探討人際關係的情節和情境的兩種方法，但兩個人之間不管出現什麼樣的緣份，一定有著一些超乎我們這些占星學家可以完全查清線索的神祕力量，也因此通過兩種方法看人際關係不同的方法，都可互映及補充另一個方法。

我們相會於五宮的遊戲人生

五宮，由獅子星座及太陽主管，代表了戀愛之宮、遊戲之宮、孩子之宮、冒險之宮、創造之宮等等。這些表面上好像不太一樣的涵意，其實彼此之間有著一些本質的相似。

當兩個人墜入情網，那個過程的興奮、狂熱、好玩，恐怕只有孩童熱中於遊戲的心情可以形容，而人在戀愛中發明的愛語、情深、情歌、情書等等，往往激起人們最潛在的創造力，所以不少藝術家都說愛是創造力的源頭，而許多不能把想像力創造出藝術品的人們，一生最希望創造完成的往往是自己的孩子。然而每個父母都知道，撫養孩子長大，雖然有趣但其中的提心吊膽感，就跟愛人在戀愛中的反覆思索：「他愛我嗎？他明天還愛我嗎？」一樣，充滿了生命的冒險。

五宮是個充滿活力與熱情的生命情境，在人際關係中，五宮的關係往往最讓雙方觸電，但就像個人星圖上如果有太強的五宮相位時，當事人除了是個很有才氣但不安定的藝術家、運動員、演員之外，通常並不容易安於比較不戲劇化的人生角色及生活。因此，當兩個人的行星配對令太多行星入五宮時，也會產生同樣不易安定的性質。雙方的關係將太像玩雲霄飛車，刺激但不落實，尤其是父母和子女的關係，有水星入五宮可能很好，但有金星或火星入五宮卻不太妙，因此不同的行星落五宮也將對不同的人際關係產生不同的正面或負面的影響。

當行星落入他人的五宮中

太陽（5宮）：當太陽（支配星獅子座）入五宮（獅子座主管）時，可謂如魚得水，雙方將樂於分享許多和五宮玩樂有關的活動，如戀愛、運動、娛樂、劇場等等。如果雙方的配對中有其他的愛戀因素，這個太陽相位會意謂著雙方不僅想做愛人，還會想擁有小孩。但是如果沒有其他較強的金星、月亮、火星的情感牽扯時，單是這個相位並不一定會產生戀愛事件，不過雙方肯定是玩得來的伴侶。

這個相位也很適合父母子女的關係，雙方能分享許多歡樂。通常這個相位中，太陽的一方對五宮人會有一種父母式照顧、領導的情感，也因此太陽一方常是各種娛樂的主導人，在戀愛關係中，太陽一方也較常是主動者。

月亮（5宮）：這是個很容易產生男女愛戀情意的相位，通常五宮人會不自覺地喜歡上月亮一方。因爲當月亮一方在場時，五宮人會自然地有種內心歡喜的甜甜的感覺，就像看到了美麗的風景或聽到了喜歡的歌，而月亮一方也將因五宮對他的欣賞而獲得情緒的滿足與安全感，而喜歡找五宮做伴。

如果這個相位出現在家庭成員之間，並不代表雙方一定會有「愛意」，但雙方的情感的強度肯定會強過一般的親情，就像有些母親有時會把對情人的喜愛混合在對兒子的親愛之中，這個宮位使雙方相處得很愉快，彼此將刺激對方變得更有創造性、更有靈感，如果月亮相位良好，雙方有可能成爲藝術上或娛樂事業上的夥伴。當然，雙方不管有沒有眞的成爲戀人，彼此一定有某種愛戀的意味迴盪著。

水星（5宮）：這個相位並不會產生強烈的愛意，但如果雙方星圖中有其他的私人情感牽扯的話，這個相位有助於雙方了解彼此對戀愛的看法及情感的傾向。這個相位尤其適合出現在家庭成員中，通常小孩的教育會受到特別的注意，尤其當水星一方是父母時。五宮一方將會在水星的鼓勵下，發展藝術及個人表達的創造力，而雙方也很樂於一起討論及分享各種文化、藝術及娛樂的興趣。

金星（5宮）：這是雙方能產生最強的愛意及吸引力的宮位之一。在金星一方的眼中，五宮人有著各種令其心醉不已的特質，所謂「情人眼裡出西施」，最能描繪這種金星一方對五宮一方一見鍾情的印象。如果五宮人宮中又有像月亮、金星、火星這樣的行星時，這個吸引力會更大，而通常五宮人也會對金星愛的渴望做出反應，而如果金星一方星圖中金星的困難相位，如金星和土星，通常代表這份愛的嚮往難以完成。如果是金星和冥王星的困難相位，則代表五宮人將激起他們強烈的嫉妒和佔有的激情。如果是金星和海王星的困難相位，則常代表金星的迷戀可能是暗戀，也可能是不倫之戀等等。

如果雙方彼此星圖的配對良好，有其他更強的婚姻或伴侶緣份，這個相位將使彼此有種天長地久的戀情，因爲金星一方對五宮的愛意極不容易消褪，但當五宮人自己星圖中有著一些麻煩的情感傾向時，五宮人要特別小心不要利用金星人的感情，因爲在這個情感關係中，五宮人握有生殺大權的情感操縱力。這個相位將不利於雙方只想發展普通的友誼、同事之情或家庭之情，因爲金星強大的愛的呼喚將遠超過這些較「正常」及可控制的情感關係了。

火星（5宮）：這個相位不僅產生強大的情感吸引力，同時也產生強大的性吸引。通常火星一方將成爲狂戀的愛人，內心澎湃著欲望想要征服五宮人。他們可能寫下無數的情詩、情書，用最甜蜜的話語、最勾人心魂的眼神、最充滿性暗示的接觸去撩撥、吸引五宮人的注意。通常五宮人會喜歡得到這樣豐沛的熱情的，尤其當雙方的星圖中還有其他情感行星的牽扯。

但如果完全沒有，那麼五宮人可能只會扮演被動地性感偶像，並不想迎合火星的性愛幻想。這個火星宮位的力量很大，但也有些奇怪，因爲五宮的本領強調的是戀愛遊戲，因此，當火星人並未眞正贏得或征服了五宮的愛情時，火星的熱情會燃燒得最高。火星人可能會經驗像半夜突然醒來，一顆心怦怦地跳著，想到那個可愛的五宮人的面貌、身體，欲望像火一般地燃燒著。火星人是多麼渴望碰觸那迷人的臉龐，火星人會幻想各種求愛的過程和儀式，深深陶醉其中。

但是，如果火星人眞的有機會將這一切赴諸行動，也往往是熱情快要熄滅的時候了，因爲火星一方愛的是戀愛遊戲，尤其是雙方尚未眞正進入狀況前的求愛才最令火星一方心神盪漾，當戀愛遊戲進入了肉體或伴侶關係時，火星一方將開始不耐煩及厭倦。因此，這個火星落他人五宮最適合當成藝術家創造作品的原動力，而並不適合一般的男女交往。

木星（5宮）：這個位置，非常適合婚姻、父母、師生的關係，雙方將共同有著愉悅「好玩」的感情，讓彼此的關係更有趣。雙方將會很樂於一起分享各種運動、娛樂、藝術及和小孩、寵物有關的活動。通常木星一方是興緻勃勃的領航人，激勵五宮人追求生命的完成與滿足，而五宮人也會感激木星一方。樂觀的指引。在婚姻關係中，木星在此，通常代表雙方將會喜歡有個大家庭，如果不是自己生很多小孩（因此要小心節育），就是讓許多親人住在一塊分享家庭之樂。

土星（5宮）：這是個很困難的位置，經常代表土星一方對五宮人有種強烈的責任感與義務，想要去「管理」、「紀律」五宮人，但卻引起五宮人很大的反感，逃之唯恐不及。這個位置使雙方最難產生自然的情感或化學式的愛戀，五宮人特別會覺得跟土星一方在一起「不好玩極了」，土星一方讓五宮人緊張、恐懼及不愉快，但偏偏土星人卻強烈地想親近五宮人，想從其身上得到一些歡樂和創造的生命力。

這個關係當然不適合需要感情介入的關係，譬如父母是土星，小孩是五宮一方，小孩會很不喜歡和父母相處。如果雙方有很強的其他緣份結成了夫妻，那五宮人就難受極了，五宮人通常會是為了經濟或身分地位的考量，才能和土星一方在一塊。如果土星相位不佳時，也常顯現雙方容易沒有子女。

在職業性的關係中，這個土星位置就比較不難過了，尤其當土星相位不錯時，常意謂著五宮人的投資會得到土星的幫助，或者五宮人的創造活動將得到土星一方財務或物質的協助。

天王星（5宮）：這個位置有時會產生不太正常的吸引，通常天王星一方會在完全無法預料的情況下受到五宮一方某種刺激（身體、言語或其他），而激起天王星一方產生了一種「類似情感」的好奇心。天王星會像探險南極的旅行家一般地「發現」五宮人的天地。但通常這種吸引力來得快，但去得也快，其中有時天王星會突然自己都覺得荒謬，心想「我到底和這個人在搞什麼鬼」啊，而終止了這一段唐突的戀情。

在一般的職業關係中，如果雙方星圖上都沒有其他情感的牽扯，而且天王星相位良好時，雙方有時會發展出非常特殊的志趣，譬如共同從事冒險運動或財務投機，天王星一方將是出新點子的人。但如果天王星相位不好，則要小心這些活動帶來的危險及損失。在家庭關係中，如果相位良好，當天王星是父母時，則代表其對子女將採取非常開明、不傳統的教養方式，並鼓勵子女發展獨特自主的人格。但當相位不佳時，天王星父母將無法負起管教子女的責任，而當天王星一方是子女時，則會對父母非常反抗。

此外，當天王星相位不佳，而雙方又有金星和火星不當的牽扯時，則要小心亂倫的危機，通常五宮一方有可能成爲受害者。

海王星（5宮）：這個位置常引發一些奇奇怪怪的問題。在親密的關係中，海王星的一方可能是暗戀五宮一方的人，或者是婚外情，或者是同性戀的關係。總之，海王星一方產生的情感一定有些不可告人、虛無飄渺、魂牽夢縈的特質，而通常海王星一方常是那種所謂帶著玫瑰色眼鏡看五宮人，視五宮人爲其愛的幻象。

如果雙方星圖中缺乏其他有力的支撐，這份海王星虛幻之愛通常難以實現，如果雙方有實現的緣份，也常常是海王星愛情幻夢破滅之時。在父母子女關係中，當相位好時，海王星一方（如果是父母）將鼓勵小孩從事藝術的追求，如果海王星一方是子女，則代表小孩很有藝術的天份，將帶領父母接近藝術的國度。

但當相位不佳時，則代表海王星父母有著精神上或心理上的困難，使其會忽略子女會對子女產生心理的傷害，如果海王星是子女時，父母則要特別小心小孩是否會有精神上的障礙。在一段的人際關係中，這個相位非常不利於彼此有財務的牽扯，通常海王星一方（當相位不好時），都可能帶給五宮一方財務的困擾及損失，雙方尤其要小心任何「一夜致富」的計畫。如果海王星有不錯的相位，則很適合共同對藝術有興趣的人際關係，海王星一方將扮演藝術導師的角色。

冥王星（5宮）：在兩性關係中，性的征服、佔有與嫉妒將成爲關係的主題，冥王星的一方會對五宮一方產生強烈的性興趣，即使在戀愛還沒開始，或戀愛的初期，冥王星一方早就「躍躍欲試想上床了」。當五宮一方也有想呼應的行星力量時，彼此的戀愛將以性活動的歡樂取代一切，但如果相位不佳時，冥王星一方將成爲佔有欲極強的情人，在戀愛的初期即不允許對方有任何出軌的機會。

在父母與子女的關係中，權力的控制要特別小心，尤其當冥王星相位不佳時，當冥王星是父母時，要特別小心是否對子女過份強勢。當子女是冥王星一方，而又呈很壞的相位時，要小心子女的生命危險。在一段人際關係中，冥王星將根據相位的好壞對五宮一方的投資造成不良的影響，因此千萬不要找個冥王星在你五宮又呈剋相的經紀人為你做任何投機。

我們相會於七宮的合夥關係

七宮，由天秤星座及金星主管，代表了個人對平衡、合諧、正義的精神性追求，同時也涵蓋了婚姻關係、合夥關係、社交、人緣等等領域。在占星學傳統上，天秤星座和金牛星座都由金星主管，目前有的占星學家認為天秤星座的性質強調的是精神的美與和他人的合諧，因此和金牛星座的物質的美和自我價值的實現是不盡相同的金星性質。

在人際來往中，七宮關係常意味著重要的協調及合夥的關係，可能是夫妻、家庭成員或事業夥伴。合諧的七宮位置，可產生最佳的合作對象，雙方能公平、和氣、友善地兼顧彼此的利益，但不合諧的七宮位置，則常常像是失去了準頭的秤，無法平衡自我與他人的需求，而導致人際關係的混亂。如果個人本命星圖中有很強的牡羊或一宮，或個人星圖中的七宮嚴重受剋，則要特別小心伴侶關係引起的危機。

在職業關係中，七宮位置適合雙方從事和外交、法律、仲介、經紀、幕僚等有關的工作，但不合諧的七宮關係卻是引發衝突、打官司、戰爭的源頭。

七宮是人與人之間合作、協調、互惠的生命舞台，合諧的七宮將使人類以合作代替競爭，共創更美好的人生。但過度發展的七宮，卻可能使人們喪失自我潛能的實現，過份重視合作而忽略個體的完成，因此不僅七宮需要合諧地發展，也需要和代表自我的一宮平衡發展。

當行星落入他人的七宮中

太陽（7宮）：這個位置通常顯示了雙方至少會有著「重要」的關係，但並不保證一定是容易或友善的。雙方的關係常可比喻爲互照鏡子，彼此將可以從對方身上看到自己所欠缺的，但這份欠缺卻可能是我們最想追求或最想逃避的特質。

當關係發展好時，雙方都會珍惜這種互補、互相學習的機會，彼此將會有合諧的公平付出與給予的關係。但當關係發展不好時，卻會造成彼此互相看不順眼，尤其是太陽一方的權威性，將會引起七宮人很大的反應。這個位置常出現在婚姻伴侶、父母子女、重要合夥人身上，而弔詭的是七宮可能是我們最合諧的夥伴，也可能是公開的敵人。想想人們生活中有多少至親至交反目成仇的例子，就可以了解這個宮位的雙重性了。

月亮（7宮）：在男女關係中，這個位置常帶來情侶和婚姻很深的緣份，尤其對月亮正好合相七宮人的下降星座時。雙方（尤其是月亮這方）會有種強烈的需要，想共同建立一個家庭，以滿足情緒的安全感，但若月亮的相位不佳，常常意謂著願望落空。

如果眞的產生了婚姻，雙方原本的家庭將對兩個人的關係有著重要的影響力，而雙方雖然對彼此的情緒與感覺很敏感，卻更容易在生活中發生情緒不安起伏的高低潮，月亮一方的情緒將特別受七宮人的影響。在一段的合作關係中，如果月亮相位良好，將有利於從事地產、食品、餐廳等行業。

水星（7宮）：當彼此合相相位良好時，雙方將是很好的心智夥伴，彼此很能在言語上溝通，也適合成爲寫作、出版、教學、研究的同僚。但當相位不佳時，雙方常會有「話不投機半句多」的感覺，但偏偏會有一些情境使得雙方不得不交談，反而造成彼此言語上的衝突及誤會。

金星（7宮）：這個位置有利於絕大部分的人際關係。通常七宮一方會被金星一方認爲是很迷人的夥伴，而樂於與其親近，如果雙方別的行星配置也良好，七宮這一方也會珍惜金星一方提供的友誼。雙方能成爲社交上很合諧的伴侶，尤其有利於一起從事音樂、藝術、公關的活動。在親密的兩性關係中，當金星相位良好時，彼此能發展出一種甜蜜夥伴的情誼，尤其在私下相處時，雙方的甜言蜜語、溫柔接觸都能帶給彼此很深的愉悅。

但當金星相位不佳時，有時金星一方會有過份重視感官及物質的價值，或者過份保護自己的私利，而造成和七宮人的不愉快及爭執。

火星（7宮）：這個相位通常不利於雙方的合諧關係。大多數時候，火星一方的粗魯、侵略性、競爭性將造成七宮人的不舒服。通常火星一方會強烈地被七宮人吸引，因爲七宮人擁有的領導特質既被火星一方羨慕，但又被火星一方嫉妒，造成很錯綜的反應。但如果雙方有較大的年紀差距，而七宮人是長輩時，情況會比較好，七宮人將以其智慧教導火星一方耐性及外交手腕的重要。

在兩性關係中，這個位置有時代表火星一方對七宮有強烈的肉體興趣，但如果缺乏其他情感行星的關係，這份性吸引力將是純粹肉欲的，也因此容易讓七宮人反感。

木星（7宮）：如果想找個令對你最好的丈夫或妻子，那麼就找對方木星在你七宮的人吧！木星這方將以最溫暖、大方、友善、關心的方式對待七宮人，而通常七宮人在得到了這麼多好情好意，自然也會回報以恩情。這個位置有利於一切的人際關係，但最有利於婚姻關係，雙方通常能共享合諧的宗教、倫理、文化、社會的價值。這個位置也特別有利於法律和公共關係的合作，會使工作進行得十分順利。即使木星相位不佳，也不會帶來太大的問題，最多是有時彼此有點虛情假意或無法信守承諾，但不致於互相產生惡感。

土星（7宮）：這是個困難，但又很難掙脫「困難」的人際關係對宮位。如果雙方其他行星都甚少關連，最多造成七宮人總是不明所因地「討厭」土星這一方，不願意讓土星接近。如果只是這樣也罷，偏偏這個位置常代表雙方很有宿命緣，尤其當雙方其他行星又有牽扯時，雙方總是被一些無名的力量湊在一塊，也許是同事、也許是家庭成員，最糟的是夫妻。關係越該親密，問題越嚴重，彼此之間總是有形無形地隔了一層障礙，造成相處的困難。

通常土星這一方是有意或無意製造出障礙的人，他們也許是極端嚴格又悲觀憂鬱的人，也許他們眞的有精神或身體上的缺陷，而造成七宮人覺得負擔沉重。

通常這個關係是沒有歡樂的，人生只剩下痛苦、忍耐與接受現實。這常是個所謂「業報重」的人際關係，七宮人常常難以掙脫土星一方的控制。

天王星（7宮）：這個位置帶來很獨特或很不穩定的人際關係。但天王星相位好時，雙方可能都是很獨立的人，但可以不拘束地維持友誼或愛情。雙方可能不結婚而住在一塊，或實施開放婚姻的關係，或彼此經常分居兩地但仍保持情誼。但若相位不佳，那麼雙分的緣份常常是「來也匆匆去也匆匆」，這個相位極不適合所謂「正常」的夫妻關係，兩個人生活中太容易出現各種無法預料的變化，造成關係很難維持。

通常天王星一方會也許是那個認識才半個月就求婚的衝動傢伙，那麼七宮人千萬要三思而後行，畢竟婚姻是人生大事，匆促不得。在一段的工作關係中，如果雙方的牽連不多，不是合夥人之類，那麼這個相位並不嚴重，但彼此都最好有共識，就是合作關係常是短暫的，或來來去去不穩定。

海王星（7宮）：在親密關係中，這個位置可能個別或共同有兩種情況出現，當海王星相位好時，雙方將視彼此爲天造地設的理想伴侶。雙方擁有類似的藝術的、靈性的、宗教的價值，彼此在情感上很能支持對方。

但當海王星相位不佳時，雙方的關係中必定出現逃避或欺騙。通常是海王星的一方，對七宮人並沒有眞正的愛，雙方的關係中存在了很深的心理隔閡，不能分享伴侶的親密感，彼此過著精神或肉體上「同床異夢」的生活。

如果海王星一方勇敢些，也許會演出一段外遇，但只要對方不發現，通常海王星也不會主動離開這個關係。在一般的人際關係中，這個位置可以做藝術或宗教上的朋友，但不適合任何職業及生意的往來。海王星這方很難負起世俗的責任。

冥王星（7宮）：在親密關係中，冥王星一方總想改造及掌控七宮人，有時的確幫助對方自我改進。但當冥王星相位不佳時，彼此卻會產生極大的意志及自我的衝突，冥王星一方會有很強的嫉妒心及佔有欲，讓七宮人壓力強大。

這個關係可能帶來很強的肉體吸引力，尤其是冥王星一方對七宮人總是充滿渴望，但這種吸引力也常是麻煩所在。這是個七宮人想離婚也很難離婚的相位，因爲冥王星人是不會輕易讓七宮人脫離如來佛手掌的。

在一般人際關係中，當相位好時，可能意味七宮人將得到冥王星的金錢資助，在家庭關係中可能還牽涉到遺產、保險等等。但當相位不佳時，七宮人要小心冥王星人帶給他們稅務、遺產、財產的困擾，有時也意味著七宮人可能會是替冥王星人收拾身後事的人。

我們相會於八宮的原欲煉獄

八宮，由天蠍星座及冥王星主管，代表了人類的原欲，如性、生殖、佔有、死亡的本能，因此也涵蓋了犯罪、保險、遺產、葬禮、稅務等領域。

在人際關係中，由於八宮和人類最原始、野蠻的本能有關，因此處理不當時，引發的衝突往往最可怕，譬如說像性侵害、性暴力、情殺、謀財害命等等重大人生悲劇都和受剋的八宮或不合諧的八宮關係有關。

基本上，人與人之間有重要的八宮關係時，即使是好的、和諧的相位，也並不代表容易、輕鬆、怡人的關係，而是深刻、強烈、死而後生的生命情境，絕不能等閒看待。但對於具有較高層靈性發展的人而言，八宮的關係往往是最能讓靈魂學習及成長的機會，就像偉大的藝術要經過痛苦及磨練，偉大的「靈魂洗禮」不可能不經過八宮的功課。

在私人的關係中，八宮的牽連往往會帶來彼此對性、金錢、權力等等生命本能的「佔有」的衝突，和二宮金牛座的「擁有」的不同在於，二宮是「我的就是我的，別人不要碰」，八宮卻是「他人的可以是我的、我要去佔有」，因此不合諧的八宮關係自然引發了性的戰爭、贍養費、遺產的爭奪、稅務的衝突、生與死的對抗等等。

在職業關係中，雙方從事的工作經常和大財團、保險公司、殯儀館、妓院、稅務局、警察局、偵探社、醫院、精神病院、心理診所、玄學等有關，合諧的八宮位置，雙方探查出來的「祕密」將對大衆有益，但不合諧的八宮位置，卻常意味著各種的物質和精神的災難。

當行星落入他人的八宮中

太陽（8宮）：八宮代表的神祕、黑暗、複雜的人類原欲國度，強烈地吸引著代表光明的太陽想一探究竟。通常八宮人會刺激太陽一方發展對神祕學及超心理學的興趣，但若彼此成不好的相位時，有時八宮一方握有的神祕知識將對太陽一方的現實感造成精神的騷擾。

有時，雙方會有很大的「共產」緣份，彼此可能共同管理私人或公共的財富，當太陽相位不佳時，要小心彼此產生稅務、遺產、分產等糾紛。

在親密關係中，太陽一方的性觀念將受到八宮一方很大的影響，而通常會影響到太陽一方的自我形象。

月亮（8宮）：這個相位很容易帶給月亮一方不自在及困擾的情緒。每個人都有一些隱藏的、黑暗的、不想讓人知道的情緒，也許是最深最壓抑的「貪瞋痴疑慢」的原欲，但偏偏當我們月亮落入了他人的八宮時，那個八宮人好像總有辦法識破我們的謎底，直指我們情緒最幽微之處。這種赤裸裸的靈魂現身當然讓月亮一方害怕了。但這個關係很有利於心理醫生（八宮人）和病人的工作，病人不愁得不到了解。

這個關係還常出現在家庭或親屬關係中，通常八宮一方會因他的財務及權力或是性的能量，而影響到月亮一方內心的平靜或家庭生活。八宮一方常具有操縱月亮的力量。當月亮一方本命星圖中有受剋的月相時，雙方將發生一些財產的糾紛，雙方要特別小心關於房地產、繼承權等的安排。

水星（8宮）：八宮一方將對水星一方的心智產生很大的影響，水星一方將受八宮一方的啓蒙，而發展對超心理學、神祕學等興趣。當水星的相位良好時，八宮可帶領水星一起從事生死學、心電感應、靈異現象的研究工作。在家庭關係中，如果水星的相位不佳，要小心彼此和金錢、性的糾葛，這個相位有時會出現在「近親相姦」者身上，尤其要小心堂表、叔姨的關係。

金星（8宮）：這個位置帶來很強的性吸引力。對金星一方而言，八宮一方將是他們最典型的性感偶像，他們特別能覺察到八宮人散發出來的性的磁力。在兩性關係中，這個位置當然意味著性欲的征服、滿足及衝突，這些就取決於雙方相位的好壞。

我也見過一個例子，一個小女孩的金星落入他父親情人的八宮中，因爲那個小女孩早就透過了自己和父親的眼中，看到那個女人的性魅力。

有時，在家庭關係中，當金星良好時，這個相位常意味著金錢的好運，通常八宮人會透過資助、繼承等方式讓金星一方得到財富。這個相位也適合雙方共同從事和藝術、音樂、娛樂、奢侈品有關的生意。

火星（8宮）：這個位置激起雙方極大的能量，當火星相位良好時，雙方將增進彼此正面的能量，可一起從事重要的合作而獲致財務、政治或心理學等的成就。但當火星相位不佳時，卻要小心激起雙方摧毀性的力量，在最不利的情況下，可能會造成一方或雙方的死亡。

在兩性關係中，這個相位能激起彼此最強大最原始的性本能，但這個激情之火卻有其黑暗之處，就如同大島渚的電影「感官世界」一樣，極致的性欲常導致極盡的佔有欲，最後演變成毀滅欲。對於靈魂演化不夠高層的人，要特別小心這個相位帶來的「欲生也欲死」的危險。這個位置若捲入婚外情或三者戀情時，就可能發生像李克正殺死陳靖怡的情殺事件。

木星（8宮）：這個位置將帶給雙方精神或物質的好運，雙方適合一起做生意，或從事和教育、文化、宗教有關的募款活動。在婚姻關係中，這個位置常意謂著財產的饋贈與繼承，通常木星一方將是受惠者。但若木星相位不佳時，婚姻的結合也有可能是出於物質利益的考量。如果雙方都是較重視精神價值的人，雙方將可一起分享彼此對宗教和靈學的興趣，尤其是八宮一方將擁有某些特殊的神祕知識能啓蒙木星一方。

土星（8宮）：這個位置常帶八宮一方的恐懼和不安，他們能意識到土星一方正用著精明、唯利是圖的方式在打八宮的主意，而土星的興趣也許是性的發洩，也許是金錢的好處。

即使土星相位良好，這個位置也不適合發生在兩性、婚姻或家庭關係中，土星一方通常都有缺乏眞愛和同情的能力，他們往往是冷酷自私的獵人，視八宮人爲其獵物。若在商業的關係中，當土星相位良好，雙方或有可能成爲利益至上的夥伴關係，但絕難以發展眞正的友誼，當土星相位不佳時，則要小心彼此財務的糾紛，而通常土星一方的玩弄手段常造成八宮一方的損失。

天王星（8宮）：八宮一方的神祕感應和靈性直觀的能力，將受到天王星人的催化，而產生巨大的變化，雙方可成爲新科學、新科技、所發明的共同夥伴。在兩性關係中，這個位置常引來奇特而不明究裡的性吸引力，通常八宮一方的人，將被天王星一方看成是非常富有性魅力的對象，讓天王星忍不住想去擁有八宮一方。有時這種性的衝動只有一時的迷戀，但如果雙方還有其他行星的牽扯，這股性迷戀的力量卻可能持續甚久，而最終變成了眞正的性接觸。即使雙方原本都不希望關係會演變成這樣，但事情就是發生了，起因於天王星「就是想要」八宮人，而八宮人長期在天王星性意識的挑撥下也終於無法抗拒。但這個性接觸卻常成爲改變彼此日常生活秩序的大衝擊，有時會造成彼此的驚慌失措或沮喪。

海王星（8宮）：這個位置容易引起古怪、混亂、欺瞞的情況，將牽扯至雙方的性或金錢的交往中。通常海王星一方可能會對八宮人有「不正常」的性幻想，包括暗戀、婚外情、亂倫、同性戀等等，但卻並不會讓八宮人明白知道，導致彼此的互動中常有一種隱祕、不自然的性質，引起八宮一方的不安。

有時，海王星一方將在金錢上欺騙或因管理不當而造成八宮一方的損失。因此，八宮人千萬不要將自己的錢交給海王星去投資，否則會血本無歸。有時海王星一方對神祕現象或靈性經驗表現的無知或迷信態度，也會引起八宮人的不愉快。

冥王星（8宮）：冥王星落入本宮（八宮即冥王星主管），有如定時炸彈放進火藥庫中，也許這個炸彈被「定時」太久，因此好像都不會爆發，但八宮人肯定知道危險在那裡，就是因爲冥王星激起這樣的警覺心，讓雙方有可能成爲從事軍事、警力、財務投機或超心理學的好夥伴，透過冒險犯難而獲得更強壯的生存能力。這個位置也對精神醫生和病人有利，八宮人能察覺冥王星人的精神危機，有時協助他們將精神定時炸彈的引信解除。

我們相會於四宮的內心之家

四宮，由巨蟹星座和月亮主管，代表了個人的家庭，父母親，也代表個人和情緒、安全感等「內心之家」的關聯。

在私人關係中，四宮的關係常常發生在雙方有著血緣、姻親的家庭關係，或雙方有同住在一個屋簷下的相處緣份，如室友，或雙方彼此的家庭經常有頻繁的來往。和諧的四宮關係，會讓雙方很自然地產生親情的感覺，彼此相處往往能互補提供安全感和情緒的支持，雙方也會樂於分享家庭的活動，如共同飲食、做家事、開家庭派對、結交親友等等。

但不和諧的四宮關係，尤其發生在家庭成員之同時，卻會使一方或雙方有種想逃家的感覺，家庭不再是讓人休息、放鬆、補充生命能量之處，反而成爲衝突、限制、壓抑、苦惱之源。因此，雙方外在家庭的困難也自然造成「內心之家」，即心靈世界的苦惱，不和諧的四宮，有時也意味著一方或雙方的父母親帶來的困難。

在職業關係中，四宮的緣份常出現在雙方從事和不動產交易、飲食餐館業、旅館、古董業等有關的工作中。當四宮中月亮和金星成有利相位時，雙方的工作可為彼此帶來利潤，反之則可能破財。

四宮由於和「內心之家」有關，因此在人際關係中，彼此的情緒、情感的介入會較深，四宮既可帶來「保護之殼」也可能帶來「空殼危屋」，因此就像我們對待外在的家一樣要小心維護、整修居家環境。對待我們的四宮及和他人的四宮關係，也必須常常抱著檢查維護之心，才能享有更安定幸福的「家」。

當行星落入他人的四宮中

太陽（4宮）：這個位置常帶來血緣上或姻親或伴侶的緣份。通常四宮一方會為太陽一方建立家庭的基地，提供對方遮風避雨之所。如果太陽相位良好，太陽一方的活力及熱情將振奮四宮人，但若相位不佳，有時太陽一方的自我中心及權威傾向會令四宮人很不舒服。有時，雙方或許不是共住一個屋簷下，卻會有精神上共屬於某種族群的感覺，這個位置也常代表雙方曾有屬於同一宗親或氏族的過去世的緣份，因此有的時候這一世會有變成室友的機緣。

月亮（4宮）：這個位置經常出現在雙方是父母子女、兄弟姐妹、或岳父母子女的關係中。雙方經常會有分享食物及家居生活之樂的情誼，而且也經常有要一起處理地產、飲食、牧場等工作及生意的可能。通常四宮會是關係中要負起較多責任的一方，因此也容易影響到月亮一方對的其觀感，可能是感激也可能是厭煩不等。

如果雙方沒有家庭的緣份，這個關係有時出現在像孟嘗君與食客的關係中，通常四宮人常在家中設宴款待月亮一方。在親密關係中，這個位置並不有利，因為月亮的心情起伏變化太大，雙方的關係最好「有情但又有點距離」，因此不適合做夫妻，否則會容易像經常起口角糾紛的兄弟姐妹。

水星（4宮）：在一般的關係中，雙方可能經常使用四宮人的家當成彼此寫作、閱讀與和朋友從事心智交流的地方。也許水星一方常給予四宮人家庭生活及事務一些意見，而四宮人的家庭狀況也是水星一方很關心的事。如果雙方有更深的伴侶或家屬緣份，這個位置常代表雙方經常把他們的家庭當成教育、文化、知識的交流處。有時這個位置也出現在會一起從事環境保護、園藝、健康、衛生、食品等工作的人際關係中。

金星（4宮）：這個位置適合家庭關係及和家庭活動有關的親人、友人的相處與共渡歡樂時光。雙方會花較多的時間在四宮人的家中飲宴、社交等等。通常金星一方將對四宮人的家提供美感佈置的建議，因此也有利室內設計師和客戶的工作關係。在親密的兩性關係中，雙方會發現彼此比較喜歡待在家中，而較不想出外吃飯、娛樂等等。如果金星的相位不佳，金星一方的過份重視功利及自我保護的傾向，可能對四宮一方造成情緒的困擾。有時雙方只是表面上保持友善，但缺乏眞正的親密感。

火星（4宮）：這是個容易引起家庭紛爭及不和的位置，除非火星的相位極佳，那麼雙方可能懂得用運動及做家事、整修家園的方式來調劑火星不安的情緒。但在大多的情況下，雙方容易因居家習慣及生活細節的差異而引起不快。通常四宮一方的人特別不滿火星一方的急燥、衝動及粗魯，而火星一方覺得四宮人斤斤計較家庭瑣事，當火星相位不佳時，這個位置要小心家庭暴力的傾向。

木星（4宮）：這是個很好的家庭人際關係的位置，尤其當木星一方是父母或長輩時，木星一方將會對四宮人很保護也很照顧，全力提供對方想要的精神及物質的需要，若木星相位良好，代表木星一方來自較高的社會、經濟、文化的階層，因此容易對四宮人的成長有所幫助。但當木星相位不佳時，代表木星一方雖然基於善意，但將會以過度的保護與溺愛的方式對待四宮人，反而對四宮造成了不良的影響。

土星（4宮）：這是個對雙方不太有利但又很有緣份的位置。雙方即使不是家庭成員，也可能是同居人或室友，或相互有牽扯較多的家庭關係及活動。彼此都會有種因責任和義務而綁在一起的聯繫感，雖然並不太愉快。通常土星一方會對四宮人要求負擔沉重的家庭責任，但土星人自己卻關注在自己職業的活動上，但對四宮人的情緒及感受並不關心，令四宮人覺得沮喪。因爲四宮人就像個傳統的家庭主婦，而土星人卻是提供物質保證及安全感的外出工作的丈夫。若雙方完全沒有家庭活動的牽連時，這個位置則可能顯示土星一方是個要求四宮人盡職工作，但並不理會四宮人「內心之家」的情緒反應，經常會出現在較人性互動的職業關係之中。

天王星（4宮）：這個位置暗示了不尋常、不穩定的家庭關係或家庭生活。在家庭關係中，天王星一方總是會帶來一些古怪的事件、人物而「震驚」四宮人。如果天王星相位良好，可能代表天王星人是具有獨特想法或才藝的人，因此引進很多不尋常的想法、做法或朋友進入四宮人的家中，使其生活更加多采多姿。

但當天王星相位不佳時，則可能天王星一方惹來的都是顛覆的、危險的、讓人不安心的或無法了解的古怪人事等等，造成四宮一方家庭及內心的不穩定與沮喪。在伴侶關係中，有時，天王星一方也可能是常常換工作而造成四宮人要經常搬家，或天王星人可能選了個十分古怪的住所做爲四宮人的家。

海王星（4宮）：在家庭成員的關係中，這個位置顯示了雙方具有很強的心理及情緒的連繫，若海王星相位良好時，雙方將非常了解彼此的心靈活動，尤其海王星一方，將對四宮有著極深的了解與感應。如果雙方是靈性較爲覺醒的人，則代表四宮人的家中可能因海王星一方的影響，而成爲宗教、靈學、藝術活動的聚集處。

但若是海王星相位不佳時，則海王星一方可能因生活習慣及情緒的不穩定，而經常把四宮一方的家弄得亂七八糟或造成四宮一方內心的不安。或者海王星一方覺得四宮人太關心家庭的活動，而覺得自己被誤解、忽略及拒絕，因此，雙方很不適合同居或共處，容易加強彼此神經質、緊張不安的心理傾向。

冥王星（4宮）：在家庭關係中，冥王星一方有著扮演獨裁者的傾向，總是想控制或改造四宮人的「內心之家」或家居習慣、想法、做法等等。當冥王星相位不佳時，自然會引起四宮人的不滿和怨恨。

在兩性關係中，冥王星一方對四宮人的家庭關係有著重要的影響，我看過一個情婦的冥王星落在已婚的男友的四宮之中，男友後來果然因情婦而演出家變。如果雙方沒有親密的聯繫，而好的冥王星相位也可能顯現雙方將一起從事生態保護、都市重建、住宅計畫等有益社會的工作。

我們相會於十一宮的人類之家

十一宮，由寶瓶星座和天王星主管，代表了人類的友誼、博愛精神、世界大同的理想，因此也涵蓋了像社團、俱樂部、會社、聯盟、國際組織等領域。

在私人關係中，合諧的十一宮相位，是最讓人們產生「天涯若比鄰、四海皆兄弟」的情感和友誼，這份感情通常不會太拘束，彼此將樂於分享新經驗、新知、新事物，雙方的友誼也常不是一對一的關係，而是一群對一群的關係，通常會面時還會包含了許多不同的朋友。但如果是不合諧的相位，雙方常常成爲彼此和朋友來往的障礙，或雙方對世界觀、人類社群的想法分歧嚴重，彼此很難成爲同志或盟友。

在職業關係中，十一宮位置常發生在和電腦、高科技、衛星通訊、天文、占星學，等有關的工作，合諧的相位能幫助彼此運用創意及靈活的想像力創造不凡的成績，但不合諧的相位，則可能帶來不可預測的變化，有時嚴重受剋的十一宮相位，可能意味著雙方會做出一些顚覆社會制度的事件，譬如說武裝革命、社會造反等等。

十一宮的價值，在於擴充人類的關係，從小家庭、工作同事、合夥伴侶、精神同道、社會關係直到人類的大家庭，即世界之家，基本上強調的是人和人之間最直接最基本的互動，如信任、平等和關懷，因此非功利的目的是十一宮眞正的精神。同時，十一宮的交往要求雙方剷除下血緣、親人、伴侶、職業、金錢、性、權力的刻板角色。電腦網路上的人際互動就某一方面而言正是象徵性的十一宮的人際關係。

當行星落入他人的十一宮中

太陽（11宮）：這個位置產生的情感以友誼爲中心。雙方將以社團式的、俱樂部式的、聯盟式等的同志關係爲主。如果太陽相位良好，雙方大抵有共通的心智的、人道主義的或科學的興趣及愛好，可一起共同從事這類的工作。通常太陽一方可以鼓舞十一宮人去完成一些較有理想性的目標，而同時太陽一方也可引進十一宮人認識一些新朋友，拓展十一宮人的人際網路。但當太陽相位不佳時，太陽一方將有些古怪、疏離、不合人情的行徑困擾十一宮人。在親密的關係中，這個位置帶來較開放、不拘束的情感，雙方將有著博愛的精神超越狹隘的男女私情，彼此珍惜私有關係的同時，也珍惜一份共知的人類情誼。因此，當情侶或婚姻伴侶遇到麻煩時，有好的太陽相位在此，將可幫助兩個人客觀友善解決問題，而且就算分手，也是朋友情誼仍在。

月亮（11宮）：這個位置極適合親密的人際關係，雙方將很自然地有種「我們都是一家人」的感覺，有時好像還比自己的親人還親。雙方情感的基礎也是友誼，但和月亮不同在於，雙方的友誼來自於很深的情緒與感覺的交流。尤其對月亮一方而言，即使是初識十一宮人，就會有種「好像已經認識了一輩子」的心情。雙方很自然地就產生了親切、幽默、不做作、坦白而愉悅的感覺。而這種稀有的契合感將遠超過許多的激情和熱情，使雙方產生了很難動搖的聯繫。

雙方的社交活動也以家庭爲主，彼此很能分享居家的樂趣，像做菜、理家、宴客等等。這是好客的夫婦非常適宜的位置，雙方共組的家將有如「人類大家庭」一般，提供許多人居家式的感情及樂趣。在雙方的關係中，月亮一方是理家的中流砥柱，提供一個合宜的地方供十一宮人呼朋引衆，而十一宮人將拓展月亮一方的文化、心智及社會的視野。

水星（11宮）：雙方的友誼將以心智溝通及交流爲主，而這份友誼關心的常是較大的問題，像具有世界觀的科學、人文、人道主義的關懷，這個位置也是占星學同道很常有的位置。通常水星一方一遇到十一宮人，馬上就有種久逢知己感，很自然地就開放了心胸，而十一宮人果然也很難了解及分享水星人的觀念及想法，雙方心智的交流常常是很獨特、原創及前進的。這個位置很適合雙方一起從事文化、教育、科學的工作。但若水星相位不佳，則十一宮人會覺得水星人言行不一致，雙方的心智交流也容易停留在空談的境界。在兩性關係中，這個位置並不具有較深的聯繫感，雙方必須有其他更強的行星配置，但這個位置卻可保證雙方至少很談得來。

金星（11宮）：對金星一方而言，十一宮人可能是他們最愉快及最滿意的朋友。十一宮人能提供一份溫暖、自然、友善的情誼，瓦解掉金星一方原來的社交恐懼或遲疑，雙方很輕易地就建立了一種知心又相互欣賞的感覺，但又不覺得關係會帶來任何束縛或勉強。雙方通常具有相似的美學及休閒的興趣，彼此常是藝術上的友伴，或者很能一起渡過歡樂時光。這是社交關係中最好的位置，有社交的樂趣，但無一般社交關係的膚淺及做作。

在親密的關係中，這個位置唯一的問題在於十一宮人不能接受金星一方可能會有的佔有欲，尤其當金星受剋時，雙方將會爲是否只忠貞一人的問題產生較多的衝突。但如果金星一方本身較開放，這份感情的確值得珍惜，十一宮人將能刺激金星一方的視野，而享有人類情感更豐富更美麗的可能性。

火星（11宮）：這個位置極適合雙方有著共同的目標及願望要實現，尤其是和科學、人文、人道有關的工作。火星一方將刺激十一宮人的行動力，引導十一宮人進入某些社團或組織，而同時，十一宮人具有的創造性、獨創性的想法將可提昇火星人行動的品質及方向。

這個位置帶給雙方很富活力的互動關係，但又火星相位不佳，則火星一方要小心競爭、侵略及控制的天性，以免引使十一宮人的不滿，有礙雙方的合作。在親密關係中，這個位置可能刺激雙方產生衝動和狂野的情欲關係，但雙方都不能夠接受親密關係隨即要來的諸多限制，因此並不利於較長遠的親密愛人或配偶情誼，如果雙方想一起做些有利人群的工作，還不如保持朋友關係較好。

木星（11宮）：當木星相位良好時，這個位置常帶來非常超凡的友誼，雙方的情感及合作有著一份崇高的情懷，將以共同完成宗教的、慈善的、人道的、教育的目標爲主，雙方分享對科學、人文、神祕學的共同志趣，並將這份志趣發展成更遠大的理想。但當木星相位不佳時，雙方的關係常陷入空想或浮誇的計畫之中，理想會像海市蜃樓一樣難以實現。在親密關係中，這個相位意謂著木星一方對十一宮人有著特別的友善和大方的感情，他們展現關心十一宮人的方式很多，從口頭的噓寒問暖到送小禮物、照顧生活起居等等，這份木星人的體貼表現的很自然又不強求十一宮人的感激或接受，反而讓十一宮人更能接納這種寬廣的人類情感，雙方的感情因此更能自然地維持下去。

土星（11宮）：這個位置適合職業的關係，但不適合親密的關係。在職業關係中，土星一方將教導十一宮人對工作更有責任感及紀律，雙方可發展成嚴肅而認眞的合作關係，如果土星相位良好，雙方的合作將以共同及反映人類大家庭的希望及理想，但若土星相位不佳，則這個合作將以達成土星一方自我中心的利益爲主。

在親密關係中，這個位置帶來不太融洽的感覺，常常是土星一方覺得十一宮人不務實際及不成熟，而十一宮人覺得土星一方太偏狹和小心眼，雙方的理想及願望差距很大，因此很難有知心的親密友誼。有時，這個相位也反映出土星一方將限制十一宮的社交活動及朋友來往，造成十一宮人覺得氣悶及拘束。

天王星（11宮）：這個位置暗示著不尋常、奇特、不穩定的友誼。雙方的認識常透過共同的朋友或團體、社群，彼此一見就有種覓得知音感。尤其是天王星一方很容易視十一宮人爲那種「少數但眞正了解」他們的人，但雙方的關係常常不是一般同儕的朋友之情，有可能是忘年之交、相反政治陣營的對手等等；總之，友誼常是獨特而不凡的，雙方的關係並不緊密，但卻有種淡淡的、不拘束的、與日俱生的情誼。有時雙方可能是半年通一次信或電話的朋友，但溫暖的交情維持了數十年，通常十一宮的反應較被動但仍然友善，天王星則會在興起時就和十一宮人聯絡，也顯示出較多的關心。這個關係有時也建立在雙方對占星學、社會革命、新思潮有共通的興趣，十一宮一方常是指導天王星的人。對親密關係而言，這個位置並不能顯示「相屬」的力量，雙方只可能是分居兩地、淡淡的愛人。

海王星（11宮）：當海王星相位良好時，雙方常常有著一種神祕感應的了解與同情，彼此的友誼很幽微但深刻，雙方能一起分享對神祕學、藝術、宗教的領悟和情感。十一宮一方常常能幫助海王星一方發展更具直觀的想像力和創造力。

但當海王星相位不佳時，雙方會形成某種尷尬而不安的人際關係，尤其對海王星一方而言，十一宮人總顯得太神祕、太難了解、不管海王星人怎麼努力，就是不能看透十一宮人的複雜，但偏偏海王星人又覺得十一宮人很了解他，很能看透海王星人的心理變化。這種不平等的關係，如果是發生在病人及心理醫生或崇拜者及上師之間倒也無妨，但在親密關係中，卻會使海王星人很容易緊張及不安。海王星人會想躲避十一宮人的接近，但同時又感受到十一宮人無比的魅力。

冥王星（11宮）：在一般的人際關係中，這個位置常出現在雙方有著重要的科學、靈學、人道主義、政治、生態、經濟的合作關係中，如果冥王星相位良好，雙方將可對改造、重建既定的制度有貢獻，若冥王星相位不佳，則雙方的努力將以摧毀但不重建現行的制度爲主。通常冥王星一方將在合作關係中擔任主導性的角色，企圖改造十一宮人的目標及理想。在親密關係中，冥王星幾乎會覺得介入十一宮人對社會的大願望之中是「命定的」、「不可逃避的」，冥王星一方會有種執著的熱情想幫助或影響、改變十一宮人，如果冥王星相位不佳，將引起十一宮人的憎恨及反抗。

我們相會於一宮的自我意識

一宮，由牡羊星座和火星主管，代表了個人的意志、行動力和自我形象。如一宮中有較多或重要的行星落入（如太陽、水星、金星、火星、天王星、冥王星），當事人即使本命星圖中並無很多的行星在牡羊星座，當事人仍然會顯露很強的牡羊星座和火星的特質：如急進、衝動、勇敢、自我中心等等。因此當他人的行星落入一宮時，必定會和當事人產生「強者遇強者」的對決，雙方的關係絕不平靜。

但如個人一宮內無重要主星，本命星圖中又不見有力的火星或牡羊星座位置，當他人的行星落入自己的一宮時，則一宮人的反應會較被動，將根據不同的行星的性質引發當事人表現不同的自我的形象、意志力和行動力。

由於一宮和自我形象有關，因此當太陽、金星落入他人的一宮中時，通常代表雙方會對彼此的外表頗爲認同，也就是說「看得順眼」。而木星和土星落入他人一宮，則代表他人的自我形象或行動力會受到鼓勵（木星）或限制（土星）。至於當水星、火星落入他人一宮內時，他人的行動、意志、自我將受我們思考和行動方式的影響。

人際交往中的一宮關係，通常較容易被雙方意識到彼此的性格、自我、意志的特質。合諧的一宮關係可增加彼此的活力、驅策力，但不合諧的一宮關係卻如同兩個自我的短兵交接，很容易受傷。而宇宙的規則都有一些律法可循，任何當事人星圖中如果本來就有困難重重的一宮，那麼誰和這樣的人交往，都會有一定的麻煩要解決，因此個人的修行不僅可救己，也可救人。

當行星落入他人的一宮中

太陽（1宮）：在一般人際關係中，雙方的意志、毅力及行動力將在彼此的關係中扮演重要的力量，通常太陽一方能激起一宮人自我表達及實踐的決心和欲望，雙方可能合作完成共同的目標，也可能互相競爭長短，端賴太陽的相位是否良好。在兩性關係中，這個位置常顯示了某種夫妻的緣份，尤其當男方的太陽落入女方的一宮中時最強，太陽一方將會特別的欣賞一宮人的長相、氣質、風格和普遍性的人生態度，彼此會有一種因相似而產生的合諧情感，但如果太陽的相位不佳時，太陽一方的情感其實帶有濃厚的自戀感覺，因此會希望一宮人無條件地配合太陽一方的人格和自我。

月亮（1宮）：月亮一方對一宮人有著強烈的情緒臍帶，他們會覺得一宮人了解他們對許多事物的自然情緒反應。這個位置常發生在家庭關係中，或者代表雙方的接觸和彼此的家庭密切相關。雙方的感覺建立在很深的情緒聯結，尤其月亮一方對一宮一方有種依賴的情感，因此在父母與子女關係中，不管哪一方是依賴的一方，都將對子女的成長與獨立人格的發展有著較不利的影響。

在親密關係中，雙方可能共享非常親密的情緒交流，但若月亮相位不佳，則容易因月亮的情緒波動造成一宮人的煩惱，有時一宮人會覺得自我發展的動力容易受到月亮一方的挫折及阻撓，如果一宮人執意照自己的想法行事，則較脆弱的月亮一方就常會覺得受傷及心碎了。

水星（1宮）：如果水星相位良好，對方將可坦白、開放地打開溝通的管道，水星一方將會刺激一宮人更踴躍地發表意見，而一宮人將提供水星人對事物更深的理解力。尤其一宮人將對水星一方未曾明說的動機及想法有著敏銳的洞察力。但如果水星的相位不佳，雙方的溝通將產生摩擦，一宮人的洞察力尤其會引起水星一方的防衛意識。這個位置並不顯示重要的職業或親密的合作關係，但將是人際互動中很好的觀察自我的機會，尤其一宮人將對自己和他人互動的風度、修養有著反省及學習的機會。

金星（1宮）：金星一方將對一宮人的長相、氣質、風格極其欣賞，他們會以有這樣的友人、情侶、配偶為伴而感到驕傲及虛榮，一宮人將像一件美好的藝術品一樣，讓金星一方很想展現給世人看。因此這個位置很適合藝術家、模特兒、明星和經紀人之間的關係。

在親密的兩性關係中，恍如被祭於崇拜祭壇上的一宮人固然會對金星的稱讚和欣賞而感到高興，但如果雙方缺乏其他更深入的關係，這種偶像崇拜的感情很容易褪色，但是雙方若有更多的行星相關，則這個位置會帶出強烈的羅曼蒂克的感情，雙方常會因此步入禮堂，而一宮人將永遠享有金星一方的欣賞之情。但如果金星的相位不佳，則金星人有可能是受惑於一宮人所提供的物質條件，而金星一方也可能帶給一宮人經濟負擔。

火星（1宮）：這個位置讓雙方像彼此的啦啦隊，鼓勵雙方更有活力、更努力行動，這個積極的力量如果反映在雙方的合作上，將對彼此的工作十分有利，但如果用在相互的競爭上，則也是棋逢對手，讓彼此鬪志高揚。

在兩性關係中，火星一方尤其受到一宮一方肉體的吸引，同時，火星一方會以擁有一宮人為傲，有一宮人為伴會增進火星一方的自信與滿足，彷彿像追求女明星的巨商富賈一般。但如果雙方缺乏更深的情感連繫，則有時像被當成花瓶或性感伴侶的一宮人會厭倦這樣的角色，而火星人也許也會發現別的更新的「展示品」而離開。但如果雙方有更深的情感關聯，則這個位置可保證一宮一方將永遠吸著火星一方。我看過一對夫婦的例子就是女方的火星在男方的一宮，而男方的火星在女方的一宮，彼此都互相以對方爲榮的感覺也還眞不錯。

木星（1宮）：如果木星相位良好，則木星一方將帶給一宮人物質或精神的幫助，將對一宮人的人格發展及自我實踐有所助益。雙方將可促進彼此的樂觀及積極的精神，帶給彼此正面的價値。雙方將適合一起從事和靈性、文化、哲學、教育、法律有關的工作，雙方也適合一起結伴同遊世界、增廣見聞。但如果木星相位不佳，則木星的好意圖卻可能帶來負面的結果，而給一宮人帶來麻煩。

有時一宮人會覺得木星人所表現的好意只是虛情假意或另有所圖。這個相位並不對兩性吸引有著重大的影響，但如果雙方已有更深的情感聯繫時，但木星相位良好，一宮人將覺得伴侶不僅是伴侶，亦是貴人。

土星（1宮）：對於本命星圖中缺乏土星紀律的個人而言，有個好的土星相位在自己的一宮中，將帶給一宮人約束、限制，但有助於一宮人成熟及穩健的力量，土星將激勵一宮人更有責任地面對現實，以及對人生的計畫三思而後行。好的土星相位會使雙方成爲忠實的盟友，有利於彼此從事商業、政治等職業合作。但如果土星相位不佳，或一宮本命星圖已有很強的土星力量時，土星一方的嚴格、權威、制約力將更窒息了一宮人的活力和行動力，而一宮人的反抗只能使土星人更加輕視一宮人的散漫及衝動。

在親密的兩性關係中，雙方若有這樣的相位，將使雙方的關係有時太沉重、太不浪漫，雙方會發展出一種工作夥件式的伴侶關係，但當土星相位不佳時，一宮人將是徹底相信婚姻是牢籠的人。

天王星（1宮）：這個位置帶來的是開放的、進步的、不束縛的人際關係，當天王星相位良好時，天王星一方將引導一宮人接近更富啓發性、原創性的思潮及人生觀，使得一宮人脫離傳統的束縛及制約。而一宮人也將支持天王星的自我表達及對自由的追求，雙方的關係將尊重彼此的意志爲主，鼓勵個人人格的發展及自我的實現。但如果天王星相位不佳，則天王星異於凡人的想法及舉止有時會引起較保守的一宮人的不安及恐慌，當父母是一宮時，也可能代表父母對天王星子女過份地放縱，而致使天王星子女將缺乏對紀律的尊重。

在親密的關係中，這是個獨特不凡但不太容易調適的位置，尤其放在較保守的社會環境之，雙方可能是進步的愛人同志或開放婚姻的實踐者，但也有可能天王星一方的奇特感情觀、人生觀，將造成一宮人極大的挫折和動盪。

海王星（1宮）：這個位置常代表霧裡看花的人際關係，若海王星相位良好，海王星一方將會對一宮人充滿理想的期盼。即使有時不盡眞實、正確，但卻可以激起崇高及美麗的幻想。尤其當這個力量用在較不世俗的層面，如宗教、藝術、靈性活動時，海王星將視一宮人爲理想的藝術家、上師的最佳代表。但如果海王星相位不佳，則代表這份理想經常是幻想或是錯覺，一宮人可能根本不

方面憑空捏造的圖像，因此當

感。

在親密關係中，雙方將可分

一宮人將扮演海王星人「心靈

的關係將充滿了精神的危機，對

冥王星（1宮）：一宮人的

冥王星相位良好時，一宮人將透

提昇，因此，當冥王星是精神導

如果冥王星相位不佳，一宮人或

著將因憎恨冥王星的過份干預而

位好壞來決定雙方從事財務、工

了？

在親密的關係中，冥王星一

不欣賞冥王星這方的熱情，將會帶給兩個人關係
也情有所鍾，但冥王星的狂熱卻仍然會使一宮人不自
遠活在令人喘不過氣來的感情中。

我們相會於二宮的自我價值

二宮，由金牛座和金星主管，代表了個人的金錢、物質滿足和自我價值。二宮強的人，通常是對現實世界中的物質追求、物質享受有較強的渴望的人，因此也會致力於這類的活動，以滿足物質、金錢的需要。但偶而會出現極少數靈性演化境界較高的人，會把二宮的物質性欲望轉化成精神性欲望，即把金錢變成自我價值。這類人往往追求的是更高超的「自我利益」，並不只限於世俗價值的滿足。

人際交往中的二宮關係，經常發生在雙方有著密切的財務關係之中，而關係的性質可能是純商業的，但亦可能是情人、夫婦、家庭成員的情誼。前者的關係簡單，不管是「在商言商」的純物質價值交換、或較高境界的精神價值的交換，即使雙方的價值嚴重衝突，都比較可以理性面對解決，但後者由於牽扯到私人感情，所謂「談錢傷感情」，當兩個人的關係嚴重受剋時，勢必會使彼此的感情嚴重受傷，不得不小心處理。

困難的二宮關係，簡單來說其實就是人與人之間對於「擁有物」的不同想法及做法。因此雙方若能較「不執著」時，自然可以降低衝突的強度。

至於有的人際關係具有很有利的二宮關係，則意謂著雙方合作能「滾滾生財」，但如一味只看重彼此帶給對方的金飯碗，其實也低估了二宮較高超的涵義，即開創人類更廣濶的「自我價值」，因此，適當的靈性發展，幫助彼此找到更高的自我價值，才不致於只是賺得了世界、卻失去了生命。

當行星落入他人的二宮中

太陽（2宮）：雙方的關係以金錢、物質或金錢觀、物質觀的交換、互動爲主。太陽一方將促使二宮人朝向經濟的活動與思考，而二宮人將提供經濟的支持供太陽一方發展自我。在純職業的關係中，這個位置有助於雙方從事商業的合作，彼此都有利潤中心的傾向，對事業的獲利自然大有幫助。但在私人的關係中，不管是家庭成員、伴侶，這個位置卻有其障礙。尤其當太陽一方受剋時，會有一種視二宮人爲「工具」以滿足其自利的動機及目的，因此雙方很難產生自然與親近的情感，有時亦會引起二宮人的不滿及憤怒，畢竟沒有人會眞正喜歡自己被「物化」及當成謀利的手段。

但當雙方演化水準較高時，金錢及物質的交換卻可能提昇至自我價值的層面，雙方將激勵彼此更了解什麼是自我眞正的價值，因此雙方的合作也有可能是不世俗化的謀財求利，而是更高的自我價值的追求與實現。

月亮（2宮）：在一段人際關係中，這個位置常發生在雙方和食品、餐飲、地產、家用品有關的生意關係中，當月亮相位良好時，將有助於彼此的獲利，但當月亮相位不佳時，卻可能帶給雙方財務的損失。

在家庭及兩性關係中，月亮一方常視二宮人爲能滿足其情緒的「物品」，因此會想擁有二宮人。但畢竟人不是物品，因此當這種擁有欲缺乏眞實的情感爲基礎，雙方的關係將充滿了物質的交換以取代情感的展示，月亮一方可能會像「甜老爹」、「甜老娘」一樣不斷買禮物以討好二宮人。有時二宮人也樂於接受這些饋贈，雙方也許會有表面看來相處挺好的關係，但私底下卻各有不同的動機。

水星（2宮）：當水星相位良好時，這個位置有助於雙方從事商業及職業的合作，雙方將可增進彼此對金錢及物質的理解及掌控力，尤其是在合作跟地產及投資有關的事項時。二宮一方常是在金錢上資助水星計畫的人，而水星則會鼓勵二宮人投資於不同的計畫。

當水星相位不佳時，二宮人則容易因水星的點子而蒙受金錢損失。如果雙方演化程度較高，則二宮人將幫助水星更了解什麼才是眞正的自我價值，使其在世俗利益之外，增進對非世俗價值的追求。在親密關係之中，這個位置很中性，既不加強也不阻礙由兩個人的互動，端看其他行星的牽連爲何，但同時彼此對金錢、物質、自我價值的看法必然會對關係造成不同的影響。

金星（2宮）：金星一方常會意識到二宮人擁有一些他們認爲是美的或有價值的事物，但這種感覺並不會喚起精神的吸引，反而是引起金星一方物質性的興趣及愛好。因此，這個位置適合雙方從事和財務、美、娛樂有關的合作。尤其當金星相位佳時，二宮人能提供雙方獲得財富，但當金星相位不佳時，則二宮人會因滿足金星一方金錢或物質的欲望而蒙受損失。

這個位置不適合發生在家庭成員或親密的關係中，金星一方的謀利動機將影響雙方眞正的情感互動，即使雙方原本有其他羅曼蒂克或性的吸引，也會受金星在此的位置而變得較爲冷漠及功利，對金星而言，雙方的關係絕不會是感情至上，而是利益至上。如果二宮人十分浪漫，將會是個打擊，但二宮人卻難逃金星人的索求，總想用更多的付出去感動金星人的心。

火星（2宮）：當火星相位良好時，這個位置有利於雙方共同從事財務及商業的活動，火星將激勵二宮人更有效率地運用資源，但若火星相位不佳時，雙方卻可能會因對金錢不同的見解而引起爭執，通常是二宮人認爲火星一方對財務太浪費、衝動及冒險，但火星一方則認爲二宮人太小氣、保守和斤斤計較。此外，火星一方將會想控制二宮一方的財務、金錢及地產種種，如果二宮個性較強，將不滿火星的控制欲及侵略性，而造成合作的困難。這個位置也不適合親密的關係，尤其當雙方如果缺乏更多情感的牽連時，「爲錢傷感情」將是火星在他人二宮很容易遇見的事。

木星（2宮）：當木星相位良好時，木星一方可能會因其具有的經驗及智慧幫助二宮開拓財源或實踐較高的精神價值，而同時，二宮人可提供木星一方財務的安全感，並支持木星一方完成旅遊、文化、宗教、教育的活動。二宮一方的這項「善舉」將會帶給二宮人「好心有好報」的好運道。

但如果木星相位不佳，則二宮人將會爲木星一方增加許多不必要也沒價值的開支，同時，二宮人也要小心木星一方過份樂觀的財務建議而帶來的投資風險。在親密的關係之中，木星人經常受惠於二宮人的金錢和精神的幫助，雙方基本上對彼此都還有不錯的感覺，只要木星一方別太貪心就更好了。

土星（2宮）：當土星相位良好時，雙方將可合作財務及商業的工作，二宮一方將對土星提供財務的支柱，而土星一方也會提醒二宮人在財務支出方面更節省及小心。但如果土星相位不佳，雙方的合作卻將因土星的自私或過份恐懼而造成二宮及雙方的財務的損失。

在家庭及親密的關係中，不良的土星相位，常意味著彼此會過著十分「貧窮」的生活，有時甚至當雙方明明有錢過好日子，但過份吝嗇的土星一方，卻根本不准自己或二宮人花錢，因此造成雙方過著有錢而不能花的貧窮生活，而這種吝嗇也常反映在兩個人的情感生活中。有時，雙方是真的活在缺乏金錢的困境中，而有一種「貧賤夫妻百事哀」的感覺。

天王星（2宮）：當天王星相位良好時，天王星一方可能帶給二宮一方極大的物質或精神的收穫，雙方適合從事和新科技、電腦、電子和新科學、發明或新思潮有關的工作及投資，但當相位不佳時，則要小心損失。

有時，天王星一方將影響二宮改變其對物質及金錢的態度，使二宮人可以更疏離客觀地思考物質價值和自我價值之間的關係。而同時，二宮人的反省也將影響天王星一方改變金錢觀。在親密關係中，天王星一方對二宮擁有的「價值」具有強大的興趣，因此雙方的關係可能非常世俗化，也可能非常非世俗，端看彼此精神演化的程度爲何。

海王星（2宮）：這個位置經常在人際關係中，引發奇怪而混亂的財務關係，尤其當海王星在本人及彼此的星圖中相位不佳時，海王星將造成二宮人無法預測及控制的財務損失，雙方最好不要合作任何生意，因海王星極可能會欺騙或在不告知二宮人的情況下動用合夥的金錢，而引發共同的財務危機。

如果海王星相位良好，雙方或可共同從事藝術、音樂、攝影、電影有關的合作，但最好財務的支出和管理交給第三人做，海王星一方最好不要碰錢。

在親密關係中，因爲牽涉到感情，因此二宮人容易因感情作用而失去對海王星的判斷力，或者即使不信任海王星的金錢智商及能力卻仍然忍不住要幫助或資助海王星人，反而爲彼此添增了困擾，也傷害了感情。因此，二宮人要特別謹愼及小心，如果眞想資助海王星，就要抱著有去無回的態度，在自己可以負擔的狀況下，控制自己的預算，千萬不要失去了財務的控制。

冥王星（2宮）：這個位置常發生在雙方有著重要的財務、稅務、保險地產、合夥生意的人際關係中，如果冥王星在個人及雙方的星圖中相位良好時，冥王星一方將對二宮的財務處境有幫助，冥王星將教導二宮一方更有效率地運用、分配自己的資源。但當相位不佳時，二宮人或許會憎惡冥王星人專制的態度，或者雙方將對共同的財產分配有所爭議。在親密的關係中，不管是不是家庭成員或伴侶，冥王星這方經常是提供二宮一方財務保障，爲管理二宮財務的人，如果處理不當，雙方將會爲金錢之事而不愉快。冥王星這方應當盡量地採取溫和的手法，而二宮人也應感激冥王星的努力或小心冥王星的專權。

我們相會於六宮的工作領域

六宮，由處女座及水星主管，代表了個人的、健康、營養、服務、工作、受雇關係等等。占星學上一向把水星當成處女及雙子的主管星，但現代占星學界中有不少人主張處女座應當發展自己的主管星，因爲水星活潑快速的思考、心智的能量並不能充分說明處女座謹慎猶豫、批評選擇的習性。

通常六宮的人際關係，一定有些「務實」的傾向，但這份「實事求事」的精神並不表現在金錢、事業等等領域，而只是表現在對廣義的勞動、服務、工作的基本態度。譬如在私人關係中，六宮關係會使得雙方很注重彼此的健康、生活起居、衛生習慣、工作流程等等「小事」，但小事雖小，卻影響日常生活甚大，因此不能忽略任何細節。

但也往往是這種關心細節、重視實際作用的傾向，使得不少六宮人際關係有時會顯得有點勢利或冷漠，尤其是在家庭、情人、夫婦關係之中發生的，雙方的關係常會演變成有種職業性的關係，如一方變成了管家、護士、僕人、會計師等等。

在職業關係中，合諧的六宮關係，很適合雙方從事和健康食品、衛生單位、會計、統計、營養等有關的工作，但不合諧的六宮相位，則要小心一方的健康、工作受損。

我看過一個女友吃健康食品吃出病來，而賣給她東西的人就有個受剋的金星在我女友的六宮中。尤其是六宮本身就有強烈的受剋相位的人，則要特別小心因過份注重健康或工作，反而引起更多的疾病。

當行星落入他人的六宮中

太陽（6宮）：這個位置經常出現在雇員（太陽）與雇主（六宮），或病人（太陽）與醫生（六宮）這類的職業人際關係中。六宮人擁有某些工作、健康、環境的特殊知識，可提供太陽一方做爲人生的指引，雙方都將關心較實際的結果，譬如說把工作做好、改進健康、改善環境等等。太陽一方臣服於六宮的「權威」，但彼此的關係卻不具壓迫性，因爲六宮的權威只展現在其「服務」或「領導」的活動中，並不展現在個人關係之中。

這個位置有利於一般職業的關係，雙方卻有具體的目標及成就要完成。至於在較親密的關係中，則會產生「過份理性」的結果。譬如說六宮的母親像個護士般照顧子女（太陽）的健康起居，但子女卻很少感受到親情的溫暖。

月亮（6宮）：這個位置較常發生在和家庭健康、飲食、活動有關的人際關係中，雙方的關係可能是家庭醫生（六宮）和病人（月亮）、房東（六宮）和房客（月亮）、父母（六宮）和子女（月亮）等等，通常六宮人都會對月亮要求保持家居的整潔、乾淨等等，而月亮一方也會覺得有某種「義務」使他們不得不聽六宮的命令。當月亮嚴重受剋時，則代表月亮一方的生活、飲食、健康習慣對六宮造成很大的困擾。譬如不愛整齊、乾淨的丈夫或孩子讓身爲太太、媽媽的頭疼，或房客的居家壞習慣讓同住的房東不高興等等。

水星（6宮）：這個位置很有利於上司下屬、同事等人際關係，尤其當彼此的工作和溝通、健康有關，譬如說報紙、電視、醫院、藥房等等機構。六宮一方所經驗、知識將可幫助水星一方更有效率地工作，但如果水星受剋，則水星的不穩定或三心兩意會造成六宮一方的不滿。在私人關係中，由於這個關係的本質是要合作完成一些計畫，因此遵守行程表、工作法規之類的精神會使親密的關係變得沉悶而無趣。

金星（6宮）：這個位置常發生在有私人情誼的工作夥伴或家庭成員之間。當金星相位良好時，金星一方關心六宮的福祉，會盡量提供居家或工作的援助，以幫助六宮人改善工作的環境。雙方適合共同從事和健康、食物、藝術、音樂、娛樂、公關等工作，雙方常有相似的飲食、藝術、娛樂的品味。但如果金星受剋，金星一方則會提供太多的飲宴作樂，而妨礙了六宮人的起居及工作計畫，或者是金星一方和六宮一方有著太不同的品味和趣味，兩個人都不欣賞對方對居家及工作的想法和態度，因此彼此的距離會漸行漸遠，最後形成陌路夥伴。

火星（6宮）：這個位置大多發生在和職業、工作有關的人際關係中，當火星相位良好時，火星一方會是十分盡責的工作夥伴或職員、能賣力完成六宮交代的工作，而同時六宮一方也會提供有力的職場訓練、支援以幫助火星一方。但如果火星受剋，則火星一方可能過份魯莽、衝動、引起六宮一方的不快，或火星一方要小心職業傷害、意外等事故。

在私人關係中，這個位置並不能引發較浪漫的情感，但如果火星相位良好，卻可幫助家庭成員或配偶協力完成家事等雜務，彼此對家庭生活都會有強烈的責任感。但如火星相位不佳，雙方可能會常常爲誰應該去倒垃圾之類的事爭吵不休。

木星（6宮）：當木星相位良好時，這個位置提供十分有利的工作人際關係，木星一方會想改善六宮一方的工作環境，提供更好的保健衛生、在職訓練、教育計畫等等，雙方很適合共同從事和醫院、學校、宗教、慈善、旅遊有關的工作。當木星相位不佳時，則木星的計畫常常變成「說得好聽但做不到」的空頭支票，或者是六宮一方覺得木星一方對工作不夠盡責，說多做少等等。有時，這個位置很適合牧師、法師、上師（木星）

和追隨者（六宮）之間的關係，因爲木星一方會對六宮有精神的治癒能力。

土星（6宮）：這個位置非常強調工作、責任、職業倫理之類的事，雙方的關係基本上會是「工作至上」。當土星相位良好時，土星一方的權威可獲得六宮人的尊重，而土星會嚴格要求六宮完成工作的計畫，雙方合作可達成不少艱難的職業目標。但如果土星受剋，則六宮會十分憎恨土星的冷酷、鐵腕作風。土星一方可能會以壓榨，剝削員工血汗爲職志，而有時也許是土星上司覺得六宮員工太偷懶、工作沒效率而十分不滿。

在私人關係中，這個位置也十分不利，即使是好的土星相位，因爲，工作之餘誰會希望在自己家中還有個上司呢？

天王星（6宮）：這個位置常意味著不尋常、奇特和前衛的工作或職業的關係。天王星一方可能是針灸減肥專家、瑜伽上師、信仰治療牧師、物理復健師等等，而六宮人是採用這些奇特方法治療身心健康的病人或同僚。

天王星也可能表現在社會革命中，譬如是勞工權益聯盟的鼓吹者、保護動物協會領導人士等等，而六宮一方是其追隨者或同志。如果天王星相位良好，六宮人將可獲得獨特的幫助，但若天王星相位不佳，則可能帶來很大的麻煩和風險，例如接受特殊治療的病人結果病得更嚴重，或參加示威的勞工結果被炒魷魚了等等。

這個位置很少發生在親密的關係中，因爲天王星一方基本上會逃避六宮人可能帶來的責任，但當雙方其他行星有太深的連繫時，使得雙方「必須」建立一個較深的關係時，雙方仍會有不少的困難要克服。基本上天王星仍然是不甘心不情願的。

海王星（6宮）：這個位置可能帶來很理想，或很不理想的工作關係。即使海王星相位良好，也最好是和六宮人在較有理想的工作環境合作，如醫院、療養院、教堂、戒護所、精神病院、心理復健中心等等和人類身心健康有關的工作場所。海王星這方將會以其犧牲、同情、大愛的精神做好工作。但如果海王星相位不佳，即使是在以上工作環境，或甚至是別的職業場所，海王星鐵定會讓六宮人頭痛。

尤其海王星是下屬時，六宮人將會發現海王星這方懶惰、逃避責任、心不在焉、經常請病假、工作沒效率、容易把事情搞砸等等。總而言之，海王星這方會是六宮人遇到的最差勁的下屬或同事，而同時海王星這方也覺得自己很可憐，因為六宮人太挑剔、吹毛求疵、沒有溫情等等。

在私人關係中，尤其在家庭成員中，如果海王星受剋，要特別小心，海王星一方千萬不要自做主張拿成藥或偏方給六宮一方服用，以免造成六宮一方的健康嚴重受損。

冥王星（6宮）：這個位置強調的是工作關係中的競爭、表現、效率。冥王星這方可能是上司，會對六宮下屬要求很多，但將採取激情利誘兼有的方式，而冥王星是下屬時，則會以敢死部隊般的熱情工作以贏得六宮上司的激賞，若雙方是同事時，則彼此會競爭激烈，以求贏過對方。如果冥王星相位良好，則努力工作的目標還可能和改善社會有關，但如相位不佳，則大家頭破血流爭取地不過是個人的地位、權力和財富。

這個位置常發生在和大醫院、大財團、政治、直銷公司、金融機構有關的工作場所。在私人關係中，當冥王星相位不佳時，冥王星一方將以自己對工作及健康的觀念嚴格要求六宮人遵守，造成居家生活的困擾，例如冥王星那一方是個嚴格的食素派的人、偏執潔癖者、工作狂等等。

我們相會於十宮的社會舞台

十宮，由魔羯星座和土星主管，代表個人的野心、事業、地位、權威、社會形象。十宮和六宮都和職業有關，但又有不同之處，十宮的職業較接近事業或志業，而且多半意味著身居重要位置的工作，但六宮的職業則多半是受雇，性質也以勞動或服務性的工作為主。

在人際的職業關係中，重要的十宮位置常意味著重要的社會參與，如政治、大企業、大公司等等。合諧的十宮相位，代表雙方或一方將因彼此的合作，而完成某些野心，並提昇了社會地位和權威。但不合諧的十宮相位，則代表雙方有可能是有力的敵對者，如政壇上或商場上的勁敵，彼此將大力杯葛對方達成某些目標，或想奪取對方的社會權威等等。

在私人關係中，重要的十宮關係，常意味著某人是對方人生的「貴人」或「小人」，也許是對彼此的工作和事業的影響，但也可能只是對彼此的社會形象有影響。我曾看過一個因婚外情而身敗名裂的男性，他的十宮內即有他情婦受剋的冥王星相位。

十宮是人和外在世界的關係也是人的「社會之家」，身分、地位、權威、社會形象都只是人爲了裝飾自己社會的家，令其更堅強，目的最終也不過是獲得自我肯定或安全感。但就四宮代表的家庭或「內心的家」，這兩個外在或內在的家都是人們不可或缺的，如果過份偏重任何一方，都會造成人生發展的不平衡。

有時過份發展的十宮人格，即代表非常空虛的內心的反彈。因此在觀察人際關係中的十宮關係時，同時也要看彼此或個人四宮的情況。

當行星落入他人的十宮中

太陽（10宮）：這個位置常發生在重要的事業或志業的人際關係中。太陽一方如果是較有成就或較有社會經驗的一方，將可幫助十宮人克服恐懼和限制，給予十宮人機會或協助十宮人完成他的野心和事業，而提昇了十宮人的社會地位及社會形象。

如果太陽的相位不佳，則十宮人則可能會對太陽的「權威」愛憎兼有，既希望對方幫助，又怕在對方的身影下顯得太過渺小。

在私人關係中，不管太陽一方是父母、子女、夫妻、兄弟姊妹、朋友等等，十宮人都會很看重太陽一方，而太陽一方也必定有些條件會讓十宮人覺得有面子，就像「以夫（妻）爲貴」的感覺。

月亮（10宮）：十宮人的事業或社會地位，將會影響月亮一方的家庭生活，和內心的安全感，這個位置常發生在家庭成員之間。如果十宮人是父母，月亮子女不僅會從十宮處得到實質的物質支援，像是願意負擔月亮一方的教育經費等等，同時十宮的社會地位也會造成月亮一方內心的滿足或不滿足。

當十宮人是丈夫或妻子時，將負擔起養家活口的主要責任，月亮則以照顧家庭爲主。這個位置在私人關係中並不見得有利，因爲彼此的關係太以社會性的功能及利益爲重，月亮一方的親人似乎只是把十宮人當成是保證月亮獲得社會安全感的「工具」或「媒介」，而缺乏較自然的情感，因此雙方的關係中必然存在某種暗藏的「冷漠」。這個關係反而適合職業性的關係，尤其雙方的工作和地產、傢俱、家用品、飲食有關時。

水星（10宮）：這個位置很適合雙方從事寫作、出版、大衆傳播、教育、旅遊等有關的工作，水星一方的想法及觀念可提供十宮人靈感以完成職業上的目標，而十宮人可幫助水星一方的想法找到實際的機構、組織支持，或爭取社會的認可。

但是如果水星相位不佳，則雙方可能對工作的想法很不一致，經常會意見不合而損及合作。在較親密的關係中，則代表雙方會花很多時間討論彼此的事業，給予彼此意見，有的工作夥伴或夫妻或辦公室情侶也許正有這樣的位置。

金星（10宮）：在職業關係中，這個位置較適合雙方從事和藝術、音樂、娛樂、公關、流行等和創造活動有關的工作，通常金星人會擁有某些才藝，是十宮人看重的，因此十宮人會給予金星一方工作機會，或因彼此合作而讓十宮的事業拓展，同時也讓金星一方的才藝顯現而獲得社會肯定。

在親密關係中，如果是夫妻或情侶，金星一方常是爲了十宮的社會地位、事業而願意結合，因爲金星的考慮有勢利的因素存在，所以雙方的關係將缺乏自然、溫暖的感情共鳴。如果金星相位不佳，則金星一方有可能是金屋藏「嬌」（或藏「面首」）的對象，而十宮必須提供豪奢的物質享受以滿足金星的虛榮心。

火星（10宮）：這個位置顯示了雙方頻繁的職業互動，若火星相位良好，雙方將激起彼此的鬪志，可共同完成艱難的工作。但若火星相位不佳，則彼此會把對方當成要打倒的工作對手，彼此變成職場敵人。

這個位置較常發生在和工程、政治、建築、軍隊、運動等有關的工作領域。通常火星一方是較有野心的，而十宮一方是較有社會地位的，火星需要十宮的提拔或想打倒十宮，而十宮需要火星效力或企圖壓制火星一方。

在私人關係中，十宮一方常是火星尊敬及看重的人，火星會鍥而不捨地想親近十宮，以求得事業的提昇或野心的完成，有時火星一方會以性爲釣餌，想冀望昇遷的職員勾引上司等等。當火星相位不佳時，有時雙方的互動會變成醜聞，而造成十宮人社會地位、形象的爭議。

木星（10宮）：所謂事業或生涯貴人，最貼切的定義莫過於當他人的木星相位良好時又落入你的十宮中。木星這方將爲十宮開展許多事業的大門，尤其當十宮的工作和出版、教育、法律、宗教、旅遊及社會公益有關，而十宮的表現也會爲木星一方得到社會的榮譽。

但當木星相位嚴重受剋時，木星可能對十宮人過份樂觀，或支持、鼓勵十宮從事冒險的職業規畫，反而造成十宮或雙方的損失。

在私人關係中，如果雙方亦有其他更深的感情牽連，則事業貴人也有可能是婚姻貴人，雙方能共享精神與物質的繁榮，但如木星嚴重受剋，則木星這方可能會因盲目熱情而後感到失望，也許十宮是一心想往上爬的員工娶了公司老闆的女兒（木星這方），但婚後卻無法在感情上對木星一方忠實。

土星（10宮）：如果土星相位良好，土星將以嚴格的紀律及勸奮的工作態度去督促十宮人更努力、更謹慎、更有毅力，而使得雙方的事業獲益。這個位置常發生在雙方有重要且長期的職業合作關係中，土星的責任感將是連繫雙方有力的支柱。但如果土星相位不佳，則土星一方可能會因嫉妒、恐懼而阻止或壓制十宮人的職業表現。或者土星人可能過份自私自利，導致和十宮人合作的不快。

在私人關係中，如土星相位良好，而雙方又有其他更深的情感的牽連，則這可位置可保證雙方的連誼（夫妻、親戚等）將會非常堅固，當然總有些現實的考慮，像土星一方會覺得十宮人是很「稱頭」、很「合適」、很「帶得出去」的伴侶等等。

當土星受剋，則雙方的感情則可能太「現實至上」，有時土星可能會爲了面子、利益、世俗價值而維持和十宮的關係。

天王星（10宮）：這個位置意謂著不尋常、奇特、變化很大的事業關係。天王星一方將對十宮的思想產生前進、革命性、不凡的影響，雙方的工作可能和電腦、政治、科學研究、神祕學有關。如果天王星相位良好，十宮一方將在天王星的創意及卓見的刺激下開展事業的新局，而獲得地位的提昇。但若天王星相位不佳，天王星的點子可能太不成熟、太冒險、太古怪而導致十宮事業的失敗。但不管天王星的作用是好是壞，雙方的合作關係絕不會太穩定，也不會是持久一成不變的，而是突然發生、突然結束、來來去去的事業關係。

在親密的關係中，基本上雙方會有種本質的不協調，尤其當十宮人的宮位中有較多的行星時，顯示出十宮人有其保守及功利的一面，和喜求改變、不拘世俗的天王星人很不相同。因此當天王星相位不佳時，天王星可能常批評十宮人，或因天王星的某些驚世駭俗的行爲而影響了十宮人的社會形象。

但若天王星相位良好，而雙方又有更深的情感聯繫時，雙方會努力把彼此的不同變成互補，天王星人會使十宮變得更自由派、有創意，而開拓了十宮人更寬廣的生涯空間。但是不管如何，雙方的關係（夫妻、父母、子女、情人等）絕對在世俗眼中是「不尋常的伴侶」。

海王星（10宮）：除非雙方的事業和藝術、音樂、電影、劇場、攝影、宗教、神祕學、慈善工作有關，否則雙方將不適合一起合作。

當海王星相位良好時，雙方將可在以上的工作領域合作無間，海王星一方將以其直觀及創造力引導十宮人發揮潛能。但當海王星相位不佳時，尤其雙方的工作和政治、商業有關時，海王星的不可靠、糊塗、沒原則卻可能造成十宮人事業或地位極大的損失。譬如說海王星發生性或金錢醜聞，而造成與其政治同盟的十宮人十分難堪，也影響了十宮人的聲望。

在親密的關係中，海王星一方常受惑於十宮的社會形象，因此往往有種不實在的期望，如海王星相位良好，則雙方的關係再不眞實但仍有明星（十宮）和崇拜者（海王星）

這樣的魅力維繫彼此的感情，但若海王星相位不佳，則過份失眞的幻想更容易導致彼此關係的困難，海王星一方將永遠像在跟人生舞台上的人生活在一起，彼此都沒有退場的機會。有時海王星相位特別不佳時，則要小心家庭的隱私成爲公衆的醜聞。

冥王星（10宮）這個位置常發生在重要的政治、商業、心理學或神祕學有關的工作關係中。冥王星一方具有特殊的魔力可影響、改變、改造、摧毀或重生十宮人的事業、地位及社會形象，至於是好還是好壞，則端賴冥王星的相位在雙方星圖中的優劣。但不管結果的壞，雙方的事業或工作關係都會對社會產生較大的影響，也容易引起公衆的矚目。

總之，冥王星將視十宮爲某種「資源」，以達成某些社會性的目標，而這個目標可能符合公益，也可能只爲了滿足冥王星的欲望。當冥王星相位不佳時，十宮人會厭惡冥王星的專利、高壓，但同時又很難躲避冥王星的催眠性控制力。

在私人關係中，冥王星有可能以性控制十宮人，當冥王星的嚴重受剋時，雙方的關係有時會扯上性或金錢醜聞，而摧殘了十宮的社會形象。但和海王星的醜聞不同之處在於，海王星的一方常是因一時糊塗而犯錯，但冥王星卻是明知不可爲但爲之，而海王星的醜聞常是不小心洩露，但冥王星卻是他人的偵查而被發現。

我們相會於三宮的心智交流

三宮，由雙子座和水星主管，代表了個人的心智、語言、溝通的性質，同時也涵蓋了大衆傳播，基本教育、左鄰右舍，兄弟姊妹、近親等關係。

人際來往中的三宮關係，通常會強調雙方有著頻繁的心智交流和語言互動，但和九宮高層的精神知識不同，三宮的心智較局限在日常生活經驗之中，譬如說交換對大衆媒介上刊載文章的心得、左鄰右舍的消息、家庭間的家常閒談等等。

在私人關係中，和諧的三宮關係會使彼此的來往有種兄弟姊妹的情誼，同時雙方會「很談得來」。但並不見得是宗教、哲學、文化的同道，雙方談得來的內容多是小道消息、市井雜談。

不合諧的三宮關係，則意謂著雙方不能輕鬆地家常寒喧，但並不代表雙方不能嚴肅地交換學術心得。但通常在較頻繁的人際溝通之中，就像大衆傳播的資訊一樣，很少是多麼深入嚴肅的，否則天天大道理，沒有人吃得消。

在職業關係中，三宮的牽連常發生在雙方共同涉入中小學、報紙、雜誌、電台、廣告、圖書館、郵局、交通單位等等處理人際網路、大衆資訊的工作。合諧的三宮，使雙方工作不致常常發生短路，但不合諧的位置，卻會使大衆的各種「交通」受阻。

三宮是輕鬆的、有趣的、容易接納的，因此三宮的關係建立了人與人之間較輕快自在的來往，就像大部份人天天會看報、聽廣播、看電視、卻未必看書一樣。但是，過度發展的三宮或不平衡的三宮關係，卻會使人生有時過於膚淺、空泛，就如像生活中充滿了八卦消息，而沒有哲理，因此適度的三宮關係有益休閒，但過度的三宮發展卻有損生命的提昇。例如台灣這幾年八卦盛行，即過度發展的負面三宮現象。

當行星落入他人的三宮中

太陽（3宮）：當太陽相位良好時，這個位置有利於雙方心智的溝通，尤其是和日常生活、大衆傳媒、常識、閒話、雜學有關的題目。三宮的一方能刺激太陽一方接觸更廣泛的心智興趣，而太陽的一方則常常鼓勵三宮更多加發表意見。

當水星相位不佳時，雙方的交談可能只是各說各話，或總是閒扯說些言不及義的話，彼此難以透過溝通建立互信。在私人關係中，這個相位如發生在父母子女之間時；則代表雙方的關係較像兄弟姊妹而非父母，如水星良好，這個相位有利於兄弟姊妹的互動，也幫助一般朋友的交往有著兄弟姊妹般的自在和熟悉感。

月亮（3宮）：當月亮相位良好時，雙方可以建立輕鬆和親密的情緒互動，尤其是和家庭事務、日常生活有關的事項時，三宮的一方能幫助月亮一方更了解自己和家庭之間的關係。即使雙方不是親人，月亮的一方也會把三宮人看成是延伸的家人，對其有著情緒上的依賴。但當月亮相位不佳時，月亮一方可能過份依賴，或讓自己的家庭問題增添三宮不少麻煩。在較親密的關係中，當月亮相位良好時，三宮人將以財務支持月亮一方的商業計畫，但若相位不佳，則要小心血本無歸。

水星（3宮）：雙方關係的重點在心智、語言、知識的溝通和學習，這是師生關係最好的位置。三宮一方恍如水星的資料庫，將幫助水星理解許多廣泛的知識，同時刺激水星一方多思考多學習，水星一方則會主動引發三宮的發表欲，不管是口頭亦或文字。雙方很適合從事和寫作、報紙、交通、傳媒等有關的工作。

如果水星相位不佳，雙方可能會「多言無益」，花太多時間聊個不停而延誤正事。在私人關係中，這個位置並不強調情緒、情感的互動，而以知性的成長為最主要的目的。

金星（3宮）：這個位置顯示了雙方的心智交流中交織了較多的情感，但並非男女之情，而是相似的性情和品味。雙方能透過傳媒分享彼此對詩、小說、藝術的感受，通常三宮一方能帶給金星一方較深的見解，刺激金星一方的心智，而金星一方則會鼓勵三宮一方多和人們溝通，拓展三宮的社交層面。

當金星相位良好時，雙方很能享受彼此爲伴的樂趣，適合一塊兒短程旅行，有時雙方的來往中還會包括彼此的兄弟姊妹或堂表親。

若金星相位不佳，則彼此可能變成「三姑六婆」式的朋友，成天交換八卦新聞。在較親密的兩性關係中，金星在這個位置，顯示了雙方的感情中有較「輕喜劇」的成份，彼此並不喜歡太如火如荼的戀愛。

火星（3宮）：當火星相位好時，雙方將分享極快速的與富活力的心智溝通，雙方往往會有一見面就聊個不停，越說越快而停不來的感覺，直到彼此筋疲力盡。雙方很適合一起做談話秀的工作，或和雜誌、報紙、電視、電話等有關的工作。如果火星相位不佳，雙方很容易意見相左，但偏偏又抬槓，往往一見面就爭論個不停，像是永不休息的辯論對手。因此若雙方是親密愛人或家庭成員時，家中也會經常出現意見不合的火爆場面。當火星嚴重受剋時，雙方要特別小心在開車時千萬別爭執，以免出意外，或者雙方要小心簽訂契約，以免釀成爭端。

木星（3宮）：這個位置十分有利於雙方的日常來往、會話、交換心得和分享雜學。

通常三宮的一方能讓木星一方增廣見聞，提供更多更深的文化的、教育的、心靈的知識和見解。而木星一方則會鼓勵三宮踴躍發表意見，或鼓勵三宮一方從事教學、演講、寫作、出版的工作。雙方的來往中必定包含了書本、電話、電視、短程長程旅行等等事物。

這個位置十分有利兄弟姊妹的關係或其他親密來往，彼此之間會產生親人式的友誼，尤其是三宮一方對木星很有幫助，當木星心情不好時找三宮談談，往往能從三宮處得到安慰、鼓舞和指導。當木星相位不佳時，木星可能會將一切視爲理所當然，而不懂得回饋。

土星（3宮）：當土星相位良好時，雙方的關係往往牽涉到職業上「認眞而嚴肅」的心智溝通，雙方的工作往往和傳播、教學、交通、郵購、電視等有關，我就看過幾位在傳播界當教授彼此有這樣的位置。通常土星一方會鼓勵三宮養成更有紀律的研究、寫作、工作的習慣，並將知識及想法實用化，而三宮則可能提供土星一方實際的幫助，如幫其安排教職、演說機會等等。

當土星相位不佳時，土星一方會覺得和三宮一方在學術上不能溝通，而三宮會覺得土星一方的觀念狹隘、僵化而且過份功利。在較親密的兩性關係中，如土星相位良好，雙方可能經常交換深刻的知識，彼此絕不愛泛泛之談，但如土星相位不佳，則常常是「話不投機半句多」。

天王星（3宮）：當天王星相位良好時，雙方的心智溝通常和高科技、新發明有關，在職業領域中，雙方可能共同從事衛星通訊、有線電線、電腦工業、網路生意、占星學等有關的工作，通常新創意、新作風、新思潮將是雙方心智活動的重點。天王星一方將扮演「點子帶頭軍」的角色。但當天王星相位不佳時，天王星的點子也會不大靈光，常常成事不足、敗事有餘。

在私人關係中，若天王星相位良好，天王星將帶給三宮許多不凡的見解、朋友、活動，豐富三宮人的生活，但若相位不佳時，則要小心天王星安排的旅行、活動、想法，可能會帶給三宮意料不到的麻煩。有時嚴重受剋的天王星相位在此，可能顯示出和兄弟姊妹、鄰居之間奇怪和不幸的關係。

海王星（3宮）：當雙方的星圖中都顯示了對心理學、神祕學、藝術、宗教等共通的興趣。海王星在此的位置，能加強雙方分享精神的互動，對彼此的靈性成長都有幫助。但在一般的職業關係中，海王星在此的位置並不有利，因爲海王星關心的是非世俗的層面，而三宮則以世俗實務爲主，海王星一方的糊塗、心不在焉、健忘可能會帶給三宮不少會計、通訊、交通、傳媒、短程旅遊等等的麻煩。

在私人關係中，如果海王星嚴重受剋，則會對三宮的心理及日常生活產生很大的困擾，我就看過一個得了健忘症的父親的受剋海王星剛好落在兒子的三宮裡。有時，三宮一方也要特別小心和海王星的合約關係，我也看過一個妹妹替姊姊做保被連累，而姊姊的受剋海王星正落入妹妹的三宮。

冥王星（3宮）：在職業關係中，當冥王星相位良好時，雙方可能共同從事探索日常經驗中較奧祕深刻的知識，譬如說像經濟學、生物學、物理學、數學、醫學等有關的工作，冥王星一方卓越和深刻的見解將帶給三宮許多啓示。但如冥王星相位不佳，冥王星扭曲的知識卻可能帶來災難，如原子彈、複製胚胎、股市大崩盤等等，而影響到人們的日常生活。

在一般的人際關係中，如果冥王星相位良好，將影響三宮人改進及改善其日

譬如說減少看電視的時間，增進語言的技巧。如果冥王星相位不佳，則冥

宮人的日常生活，有時會影響到三宮人和鄰里親友的關係等等。我看

導因即是妻子從中挑撥，而妻子的受剋冥王星正不偏不倚落入丈

常活動，
主星會控制三
適一對兄弟失和，
夫的三宮內。

我們相會於九宮的心智昇華

九宮，由人馬星座和木星主管，代表了人對更高層更寬廣的知識及精神的追求，因此涵蓋了高等教育、文化、宗教、哲學、倫理、外國事務等人生領域。

在私人關係中，合諧的九宮位置可能代表了雙方對旅行、外國語言、文化有著共通的愛好，也可能代表了雙方對宗教、哲學有著互相了解的興趣。總而言之，雙方都會有種生命之旅或精神之旅的同伴或同道的情誼，因此雙方的關係往往可以開拓彼此發展更開闊及更高深的知識和精神的本能。

但不合諧的九宮相位，則代表雙方「高層意識」的落差很大，彼此也許仍是關係不錯的情侶、夫婦或家人等等，但心靈深處總是會有所隔閡。凡是較深的人生思考即無法分享，因此總是難免會有種精神的疏離感。

在職業關係中，雙方的工作常常和大學、教會、佛院、大使館、文化中心、國際貿易、書籍出版、論文研討會、宗教出版社等有關，合諧的九宮位置，意味著雙方從事這樣的工作可讓彼此得到精神及物質的雙重好處。但不合諧的九宮位置，則可能意味著雙方隸屬於不同教派、不同學派、不同門派、不同文化、不同國籍，彼此因精神無法交流及價值觀的不同而引發衝突及對抗。

人與人之間，可能因合諧的九宮，產生了精神的共鳴，讓我們覺得生命不再是孤島，我們終於意識到我們和懂得我們的人都有著洲際相連。但不合諧的九宮，有時卻引發了宗教戰爭、宗教審判或「倫理殺人」（如處死姦夫淫婦）等不幸。

了解人際關係的相容法，最大的意義不是在找出誰和我們是合諧的，而是了解人與人之間的不合諧乃是宇宙多樣力量的顯相，幫助我們了解他人不同的價值，但根本沒有誰是誰非的問題，了解眞正的九宮之道，就是要有「容忍的精神」。

當行星落入他人的九宮中

太陽（9宮）：當太陽相位良好時，雙方可分享對哲學、宗教、倫理、法律、文化、高等教育、異國事物及長程旅行的知識及了解尤其有利於師生關係，雙方的關係建立在知性的溝通之上，九宮人擁有某些資料將是太陽一方極力想挖掘出來的，而太陽一方也很容易喚起九宮人的共鳴。當但太陽相位不佳時，太陽一方可能會以權威的態度「說服」九宮人接受其個人的哲學觀、宗教觀等等，而引起九宮人的不滿。

我曾看過一個例子，即妻子一直軟硬兼施地要丈夫和她歸依同一宗教，妻子受剋的太陽即在丈夫的九宮中。在親密關係中，雙方的情誼中必定充滿了點各種靈性、知性的交流，當太陽位好時，雙方會有種「精神同道」之感。

月亮（9宮）：雙方對宗教、哲學、倫理、法律、文化等等的看法，將受彼此的家庭背景及成長環境很大的影響如果月亮相位合諧，雙方將很能同意及接納對方。反之，雙方相處將經常有情緒上的摩擦及困擾。如果雙方意見不同，通常九宮一方採取的會是比較知性的態度，但月亮卻會感情用事，覺得對方如果意見不一致即代表不喜歡他等等。

這個位置常發生在家庭成員或和家庭有深厚關聯的友人之間，彼此討論宗教、哲學、倫理等話題經常和家庭活動交織在一塊，或彼此常常有一塊出遊的機會，或一起分享教育、文化的活動。如月亮相位良好，雙方的情誼將有較高的精神交流，尤其月亮一方會對九宮有種崇拜之情，覺得九宮人代表了他們較崇高理想的原型，但如果月亮相位不佳，月亮人反而會因此感到自卑、渺小，變得不敢親近九宮人以保護脆弱的自我。

水星（9宮）：這個位置較常發生師生、師徒、領隊團員、律師客戶等等人際關係之間，雙方分享、溝通、學習和宗教、文化、法律、哲學、高等教育、異國旅遊等知識，將是彼此關係的重點。通常九宮一方扮演的是開拓者、領導者、教育者的角色，增進水星一方對以上主題的了解。當水星相位良好時，水星較能了解及接納九宮一方的觀點，而建立知性的互動與聯繫，但如水星相位不佳，雙方的知性交流卻常常短路，水星一方會覺得學不到東西，而九宮也覺得水星一方不是好學生等等。

金星（9宮）：通常雙方會有相似的美學和文化的品味，對娛樂及社交活動的愛好也頗一致，因此能一起分享對書本、音樂、藝術、哲學、宗教的愛好和興趣，金星一方尤其會喜歡和九宮一方做伴一起參加以上的活動，而九宮一方也樂於指導、推薦金星一方更豐富其鑑賞的品味。

有時，雙方也可能都是熱愛異國旅遊、大小動物或各種戶外運動的「天生玩家」，彼此都視生命為不斷經歷新事物的旅程，雙方的基本人生觀和態度都是希望活得自由、豐富及精采。但如果金星受剋，雙方則可能玩得太兇而變成「滾石不生苔」。

在親密關係中，不管相位好壞，雙方相處都能帶給彼此很大的樂趣，基本上是很令雙方滿意及振奮的關係。但金星若受剋太重時，雙方則有可能會有「今朝有酒今朝醉」的人生哲學。我認識一對夫婦，永遠不存錢，但很會享受生命，令人又羨慕又捏一把冷汗，他們彼此的金星都在對方九宮中。

火星（9宮）：雙方將不只是分享對宗教、哲學、倫理、法律的知識，而是以參與和這些事物有關的活動爲主。如果火星相位良好，雙方可能是積極的教會兄弟姊妹、隸屬於同一哲學門派的信仰者、律師事務所的同仁等等，彼此都會互相鼓勵對方更狂熱投入工作。但如火星相位不佳，則這些人可能經常因觀念不同而產生爭執及對抗，在火星嚴重受剋的情況下，可能引發像十字軍聖戰、宗教審判、法庭喋血等等嚴重的衝突。

有時，受剋嚴重地火星，也可能因火星的衝動、魯莽而導致九宮人的交通意外。在私人關係中如火星相位不佳，這個相位有時會使雙方產生如運動員相互競賽式的性關係，場面激烈，但卻缺少溫情，但在較正常的火星作用下，雙方將是很好的運動同伴、旅伴或玩伴。

木星（9宮）：當木星相位良好時，雙方將可分享很有收穫、很鼓舞人心、很令人滿意的精神交流，雙方是天生的「道友」，彼此對宗教、哲學、文化、倫理、法律有著相似的觀念和價值。木星一方遇到九宮人就會不由得滔滔不絕發表高論，而九宮人會扮演耐心又知心的聽衆。彼此的關係將以靈性和精神的成長爲主要目標。雙方也可以是很好的異國旅行的遊伴，也適合一起從事和宗教、哲學有關的出版、藝術研究工作。但如果木星受剋，雙方將會像一對囚禁在知識象牙塔中的同伴，木星的高談闊論往往陳義過高或太過空泛，而讓彼此迷失在精神的迷宮中。

土星（9宮）：如土星相位良好，雙方和宗教、哲學、法律、文化、旅行的關係將不只是愛好、興趣、活動，而是以「工作」和「職業」爲主。雙方可能一起開律師事務所、創立教會、管理寺院、投資出版社、經營旅行社等等。雙方的交流多半和職業、工作有關，絕不會純清淡，會只爲歡樂等等。

但如果土星相位不佳，雙方的工作關係必定會有所障礙及麻煩，如九宮人認爲土星一方太保守、太功利主義、太吝嗇等等，而土星人認爲九宮不夠謹慎、太過先進。在私人關係中，土星一方常扮演九宮人的老師或上師，給予其有實際作用的精神指導，但並非強調靈性的領悟，雙方的關係中必有些「功利性」，因此並不會產生自然溫暖的情誼。

天王星（9宮）：當天王星相位良好時，天王星一方將帶給九宮較富前瞻性、革命性、先趨性的哲學、宗教、倫理、法律、文化的觀念，擴大九宮人的精神視野，或帶領九宮人去開拓更豐富的世界和生活的視野。例如搭引或伴隨他們去遙遠的異國、接觸不同的文化等等。

如果因爲天王星的相位不佳，則天王星的觀念可能會震驚較保守的九宮人，或天王星的想法並不合時宜或太前衛，反而造成九宮人的不安，或天王星突然取消，改變旅遊計畫，使九宮人不快或沮喪。

在較親密的關係中，好的天王星相位，會讓天王星一方很容易也很願意向九宮人吐露自己靈性的渴求，雙方的情感將有種精神同盟之感，但當天王星相位不佳時，雙方靈性之路似乎也並不協調。

海王星（9宮）：如海王星相位良好，雙方的精神交流將結合音樂、藝術和宗教、文化、旅遊等事物，譬如雙方能透過宗教音樂、文物、建築、雕刻、或宗教之旅（例如去西藏、印度、耶路撒冷等），一起分享對美、靈性、精神成長的追求與領悟。但如海王星相位不佳，雙方對彼此高層的精神活動將存有誤解與不信任。譬如說較富邏輯觀念的九宮人覺得海王星太迷信，只知唸經敲木魚、供奉佛教文物，卻不好好理解佛教經典的眞義。或者海王星覺得九宮人缺乏較深刻的靈性領悟，只知遵循社會文化、宗教、法律、倫理的制約。

在私人關係中，受剋的海王星相位，常使雙方常有彼此格格不入的感覺，總覺得另一方是異端，無從了解，因此當然無法建立和諧的精神交流。

冥王星（9宮）：這個位置意味著雙方都對自我改善及改造既有的宗教、文化、倫理、哲學、教育制度有著很強的熱情。如果雙方都是靈性開發較高的人，則彼此都很關心生死學輪迴學等奧祕知識系統。同時，雙方也都有可能是較醉心於外國宗教、文化、哲學、教育的人，雙方可能共同合作將外國的精神文化引進本國內，以企圖影響改造原有的本土系統。

如果冥王星相位良好，雙方的合作將對社會產生巨大而意義深遠的影響。如創立外國的宗教、哲學門派或引進外國的法律制度等。但如果冥王星相位不佳，則雙方將共同面對原有勢力的強力抵抗。在親密的關係中，這個位置常代表雙方分享著某種特殊的「精神使命」，或雙方因另一方的「精神使命」而有激烈地信仰衝突。

我們相會於十二宮的心靈感應

十二宮，由雙魚星座和海王星主管，代表了個人或人類集體的潛意識、夢境、幻想、祕密。因此也涵蓋了像靈異、神話、心理學等知識領域，或監獄、修道院、療養院、庇護所、精神病院等機構。

在私人交往中，十二宮的關係總有些祕密、不欲人知的性質，因此可能是幽會、偷情、暗戀的關係，也可能是保密的關係，像替好友保密之類的事。如果雙方的十二宮相位是合諧的，雙方經常會有「靈犀一點通」的了解，彼此能心電感應，也可以共同分享對靈界、神祕學、心理學的了解和興趣。但不合諧的十二宮相位，卻會讓彼此相處有著「精神上芒刺在背」的感覺。

有的時候十二宮的關係意味著雙方有著前世糾纏不清的宿命緣份，今生必須償還。但是，由於十二宮是潛意識之宮，雙方的關係有時連對彼此都是解不開的謎，因此雙方可能備受苦惱，卻一直不知道源頭為何。因此，不少人對十二宮的人際關係往往要訴諸心理學、占星學、宗教的智慧才能理解。

在職業交往中，十二宮的關係可能發生在心理醫生、病人、監獄看守、囚犯、宗教上師信衆之間。通常十二宮的關係中，總有一方是特別地無助、脆弱及容易被操縱，因此不合諧的十二宮關係往往會造成本來就軟弱的一方更加軟弱、無能、而讓另一方有機可趁。也因此造下另一個輪迴的惡果。因此，若要避開十二宮無明的輪迴業報，當事人要悲智雙修才行。

當行星落入他人的十二宮中

太陽（12宮）：當太陽相位良好，十二宮的一方將以其獨特的直觀和神祕的靈感引導太陽一方增進對自我潛意識的覺察，雙方可分享對神祕學的諸多興趣，譬如像超覺靜坐、瑜伽、超心理學、心靈感應等等。而太陽一方會鼓勵十二宮的人走出心靈的暗室，多和外界接觸及將潛能表現於外。但如果太陽相位不佳，則雙方會產生潛意識的心理不安，尤以十二宮一方將特別受到困擾。

在親密的關係中，這個位置常意味著彼此有某些「業報」未淸，雙方都會對彼此有著心靈相通的感覺，如太陽相位嚴重受剋，則雙方可能會帶給彼此某些不幸。這個位置尤其容易發生在婚外情、偷情、暗戀等等的情感關係中，因爲太陽一方不能見天日，因此代表雙方的關係常常是必須隱藏起來的。

月亮（12宮）：雙方的心靈相通並不只限於潛意識的對話，彼此對雙方的情緒、感覺、心情都有很強的感受力。因此，當月亮相位好時，雙方將分享只有很深的同情、憐惜、體恤的關係，但當月亮相位受剋時，則雙方可能會過度地濫情，強化彼此脆弱和自毀性的一面。

在親密的關係中，這個位置常意味著雙方的財務關聯，如月亮受剋，則要小心財務的糾紛，同時雙方的關係中也會夾雜著自欺與欺人，但和太陽的位置不同在於雙方欺騙的對象並不是外界或他人，而是彼此。尤其是彼此不敢向對方公開自己眞正的感覺和情緒，而導致雙方關係的互不信任和困惑。

水星（12宮）：當水星相位良好時，雙方很適合一起從事開發潛意識、研究超心理學、探討夢境意義等工作，雙方將可刺激彼此的心智變得更有想像力、更有創造力，尤其是十二宮的一方將引領水星一方進入較深的心智領域。

有時，雙方敏感的心智將會一起用在神祕的音樂、電影、攝影等領域的工作。但當水星相位不佳時，雙方對潛意識的探討可能會陷得太深而難以自拔，變成「精神的嗑藥行為」，使得雙方喪失現實感，加強彼此逃避、虛無、散漫、恍惚的生活傾向。在親密的關係中，當水星受剋時，可能代表雙方可能產生性的不協調，起因於十二宮人對水星若有若無的批評、檢查所導致的冷感。

金星（12宮）：雙方經常對藝術、音樂、電影、心理學、神祕學等有著共同的愛好和品味，雙方很能分享彼此的直觀和靈感，常常是不需要對談太多，即可下意識地就知道對方的感受。但由於金星在十二宮的位置，傾向於隱藏，因此即使雙方都心有靈犀一點通，但卻很少會公開表現出來。

在較親密的關係中，這個位置顯示了雙方傾向於隱藏對彼此的感情，因此很難發展出真正具體的關係，因此常發生在暗戀或偷情的關係之中，也因此造成雙方的不自在。當金星受剋時，雙方的關係常常是表裡不一，兩個人表面裝得若無其事，但心裡都在想對方真正的意圖。

火星（12宮）：雙方的關係將以幕後、秘密的活動為主。如火星相位良好，雙方很適合一起從事和療養院、庇護所、監獄、修道院等有關的工作，但如火星相位不佳，雙方在以上地方的工作將會產生很大的麻煩。

在私人關係中，火星的一方常會激起十二宮一方下意識的一些反應，當火星相位不佳時，十二宮人會對火星人有不知所以的反感，可能視其為祕密的敵人。在較親密的關係中，有時這個位置會引發雙方發生「莫名其妙」的性關係，通常出於火星的主動，但十二宮一方往往事後會懊惱萬分。如果火星嚴重受剋，也可能代表有一方會變得「無能」。

木星（12宮）：當木星相位良好時，木星的一方將會很自然地想幫助十二宮的一方解決生活、心理或任何的問題，就好像十二宮人會激起他們「想做好事」的潛意識願望。如果配合良好，雙方很適合一起從事和慈善、文教基金會、公益團體等有關的工作。但當木星的相位不佳時，則十二宮人可能會覺得木星的「好意」並不讓人領情，反而有點多管閒事之感，或者是木星一方只是喜歡口頭承諾，但從不付諸行動，讓十二宮覺得木星一方虛情假意。

在較親密的關係中，如果木星相位良好，則可能暗示了十二宮人前世種了什麼善因，這一世要由木星一方給予一些善果。

土星（12宮）：這個位置有可能意味著重要的工作和職業關係，而雙方的活動將會有種祕密、不為人知、身居幕後的性質。雙方可能從事和情報局、偵探、監獄、調查局、祕密研究機構等有關的工作，如土星相位不佳時，則這類工作將可能產生不幸的事件或結果。

在私人關係中，這個位置常代表彼此有深厚的宿命緣份，經常是土星一方會覺得對十二宮有所「欠債」，因此很自然地在十二宮人前就會鬆懈心防，心甘情願任其擺佈。如果土星相位良好，則土星可能提供十二宮物質和世俗的幫助，讓十二宮完成一些宗教、靈性、藝術的夢想。但如土星相位不佳時，十二宮人可能成爲土星人十分沉重的負擔，造成土星人的悲觀與沮喪。

天王星（12宮）：當天王星相位良好時，雙方將產生非常不尋常的關係，十二宮一方將幫助天王星人開拓各種潛意識及潛能（如打通任督二脈、開啓第三眼等等），或介紹天王星人獲得某些神秘學、超心理學的特殊心得。雙方如合作從事和玄學、神秘學、超科學、心理學等工作，將獲致不凡的成果。但如天王星相位受剋，則要特別小心任何「怪力亂神」之事，以免引起天王星人精神的不安及崩潰。

在親密關係中，這個位置意味著彼此之間存有一些「不尋常」的緣份，通常是兩個人之間根本沒有什麼共同點，很難湊成一對，但雙方之間卻有種神祕相吸又相斥的力量，讓彼此忍不住親近卻又不安。如果天王星相位還不錯，雙方或許會從「短暫」的邂逅或結合中，得到對生命神祕的體會，但當天王星受剋時，雙方的關係一定會惹來麻煩。

這個位置有時會發生在不合人倫的情感關係中。我就看過一個堂弟的受剋天王星即落在和他相戀的堂姊的十二宮之中。

海王星（12宮）：海王星在十二宮，就如同出生在淡水溪流的鮭魚第一次回到了大海。當海王星相位良好時，十二宮人就像大海一樣象徵了豐富的生命之源，能啓發海王星人對藝術、音樂、心理學、神祕學更深的了解。但當海王星相位不佳時，十二宮人就像到處潛藏危險殺機的陌生大海，隨時可能讓十二宮人毀滅。

在親密的關係中，這個位置代表了雙方有種特別的神祕的緣份，十二宮人似乎有種難以乏其抵抗的魅力讓海王星人願意被操縱。當海王星相位良好時，海王星一方會經驗極深的情感的迷醉和痴狂，雖不眞實，但仍然美得難以言傳，如果海王星一方有藝術天份，對其絕對有幫助。但如海王星受剋，則彼此的感情將如對海王星人的懲罰一樣，讓其受苦不已，更可能引發海王星一方墮落、逃避、毀滅的傾向，我看過一個風塵女郎受剋的海王星落入她的保鑣的第十二宮中，她瘋狂地愛著這個拿她的錢、用毒品控制她的男人。

冥王星（12宮）：如果雙方靈性演化的程度很高，這個位置可能引發重要的深層心理學、超心理學、祕教、輪迴研究、瀕死經驗研究（NDE）等工作關係。冥王星一方將特別有種驅策力想要發掘出十二宮人的潛意識並加以改造。

許多心理分析專家或占卜解夢、算命者的冥王星就可能落在客戶的十二宮內。如果冥王星相位良好，是可能幫助十二宮人增進自我覺察力，令其產生深層心理的轉化，但如果冥王星相位不佳，則反而可能引發十二宮人精神的不安與恐慌。

在私人關係中，不佳的冥王星相位，常讓十二宮人覺得冥王星人想對其洗腦，令十二宮人恐懼又憎恨。當冥王星嚴重受剋時，雙方最好不要捲入和通靈有關的活動，以免引發十二宮人精神失常的現象。

part 4

★我們今生如此相遇：實例研究

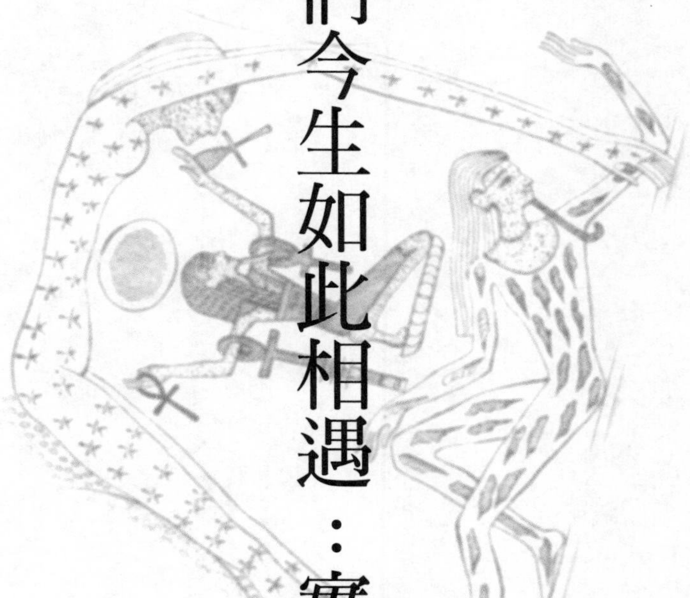

周玉蔻和黃義交「兩情相怨」緋聞事件

不輸柯林頓的台灣版「性、謊言、政治」桃色事件，由於兩位當事人周玉蔻和黃義交的名人身份，八卦新聞鬧得幾乎是馬路皆知，號稱台灣歷年來最轟動的政治緋聞。

英國人有句老生常談：「性及政治所到之處，充滿謊言」，拿這句話來看這件事，倒眞佩服老於世故的不列顚民族的先見之明。由於兩位當事人彼此公然翻臉，互相指責對方所言不實居多，讀者只能兵分各路，敢公然相信黃義交者寥寥無幾，完全相信周玉蔻的也多所保留，有主持正義爲周聲援者，但亦有冷眼旁觀看笑話者。

所謂「情場開戰無勝方」，黃義交面對排山倒海而來的周玉蔻的「道德質疑」，必須退一步摘掉省府發言人的媒體光圈，轉任幕後行政工作以韜光養晦，誰知「後帳未清，前帳又起」，匿名的「寶寶日記」卻再擊中仍在馬上搖搖欲墜的黃義交，終於使他跌落地下，黯然辭職離開政治是非圈。表面上，周玉蔻達成了心願，但對於自認是受害者的她，會在乎這樣的勝利嗎？

政治人物鬧緋聞的，國內國外皆不乏其人，但像黃義交這樣「不堪一擊」的其實只佔少數，關鍵即在於「官大官小」。在華府因召妓透露國家機密的莫理斯匆匆下台，但柯林頓的性醜聞鬧翻了天也一時無人能辦他，黃義交的工作完全要靠主子賞臉，但當主子都覺得面子不保時，自然只有劃分界線。

黃義交當然不是柯林頓，女人除了指控他是愛情騙子之外，倒沒人說他會性騷擾、性饑渴以及經常在政府辦公室內不幹正事。相反地從周玉蔻和寶寶口中所說，黃義交倒算得上是浪漫的多情人。（多情反成無情人？）懂得送花送禮、燭光晚餐、月下夜遊等等，而最重要的，也是黃義交最要命的，就是他會讓不少女人以為他是玩眞的。青春少女也許會怕情場玩家，但對於同樣情場歷練不算太嫩的周玉蔻而言，這回會翻大臉，大概是因為眞的傷透了心，而女人只有眞正愛過，也以為男人眞的愛她的，才會在發現眞相時不惜兩敗俱傷。

觀衆愛看戲，也愛評戲、評角色，黃義交、周玉蔻事件評戲的人不少；那一陣子從頭條新聞到讀者投書，不少人都花了不少心力參與這場台灣八卦新聞大廟會。但是，看「眞人眞事」的戲經常疑竇叢生，因為沒有統一的編劇、導演現身，許多不同的版本常讓觀衆看得一頭霧水，而當事人自己也未必清楚自己倒底在「演什麼樣的角色？」「為什麼非要這麼演?」

不管新聞怎麼登,占星學家總是不免根據當事人的出生資料去尋找占星學的「故事版本」,這樣的版本必須根據占星理論,而不是占星學家個人的臆測,至於「準不準」,其實當事人心裡會最清楚。但是,準不準並不是最重要的問題,因爲占星臆測不是賽馬跑狗,算對了也不能贏點錢,占星學眞正關心的是「準不準」之餘,我們是否對人生會有新的態度、新的反省?如果人事人情均有所準則,那麼我們應該再思考天理與人欲的關係,所謂「去人欲、存天理」絕不是過時的先聖先哲之言。

從黃義交的個人星圖來看,目前發生這些情感糾紛其實早就沸沸揚揚了。占星學家面對每個星圖,都不免會有所同情,因爲「他們並不知道他們做了什麼」,任何人所謂的犯錯,一定有其道理所在。從占星學或天道的立場,一切都可以寬恕,但人類既已降臨世間,人世的道德、法律、是非的評斷就不能避免,靈魂不能對抗人間準則,只能從中學習昇華。

黃義交有個很不幸的第四宮,逆行的海王星、土星都受剋落於此,任何一本占星書都會說他和父母無緣,最嚴重的情況就是很早就會喪失父母。但四宮也代表一個人的內心之家,父母的喪失也宣告了現實的家中沒有人能提供他足夠的安全感及愛,因此導致他內心之家的貧乏、憂鬱和沒有安全感。(土星的力量是限制、悲觀、憂鬱,海王星是幻滅、悲傷、迷惑）。這樣的兩顆逆行的凶星，竟然同在四宮又分別和十宮的金星、火星成了對相（180度），造成了非常錯綜複雜的四宮對立十宮，土星同時對立金星、火星，海王星也同時對立火星金星的現象。

黃義交四宮海王星在天秤23度，和十宮的火星牡羊24度、金星29度分別形成對相（180度），對相的力量常是一方過度發展或相互妨礙（但也可能是互補，但因有逆行現象，會阻礙較平衡力量的出現）。海王星火星的對相、又牽扯到四宮十宮，則代表黃義交會將他對自己家庭（四宮）的失望、幻滅轉成對社會的家、地位、身份（十宮）的欲望、野心的追求。又因爲火星在牡羊，因此他會力爭上游、獲得社會之家的肯定。

他的努力絕對是不落人後、勇敢積極的，但火星本身也和性欲的活動有關，又落在牡羊座，更加強了性的衝動及冒險性質。再和海王星成對相，代表當事人很容易在性欲追求中身不由己及意亂情迷。

海王星會激起沒有邊界、沒有束縛、虛幻迷離、不分你我的渴望，當事人有時會藉著與他人性的結合，去達成暫時的人我合一的出神狀態。海王星火星對相所引發的性上癮現象是所有相位中最強烈的（反而海王星火星合相有時會變成對「禁欲」上癮）。黃義交的對相誤差只有一度，再加上他的太陽星座是雙魚座（由海王星主管），更加強了他的海王星火星對相的力量。

黃義交性上癮的問題，正是這次緋聞案的重點，他經常同時追求不只一位的女友，但海王星火星造成的性上癮並不容易得到滿足，因爲他們要的是一種靈魂重回子宮狀態的滿足。藉由性找回生命源頭的溫暖、保護和安全，這樣的夢想當然很容易帶來幻滅（海王星）。但就像飛蛾撲火一樣，幻滅的海王星愛人，永遠控制不住自己而一再去尋找每一個溫暖的肉體。

除了海王星火星對相外，黃義交的海王星也和金星對相（金星在牡羊29度，和海王星形成6度誤差的對相），使得除了性上癮外，黃義交還有愛上癮的問題。其實性上癮比較好辦，如果不牽涉道德問題，當事人或許比較可能用「買性」來解決，或者成爲一夜風流的「性玩家」，但是，黃義交要的不只是性，還要愛，尤其是愛的幻想。

海王星金星的對相是最愛活在戀愛中或活在「戀愛的幻想」之中的人（合相、衝突相也會），再加上黃義交的金星在衝動的牡羊座，使得他很容易一見鍾情。海王星對相及他的太陽雙魚座，又加強了他浪漫、不實際、愛做夢的傾向。

性上癮加上愛上癮，這樣的人不出問題是很不可能的，偏偏黃義交的性和愛的追求，又因火星和金星都落在十宮，因此木和他的事業、身分、地位脫不了關係。他工作得越有勁時（火星十宮），也常常是越性欲高漲時，同時他在社會上越出名時（金星十宮），也常常是私人感情上最左右逢源之時。而這種交織著私人性愛的欲望及社會競爭成功的欲望，其實都是在補償黃義交內心的空虛及悲傷，他四宮內的海王星一直呼喚著十宮內的金星和火星，「去找更多的愛人吧！」

海王星童年的失落使他充滿了愛的饑渴，但不管多少愛人或多受社會的歡迎，海王星還是個無法眞正滿足的沙漠旅人，愛人或社會名聲都只是旅途中偶然出現的綠洲，一頓甘霖之後往往卻是更長途跋涉的沙漠饑渴。

由於金星火星在十宮的會相，使得黃義交很有女人緣，也很有社會緣。男人不是誰想成爲愛情騙子都可以做成，往往還要有很多條件，黃義交的條件絕對是一流的，金火合相，使他絕不會是冷漠的愛人，他天生是激情的愛人。尤其他的金星和冥王星又成了一百二十度的合諧相，使他的情感中有種專注和熱情的特質，很難讓人抵抗得了。同時火星又和冥王星成一百二十度的合諧相，成他的性魅力中充滿了活力。

如果沒有四宮和金火星對相的海王星和土星，光有著三宮內的冥王星和十宮內金火星的和諧相，其實顯現的正是緋聞案爆發前的黃義交的社會形象。三宮可代表大衆媒介，這個相位也說明黃義交的社會活動、知名度和大衆媒介很有關，而他也確實了解如何運作媒體（冥王星在三宮）。

因此我們可以說三宮（媒體）造就了黃義交的高知名度及和女人的緣份（他的女朋友不少都是媒體人），但他不爲一般人所知的四宮（內心）的陰影卻毀了他。

本文寫畢後，據聞黃義交要當電視節目主持人，也十分符合他三宮冥王星和十宮金火和諧的現象，他絕對有做媒體人成功的條件。黃義交的四宮內除了海王星外，還有土星天秤26度，分別和十宮的金星火星成了對相（180度），這是另一面較不為人知的黃義交。土星和金星的對相，使得黃義交在感情方面也有過份功利、現實、精打細算的傾向，但也意味著感情的失落及悲觀。土星和火星的對相，則表示欲望的受挫及限制。由於金火星在十宮，因此這兩個相位同時代表了在私人感情和性的追求中，黃義交也常常受現實所挫，他一定會忍過很多次感情不能完成及欲望沒有出路的痛苦，也必須接受在社會事業上名聲及活動的受阻與磨難。

黃義交緋聞案的爆發，目前已經造成了他社會的名聲、身分、地位及事業的受阻，所有事情的發生都有其行程表，從九七年的九、十月起，流年海王星魔羯27度左右在八宮（和他人的性、金錢、權力的混亂、糾葛），分別和黃義交本命的金星火星、土星、海王星通通成了90度衝突相，因此他的內心之家和社會之家就開始動亂不已了。

去年九月間，黃義交的流年天王星在寶瓶4度正好和月亮寶瓶4度成了準確的合相，代表了一個新的、不可預料的、天旋地轉的新戀情登場（何麗玲出現了），也為周玉蔻黃義交事件揭開了序幕。

而九八年的一月中，流年的土星在牡羊14度又正好和黃義交一宮內的天王星14度成了九十度衝突相，緋聞案正式登場，受剋的天王星在一宮，也正式宣告黃義交的個人形象將受到驚天動地的打擊及變化。

木已成舟，黃義交面對人生的橫逆目前也只有全盤接受了，從占星學的立場而言，看到這樣一個如此渴望私人的愛及社會的愛的人，反而遭受私人的及社會的「唾棄」，實在讓人感歎命運的殘忍。但是，接受「神」的旨意，是凡人生存悟道的唯一之路，不知道正在讀聖經的黃義交是否可以悟出這些造化之謎。

做爲占星學家所能給的建議，就是提醒黃義交多用心去面對他四宮眞正的問題，他童年及內心欠缺的愛，是不可能靠「愛的迷惘」尋得的，只能靠「愛的覺醒」才能找到，流年土星牡羊在九八年六月份快會相金星牡羊29度了，這又代表了情感將進入重要磨難的階段，再一次考驗他是否懂得眞愛的價值。

黃義交會出事是遲早的事，他的混亂情史絕不只是始於寶寶或周玉蔻，但爲什麼周玉蔻會成爲第一個丟石頭的人，則要從他們的配對星圖來看了。我們先從周玉蔻的星圖來看看她是什麼樣的人。比起黃義交而言，周玉蔻是實際、謹愼、小心多了的人，她的金星、水星、太陽都在處女座，而六宮處女宮內又有火星和冥王星，使得周玉蔻絕對是個工作狂，也非常在意任何工作的投資與回收。

而在工作宮（六宮）的火星獅子13度又和在二宮（個人的資源、金錢）的木星牡羊

12度成一百二十度合諧，則代表周很能善用自己的資源也很能從工作賺到錢。但因為木星成逆行現象在二宮，則顯示了有過份愛花錢及物質主義的傾向。

周玉蔻的金星、太陽在七宮，代表了她很看重伴侶的關係，而她喜歡的對象一定要好看（金星）、有名（太陽），黃義交以上兩點都符合。周玉蔻不是那種一心想過單身生活的女人，金星、太陽在七宮的人永遠渴望有個讓她面子好看的重要伴侶的出現，但因為金星在七宮成「逆行現象」，使得周玉蔻有不少情感困難的功課要學。再加上天王星成剋相在五宮（也代表易有流產、墮胎的現象）代表了周玉蔻喜歡新奇、刺激、不合傳統的戀愛遊戲，而海王星成剋相在八宮則顯現了她在性方面會有浪漫、迷惑、易於受騙的一面。因此，不單是黃義交是有婦之夫，周玉蔻的前任男友也是有婦之夫。

周玉蔻有個既有和諧相又有剋相的月亮在十宮，和六宮冥王星獅子20度成合諧相的月亮人為20度，使得周玉蔻會因工作而享有廣大的知名度及影響力（月亮十宮），但和七宮處女15度成衝突相的月亮十宮，則代表她會因私生活的暴露而變得更有名及「聲名狼籍」（柯林頓也有受剋的月亮在十宮），果然，周玉蔻變成最轟動的緋聞案的女主角，起因則出在於七宮「伴侶」的問題。

比較周玉蔻和黃義交的配對星圖，實在令人惋惜不已，因為比起許多情侶、夫婦等等人際關係，周玉蔻和黃義交的關係並不算「太壞」。這麼講，很多人一定不同意，因為兩個人如今公然反目成仇、兩情相怨、鬧得天下皆知，怎麼可能不算太壞？應當說很糟才對。其實眞的不然，他們的確反目成仇了，因爲男的先腳踏兩條船一陣子，再移情別戀，女的則自尊受損、感情受傷，這種感情故事本來並不稀奇，但很少有人會因爲這些波折而大鬧新聞。

周玉蔻會把她和黃義交私人感情的風波鬧大，雖然她口口聲聲說是爲了主持「社會正義」，不能讓感情騙子繼續當政府發言人，「因爲不誠實的人沒有資格擔任這樣的工作」。工作閱歷豐富，對「政治世故」應當不陌生的周玉蔻眞的相信這樣的話嗎？她能舉出多少政府發言人從不說謊的？還是她認爲因政治說謊可以，但因個人情愛說謊則不行。

可是，黃義交和她交往時本是已婚身份，她不敢公然暴露兩人戀情也是隱瞞，冒用妹妹名義墮胎也算說謊，人們爲了個人隱私說謊本來就是很普通的人性，黃義交再錯，其實和社會大衆的關聯不大。

從去年年底至今，流年的冥王星在人馬6度左右，和周玉蔻七宮內逆行的金星正好成了90度衝突相，代表了周玉蔻正經歷了性、感情的背叛、嫉妒、佔有欲、敵意、權力的衝突和交戰，周玉蔻本命逆行的感情（金星）功課可說到了必須重點學習及考試的時候。

冥王星可能是最愛你死我活、殘暴、報復的行星力量，但也可能是放下暴力（內心的、言語的、行動的），轉化及新生的力量。很不幸地，周玉蔻為了她口中的正義，選擇了前者，而最不幸的是，她傷害的人也許是她「眞的」愛過的人。但她選擇讓「過去的愛」死亡，她選擇了冥王星金星衝突相的另一極端激情：「恨」。而這顆和金星衝突相的流年冥王星正落入周玉蔻的十宮內，她其實也傷害了自己和社會的關係、傷害了她的工作和形象。

當然，從私人感情而言，黃義交是做錯了不少事，而可能最不應當的是「一再否認」他和周玉蔻的關係（這是海王星、雙魚座強的人最慣用的技倆！隱瞞、欺騙、裝糊塗）。對於實事求事型的處女座強的人而言，當然會氣瘋了，也許黃義交後來才「發現」周玉蔻不是他的「眞愛」，但他絕不可能對周玉蔻沒有玩過愛情幻想的遊戲。他不能否認自己有過的愛的幻想，因爲無法對自己誠實的人，永遠找不到眞正的愛。

從兩個人的配對相位來看，周玉蔻和黃義交眞的不算配得很差的伴侶，當然天下沒有十全十美的伴，兩個人之間的情愛模式人際關係一定有缺失，需要互相包容、學習，即使眞的無法配合，也可以互相體諒、好聚好散。黃義交和周玉蔻本來「有可能」可以好聚好散的，但是黃義交顯然先犯了一連串不當的錯，最後終於惹毛了已經遍體鱗傷的周玉蔻，使她最後搬出了冥王星的殺手鐧：「你死我亡」。

後星圖上來看，黃義交和周玉蔻的關係在早期剛發展時實在不算差，雙方的太陽星座雖然呈現一百八十度對相（周在處女15度、黃在雙魚21度），但這種意志、個性的不同，在關係早期都有很大的吸引力，彼此都對對方身上相反的性質吸引、發展的好時也可形成互補力量。

而在感覺及情緒方面，雙方的月亮也有不錯的配合，周玉蔻的月亮人馬20度和黃義交的冥王星獅子21度，形成了很近的合諧相，代表了黃義交性格中某種熱情的質素讓周玉蔻很心動，而周的月亮也同時和黃的海王星、土星都形成了六十度的調和相位，代表黃有一種混合著浪漫和實際的個性令周感覺他很迷人（海王星）又有價值（土星）。但因爲黃的海王星和土星有逆行現象，因此偶而也會讓周產生困惑和不可靠的感覺（尤其是關係的後期，及去年十月後受流年海王星的影響之後）反觀黃義交的月亮寶瓶4度，也和周的土星天秤3度成了很近的合諧相，代表了在黃義交的感受中周玉蔻是可以帶給他「安定」力量的人，周身上擁有的一些務實、權威、思慮周延的特質可以讓黃「依靠」。（同時周也必然提供黃一些「現實」的好處。）

從兩性的情愛關係來看，他倆關係的早期也頗有看頭，根據占星學的理論，對於黃義交所言「和周玉蔻關係並非男女之事」，實在令人不太相信。周玉蔻的月亮人馬20度和黃的火星牡羊24度，代表了雙方剛開始一定有性的火花，而且可能是黃義交主動。

雙方的金星也形成了轉弱的和諧相（七度誤差），但仍然顯示雙方對感情的「認知」，在早期並不會差距太多。但因爲這個和諧相落於不同的星座，雙方也必然有些分歧，黃義交的金星在衝動的牡羊29度，周玉蔻則在小心的處女6度，加上周玉蔻的金星成逆行現象，因此雙方日後是有可能逐漸產生不同的感情認知。

黃義交的金星牡羊29度，也和周玉蔻的逆行水星處女1度及成了120度和諧相，而黃義交的火星牡羊24度和周玉蔻的冥王星獅子20度也成了和諧相。這也代表了雙方情愛配合的基礎中，黃義交挺欣賞（黃的金星）周玉蔻的智力及溝通的水準（周的水星），同時黃的行動和欲望（火星），也會受到周強而有力的驅策力所感染，尤其黃的金星、火星都落在十宮內（事業），而周的水星、冥王星都在六宮內（工作、服務），因此，周玉蔻的心智、口才（水星）、驅策力、決心（冥王星），一定會「服務」黃義交。

而由於是和諧相，因此會對黃義交的知名度（金星）及事業的開拓、進展（火星）造成有力的幫助。

但是，「成也玉蔻、敗也玉蔻」，周玉蔻本命的水星處女1度也是逆行現象，代表了她的口才便給是雙鋒刀刃，既可助己助人，亦可傷己傷人，而從去年底冥王星在人馬5度左右，不僅和她逆行的金星（因三角戀情而起的鬥爭），也和逆行的水星成九十度衝突相（因想法、言語而起的權力鬥爭）。

周玉蔻和黃義交的關係，想必是逐漸變質的，雙方早期很可能相處地還頗「登對」，尤其雙方的關係如果不牽扯到男女情愛，還算挺不錯的工作關係。像黃義交的木星金牛17度和周玉蔻的太陽處女15度，也成很近的和諧相，代表了雙方的關係中有「互生互利」的力量，尤其周的太陽落在自己的七宮內，代表了周玉蔻對他們的關係的看重，周想必會有很強烈的願望想與黃義交結合成法定的伴侶（七宮），而黃義交在關係早期也想必有過承諾或給予她樂觀的保證（黃的木星影響）。

但是，兩個人可以「天長地久」好過（他們的例子也許只有一年吧！），但一朝反目成仇卻常常是昔日好景一筆勾消，好像只剩下一筆壞帳。人類的關係常常就這麼脆弱，當兩人關係因出現新的第三者對舊的第三者（周也曾是黃和妻子的第三者）的打擊特別大。這時雙方配對關係的不合適就更變本加厲了。

譬如說，雙方的太陽成180度對相，以前可以是正負極相吸、互補，後來卻變成勢不兩立、互不相讓。周玉蔻的月亮人馬20度，這回強烈地感受到來自黃義交的太陽雙魚21度的衝突相的力量了（黃的浪漫、隱瞞、裝糊塗的特性令她感覺受傷、沒安全感）。周的火星獅子13度，又和黃的木星金年17度成了衝突相，周開始對黃的破碎諾言、不可依賴、見異思遷（木星）而火冒三丈（火星）。

周玉蔻和黃義交不合之處，全台灣不少人從電台、雜誌、報紙的新聞中難免略知二三，但對兩人也有相合之處，恐怕很少人知道，尤其當事人彼此都狠狠地拋掉從前種種、只顧眼前爭論，這又是一個失敗、令人悲哀的人際關係的負面範本了。

命運不能重新洗牌，周玉蔻和黃義交都輸了這場人生賭局。輸的關鍵其實就是雙方對兩個人關係的本質「先後」、「輕重」分不清。

從配對星圖來看，黃義交的金星、水星、火星都落入周的二宮內，這會是很好的工作關係（兩個人合作可以賺錢、增加資源），黃的冥王星也在周的工作宮六宮內，代表黃可以帶給周不少「新的」工作機會。但是，偏偏黃的天王星入周的五宮，代表雙方會突然發生「愛情遊戲」，把工作關係變成了男歡女愛，但因黃的月亮在周的十二宮內，雙方的關係並不能公開，因此以偷情、幽會爲主。但因黃的太陽在周的四宮內；代表雙方活動的空間會以周的家中爲主，而周也會想和黃共組家庭，但是黃的海王星、土星都在周的八宮內，黃會因和他人的性關係而「背叛」了周，兩個人會因他人的性產生衝突（土星）。

更神秘的是，海王星、土星受剋在八宮也代表金錢往來不清引起的法律問題，而這兩顆星又分別和周二宮內黃的水星、金星、火星成對相，因此雙方除了性愛的糾紛外、金錢、稅務、財務也會成爲雙方糾紛的焦點。（日前雙方也都捲入利益輸送的質疑。）

從周玉蔻的觀點來看雙方的配對宮位，也提供了兩人關係的另一角度。周玉蔻的太陽、金星、水星都在黃的三宮內，代表了黃和大衆媒介的關係中，周玉蔻絕對使過不少力，而周的月亮入黃的五宮，使得周對黃會產生很強的戀愛的感覺（也就是說周比較喜歡黃）。再加上周的海王星在黃的四宮內，代表雙方可能有過共組家庭的理想（幻想）。但周的土星也在黃的四宮內，代表了黃同時也覺得周帶給他壓力，令他的內心之家很不舒服，所以不想和周共組家庭。

而命運奇怪之處，也在於周的海王星、土星在黃四宮的現象，正好反映出黃本命星圖中海王星、土星在四宮的現象，這也是黃義交最脆弱之處，而命運竟然給了黃義交兩次打擊，一次是他父母的喪亡，使他內心之家的希望幻滅、痛苦，第二次卻是來自一個曾經愛過他的女人，藉著使他社會之家地位的墜落，再度讓他的內心之家受苦及迷失。

周玉蔻的本命海王星和木星對相，海王星落入黃的四宮，木星落入黃的十宮，代表周曾經幫助過黃的事業（木星十宮），也對黃的未來前程充滿樂觀的願望（木星十宮）。但因爲成剋相，因此她也毀了黃的事業（受剋木星），也從自己對黃的前程的願望中夢醒（受剋木星）。同時，四宮的反應也很對映，她對和黃共組家庭充滿幻想（海王星），最終也破滅了（受剋海王星）。

周玉蔻的天王星落在黃的一宮內，又和四宮的海王星成衝突相，也和十宮的木星成衝突相，這三個剋相，交互影響，終於造成黃的自我形象（一宮）的分崩離析。而周之所以敢採取冒險、衝動、一意孤行地「揭發」黃義交的行爲，和她本命天王星木星90度衝突相的不按牌理出牌的脾氣大有關係。

這個相位會引來非常大膽、做事衝動、不顧後果的行爲，實在和表面上因爲很多處女星座而顯得深謀遠慮的周玉蔻大不相同。但這樣的衝動絕對經常出現在周行爲的固定波動之下。又因爲天王星在五宮，因此容易和她的戀愛事件有關。(可以說，愛情容易讓平常腦筋清楚的周昏了頭)。

周玉蔻、黃義交的事件日前已算落幕了，兩位當事人未來都還有很長的路要走，用占星學理論註解此一社會風波，乃是藉大衆從已知的一些「參考文件」(分別由周、黃及無數記者提供)，來更了解人生的安排及命運的奧妙，誰叫我們也都是演戲、看戲的生命演員。只是看了那麼多的戲，我們是否能像古典希臘悲劇的理想一樣，能讓我們的靈魂更淨化嗎？

※請對照周玉蔻、黃義交的星圖閱讀，並請參考本書第二部份配對相位、第三部份配對宮位內容。

Chou Yui-Ker
Taipei
9 September 1951
05:20:00 PM CCT
25 N 03
121 E 30
16:36:28
Natal
Tropical
Placidus

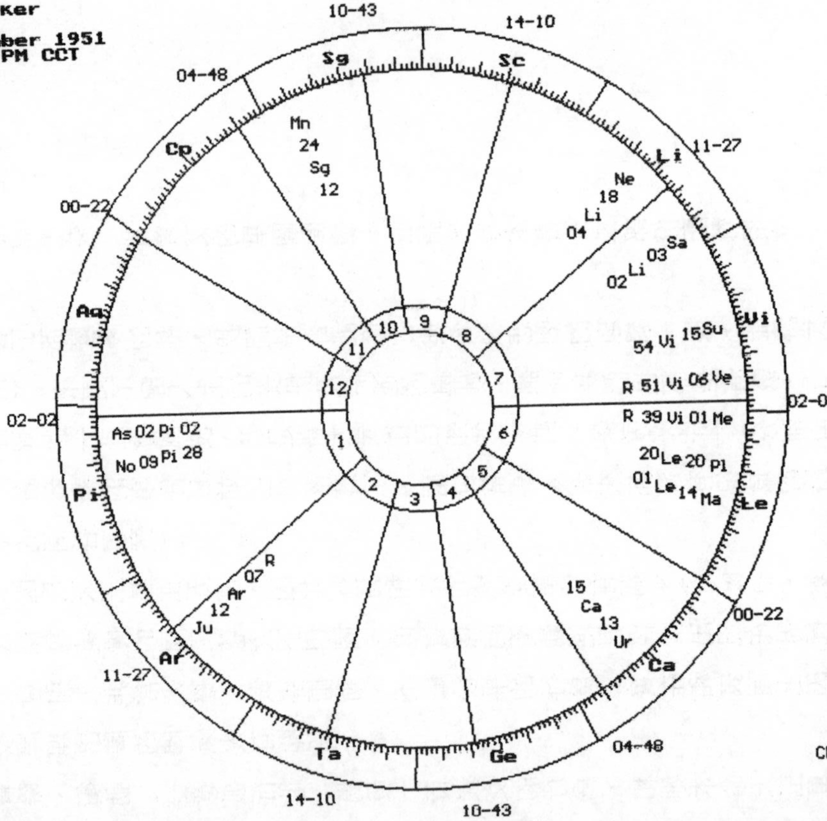

TRANSNEPS
CH 26Sg44
AD 21Ar56 R
AP 20Vi17
CU 25Vi58
HA 00Ta34 R
KR 24Ta57 R
PO 10Li14
VU 24Ge47
ZE 25Le59

ASTEROIDS
CE 08Pi10 R
JU 00Sg16
PA 25Cp33 R
VE 08Le58

CHART ANGLES
Mh 10Sg43
VX 18Vi13
EP 07Pi25

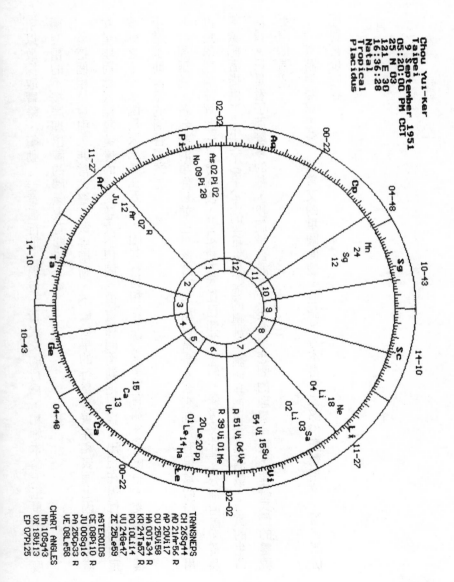

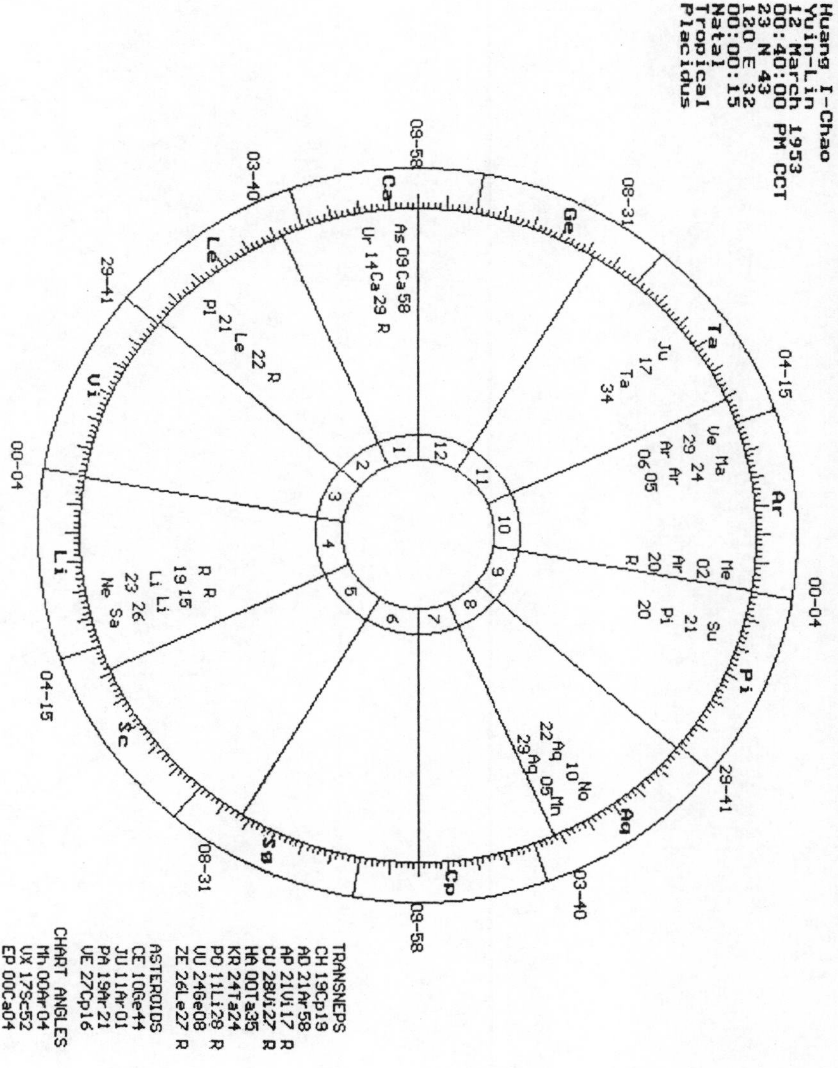
Huang I-Chao
Yuin-Lin
12 March 1953
00:40:00 PM CCT
23 N 43
120 E 32
00:00:15
Natal
Tropical
Placidus
TRANSNEPS
CH 19Cp19
AD 21Ar58
AP 21Vi17 R
CU 28Vi27 R
HA 00Ta35
KR 24Ta24
PO 11Li28 R
VU 24Ge08
ZE 26Le27 R
ASTEROIDS
CE 10Ge44
JU 11Ar01
PA 19Ar21
VE 27Cp16
CHART ANGLES
Mh 00Ar04
Vx 17Sc52
EP 00Ca04

致命的吸引力害了陳靖怡和李正克

九七年十二月十四日，西洋占星家陳靖怡遭男友李正克刺死於家中，由於死者的身分特殊，成為社會矚目的情殺事件，新聞喧騰了好一陣子，除了惋惜哀悼之外，也有不少人質疑一個「算命界」的老問題。如果陳靖怡是占星家，為什麼不能「趨吉避凶」？「解災消禍」？

這個問題仔細研究起來，可以有五個可能的推論。第一，陳靖怡雖號稱西洋占星家，但從坊間她出版的書籍及她在廣播、電視中運用的占星知識，都只著重於介紹太陽星座的性質；再略為兼及其他行星的性質與功能，因此完整占星學應當顧及的星圖、宮位、相位、推運、移位等等問題，都不在她公開表現的工作範圍內。那麼，「假設」她並不懂得完整的占星學知識，那麼她根本不可能會「算命」，遑論如何趨吉避凶。

第二點，假設陳靖怡懂得完整的占星學知識，只是限於「市場」考慮，只以「通俗片斷」的占星知識用在工作中，那麼她也可能私下懂得如何算命，但根據報導，她曾向友人表示不算自己的命，因爲不夠超然。

這個說法我並不同意，占星學的知識本身是客觀的，占星學家要學習的正是要建立客觀的方法及態度，從自己下手，是最大的挑戰，不能不做。更何況一個占星學家連自己都不肯好好了解，即表示不能「修心修身」，如何去了解、幫助他人呢？好吧！再假設陳靖怡告訴友人的話是眞的，那麼她可能不算自己的命。因此，她不知道會發生什麼事，當然就可以理解。

第三點，如果陳靖怡其實知道自己的命，知道有災可能發生，但不知道是從李正克來，因爲，她可能沒算過李的命，也可能不會、或沒算過兩個人的配對星圖(Synastry)，因此她不知道災難可能從李而來。

第四點，她起初不知道以上這一切，等她知道了後想跟李分手已經來不及了。

第五點，她一直知道以上所有的道理，而以爲自己可以控制命運，因此她才敢跟李正克發展出錯綜複雜的關係，而在最危險的階段時又提出分手的要求，而鑄下大禍。

從占星學的立場而言，像陳靖怡這樣的命運，是不是「一定」不能躲？這牽涉到最微妙的「宿命論」和「自由意志」之間的問題。從高等的占星學原則，如果當事人徹底了解自己的星圖，能把個人自我的意志(Ego's will)，修行、轉化成靈魂神聖的意志(Soul's s will）——即眞正的自由意志，那麼，人類是可能改變星圖的宿命。

這個道理許多宗教、靈性的上師都曾一再強調，而他們藉用的方法，主要是宗教的戒律或智慧。但這個改變「宿命方程式」的工程浩大，就像能證得菩提智慧者有幾人？而占星學最有價値的工作也在於此，絕不是只拿占星學做人間暫時的功名利祿、愛情健康的指引，但卻不顧生命的大功課在於克服業報、轉化宿命。

從宿命論的觀點來看陳靖怡和李正克的星圖，以及兩個人的配對圖，不由得感歎造化弄人，爲什麼一對「處處相剋」的男女成爲情侶。從個人星圖上來看，李正克的情感問題一直是他「宿命的十字架」，而的確他的星圖中正有這樣特殊的格局，即海王星天秤28度逆行和火星金牛0度形成2度誤差的對相（180度），而同時金星魔羯24度又和天王星巨蟹24度逆行及木星巨蟹21度逆行分別形成了0度及4度的對相（180度），而這兩個對相恰恰好交集成了大十字架，因此分別形成了四個九十度的衝突相。

這樣的大十字格局，當然表示了李正克有著情感（金星）及欲望（火星）極大的困難、麻煩，金星和火星的90度，代表了李正克性愛的掙扎，他可能對愛的人有愛無欲望，或有欲望無愛，或者別人對他如此。

而金星和逆行海王星90度，代表當事人對感情有著極不實際、浪慢的憧憬，容易受婚外情、畸戀的吸引。而金星又和逆行天王星及木星成180度，更加強了情感的顚覆倫理和誇張傾向，而且經常會受突發的感情落空的打擊。再加上李正克的火星也和逆行的天王星及木星成了90度衝突相，代表當事人的性欲和行動都有衝動的傾向，稍不小心就爲控制不住自己，而火星又和逆行海王星成了180度對相，代表當事人的欲望和行動特別受虛幻的心意的左右。

這個宿命的大十字架，絕對會造成李正克情感之路障礙重重，尤其和金星、火星成剋相的海王星、天王星、木星都是逆行（逆行在占星學上常常顯示輪迴的業障所在），更是等於火上加油。但這樣的相位是不是一定會「情殺」呢？倒也不見得百分之百，只能說當事人要特別小心感情的衝突。但是當配合推運(Transit)來看時，當事人「控制」不了自己的行爲，就變得更明顯可見了。

一九九七年十二月十四日，流年海王星在魔羯28度，和李的金星成了0度合相，同時也和本命的大十字架的另三端都成了剋相，加強了大十字的困難及掙扎，尤其是流年海王星和火星的90度，代表了有一時糊塗、情令智昏、盲目行動的傾向。又引發了本命天王星火星的90度，代表了突然的衝動、不可預料的蠻力及可能因金屬而造成的傷亡（汽車、刀劍都算）。

反觀陳靖怡的星圖，在感情及欲望的發展上，不像李正克的問題那麼明顯，但也有她的障礙所在。首先是金星雙子17度（有感情雙重性的傾向）和逆行冥王星處女11度成了誤差6度的弱衝突相（90度），代表當事人會因三角戀情而陷入和他人的鬥爭。火星牡羊18度則和逆行海王星天蠍16度成了誤差2度的掙扎相（150度），則代表當事人對於自己的欲望有容易意亂情迷、難以自律的傾向。（尤其用火星在牡羊、海王星在天蠍，都同時落在較容易欲火高漲的星座之中，更加強了這個力量）。不過，陳靖怡的這幾個相位並不多麼特別，人間紅男綠女不難找到類似的相位，但造成陳靖怡因性愛而付出生命代價的因素，恐怕得從她問題叢生的八宮才能看出究竟。

由於坊間只登載陳靖怡的出生年月日，沒有時間及出生地的資料，這裡引用的星圖是我用已發生的事件而校正出的「可能出生時間」，但因爲陳靖怡因情殺而死是個「大事件」，並不難研判。逆行的冥王星及逆行的天王星入八宮，經常代表「死於非命」，冥王星常顯現和他人衝突而導致罹難，天王星則顯示不可預料、突然性，兩個逆行現象則更加重了命運的「橫逆」現象。這樣的八宮，又再加上事件發生時，正是流年冥王星（還是八宮的主管星）6度推運和逆行天王星、冥王星，分別形成誤差0度及5度的衝突相（90度），而引發了八宮危險的力量。

但是，陳靖怡的悲劇是不是「一定」躲不了呢？身爲對占星學有興趣的我，一直在研究這個問題。有兩個可能「趨吉避凶」的方法，第一，由於陳靖怡的病根在八宮及流年冥王星，因此如果她可以早一點遷居國外，那麼本命星圖的力量會減弱，必須配合變位星圖來看。(Rolocation chart)，只要逆行冥王星、天王星不落入八宮，雖然不能逃掉別的宮位的困難，但也許可逃掉一死。第二個辦法較難做到，就是要「更改生命的方程式」，譬如說運用宗教或靈性的修行，放下欲望，不結孽緣，但陳靖怡才三十四歲，那裡做得到這些？

從兩個人的配對星圖來看（讀者也可參考本書，自行分析一番），陳靖怡和李正克之間形成的相位，可說順的、好的、吉的相位較少，逆的、壞的、凶的相位頗多，但往往負面的作用力常常力量較大，因此兩人之間也較容易產生「致命的吸引力」。

從兩個人較正面的吸引來看，李正克的月亮金牛15度和陳靖怡的月亮處女15度成了準確的合諧相（120度），代表兩人有著情緒的共鳴，李的火星在金牛0度，和陳的太陽、木星金牛2度成合相，又和陳的天王星處女6度成合諧相，代表了李的欲望因受到陳有力的刺激和挑動，而陳也頗能和李配合，兩個人之間有著很強的肉體吸引力。另外，李的木星巨蟹20度和陳的海王星天蠍16度也成了合諧相，代表兩個人在哲學、靈學、神祕學有著共通的興趣，而陳靖怡扮演的是「激勵者」。而根據報載，兩人確實結識於陳主持的占星講座中，而後李因常和陳討論星相而展開交往。

至於兩個人之間負面的吸引及衝突的相位，要比正面相位多太多了。從感情上來看，陳靖怡的火星牡羊18度，正好嵌入李正克的宿命大十字架的一邊，分別和逆行木星巨蟹

20度、逆行天王星巨蟹24度及金牛魔羯24度形成了多重的衝突相（90度），因此他引發了李正克本命十字架的負面力量。

這幾個相位雖然會帶來男女之間較不正常及病態的吸引力，但常常是「彼此有需要」，卻「不能相處」，意見分歧、吵架、衝突有時是強力春藥，卻也是造成雙方敵對的炸藥。

男女之間的情愛關係剛開始可能靠金星、火星的力量引爆，但長期來往水星的力量就變得很重要，水星是用來看雙方在思想及言語上可不可以溝通及了解。而李正克的水星寶瓶14度，卻分別和陳靖怡逆行的水星金牛10度及逆行海王星天蠍16成了衝突相（90度），而同時也帶動了陳靖怡本命星圖中逆行水星和逆行海王星的對相（180度）。這些相位顯示了兩個人的觀念、想法不相同，經常意見不合，而李正克常覺得無法了解陳靖怡的想法（陳是海王星）。而同時，陳確實有思想固執（水星金牛）及自以爲是，虛幻飄渺的傾向（水星海王星對相）。

除了以上這些欲望、思想的摩擦之外，兩個人還有更大的衝突，而又牽涉到李正克的意志及自我形象。李正克的太陽落在敏感、浪漫、迷惑的雙魚，比起陳靖怡務實、堅強、固執的金牛要軟弱多了。再加上李正克的太陽雙魚8度，先和陳的土星雙魚2度相，再分別和陳靖情的逆行天王星處女6度、及逆行冥王星處女11度形成了對相（180度），顯示了李的男性形象、意志受到陳強而有力的對抗，而李正克一定「私下」會「內心」偷偷地很害怕陳靖怡（土星），但又覺得尊嚴受損，而同時李又怕陳的操縱（陳的冥王星），但又怕陳丟下他不管（陳的天王星）。

再加上李的月亮金年15度又和陳逆行的海王星天蠍16度成了對相（180度）。顯示了李在情緒上極依賴陳，視陳爲無從捉摸的夢，但因180度的力量，使李竭望「擁有」陳的夢想、願望無法實現。（先是陳要離開他，讓他的夢破碎，繼之則發展成他殺死了陳，連愛都幻滅了）。

陳靖怡的土星不單和李的太陽成合相，代表她一方面「制得了他」。但又因土星和李的冥王星獅子25度成了誤差7度的衝突相（90度角），這個冥王星土星的衝突相，是人間緣份最嚴厲的考慮（因冥王星、土星都代表宿命的力量）。這個相位常常代表惡緣，彼此相聚卻是爲了要分離，如能好聚好散一場，則代表兩個人都通過了命運最大的考驗，但如有一方不肯分手（冥王星要佔有、土星頑固不冥），則常常是不能生離只有死別了。

除了配對相位形成以上這些現象外，兩個人宮位的安置也可看出糾葛的生命情境。譬如說，陳靖怡的月亮和逆行的冥王星、天王星都落入李正克的八宮之內，顯示了兩個人之間性、金錢、權力的糾葛。從這相位看來，可以猜測在關係的早期李可能較主動也較有佔有欲。而陳的金星落入李的五宮，表示剛開始關係的性質是戀愛遊戲，而陳的火星入李的三宮，也表示雙方一開始就會有溝通上爭執的問題，再加陳的土星入李的二宮，雙方有可能有金錢的不愉快。再來陳的逆行海王星入李的十宮，和李的月亮成對相，又和李的土星成合相，代表了李和社會的關係、名聲、地位都可能「因」陳而身敗名裂。

反過來看李的月亮在陳的四宮，李可能一直想和陳共組家庭，而李的金星在陳的十二宮，表示雙方的愛情關係始於幽會、偷情。而李的火星也在陳的三宮，雙方口角不免，同時生活習性一定大不相同。再來李的土星也落入陳的十宮，又和陳的海王星合相，代表李也造成陳的名聲、身分、地位的墜落。而李的天王星在陳的七宮，雙方根本難以成爲伴侶（不管在婚姻或生意關係中），同時李的冥王星又落在陳的八宮，而這顆受流年冥王星推運影響的逆行冥王星，終於在陳的死亡之宮造成了悲劇。

通常在配對雙方星圖時，必須考慮個人的星圖的特質，及雙方相位、宮位的配置，而宇宙自然律的奧妙與殘忍即在於，不管用什麼方法，方法越多面只會使現象的顯露越多面也越清晰，絕不可能產生互相矛盾的結果，只可能出現像拼圖一樣，產生更多更相嵌連交接的「事件碎片」。如果我們繼續用更精細的方法去配對雙方，將使「事實的浮現」更不能終止。

人已死，悲劇已鑄，再來分析陳靖怡和李正克的個人星圖及配對星圖，當然是又無奈又傷感。但是，雖然我們大家都是地球的過客，人生的演員，但有一些少數的「選民」

總是會受到較多觀衆的矚目，這些人演出的是人類集體的命運力量，不管是悲劇是喜劇。我們在此藉著陳靖怡和李正克的個人命運，來探討宇宙星象的安排，我們必須對他們懷著尊重和哀矜之心，他們就像先民祭祀的羔羊一樣，代表了人類向龐大神祕、未知的宇宙力量的獻禮。

先民爲了安撫天神而祭祀，今日我們卻必須向天神討教和質疑。運用占星學來了解人類的命運，正是這樣的行動，而藉著占星學的知識以求人類靈魂的進化與轉化，也許能讓我們和天神達成合諧與相安。

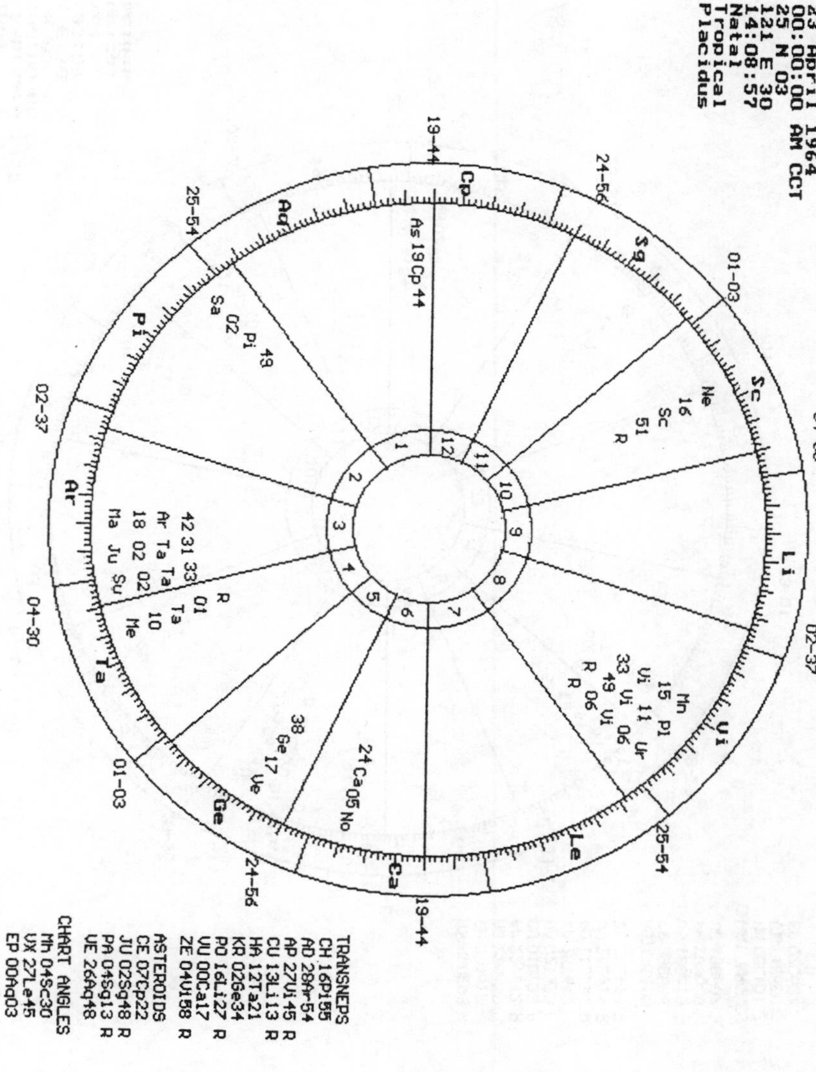
Chen Chin-I
Taipei
23 April 1964
00:00:00 AM CCT
25 N 03
121 E 30
14:08:57
Natal
Tropical
Placidus
As 19Cp44
TRANSNEPS
CH 16Pi55
AD 28Ar54
AP 27Vi45 R
CU 13Li13 R
HA 12Ta21
KR 02Ge34
PO 16Li27 R
VU 00Ca17
ZE 04Vi58 R
ASTEROIDS
CE 07Cp22
JU 02Sg48 R
PA 04Sg13 R
VE 26Aq48
CHART ANGLES
Mh 04Sc30
VX 27Le45
EP 00Aq03

C. K. Li
Taipei
28 February 1955
02:00:00 AM CCT
25 N 03
121 E 30
12:33:09
Natal
Tropical
Placidus

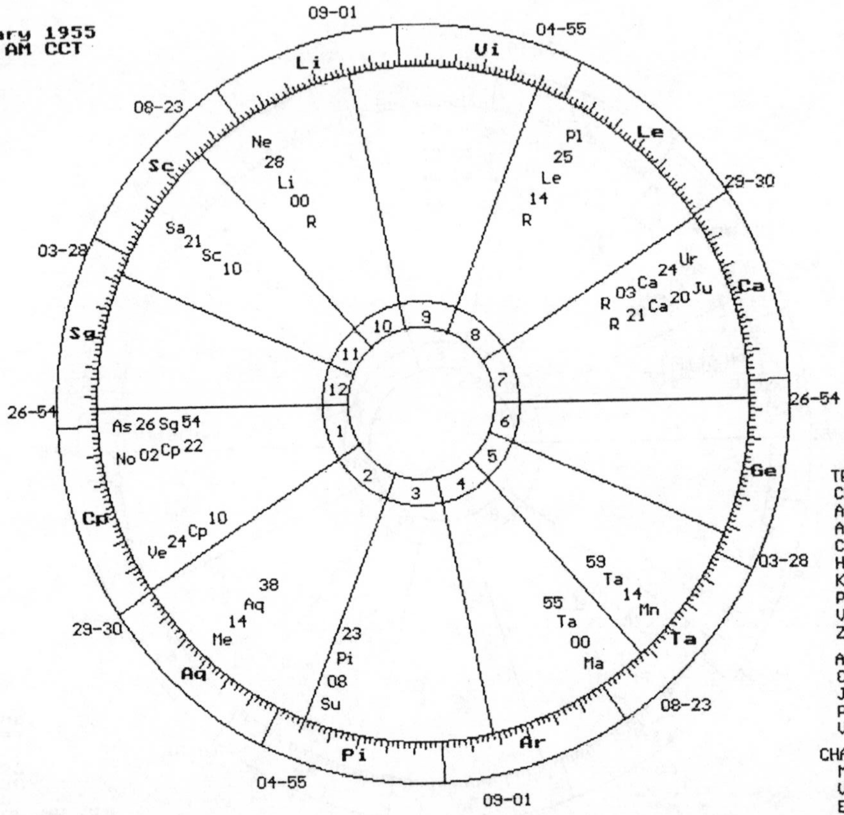

TRANSNEPS
CH 02Aq12
AD 22Ar58
AP 22Vi42 R
CU 01Li33 R
HA 02Ta23
KR 25Ta42
PO 12Li34 R
VU 25Ge14 R
ZE 28Le16 R

ASTEROIDS
CE 09Cp56
JU 18Sc19
PA 20Sg20
VE 19Ge07

CHART ANGLES
Mh 09Li01
VX 14Le50
EP 07Cp37

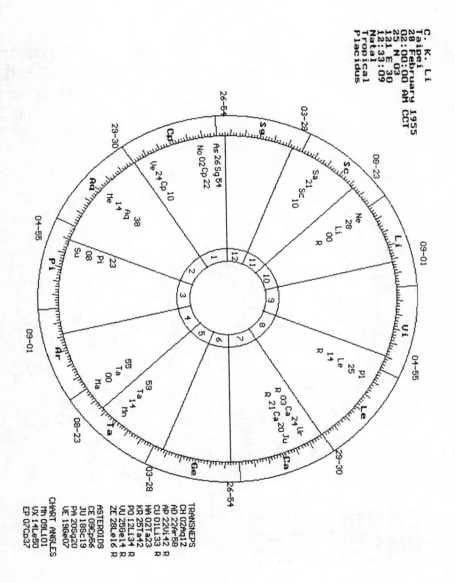

黛安娜與查理王子悲傷的婚姻童話

黛安娜在一九八一年七月二十九日，和查爾斯王子在倫敦聖保羅教堂結婚，這一場「世紀婚禮」經由電視轉播，全球的收視觀衆高達七億人。從此，黛安娜也從一個默默無聞的英國皇室後裔，成爲全世界最受矚目的女人。

黛安娜和查理的婚姻，一開始彷彿幸福童話的尾聲：「從此王子與公主永遠快樂地在一起了……」，但童話的結束，卻是婚姻現實生活的開始，而王子和公主卻變得越來越不快樂地在一起了，當英國作家莫頓的黛安娜傳記上市，所有早就謠言四飛、小道消息不斷的黛安娜婚姻生活內幕，終於如水庫洩洪一樣地公諸於全世界人的眼中。幸福的童話變成了悲劇，黛安娜從結婚開始，即不斷地因丈夫的背叛及自己內心的不穩定，而陷入一連串身心的障礙，如貪食厭食症、憂鬱症、自殺等等，而黛安娜和查理之間日漸孳生的冷漠和敵意、使得兩個人越行越遠。查理半公開地和昔人愛人卡密拉恢復舊情，而黛安娜則暗中地和幾位男士偷情。這一切的蜚短流長終於逼始英國女王下令兩人辦理分居，而後正式離婚，結束了這個世紀最轟動的世紀婚姻。

離婚後的黛安娜，仍是全球的焦點，在大家都盼望著她走出過去的陰影，展開新的人生之際。悲劇卻再一次對她敲起喪鐘，一九九七年八月三十一日午夜剛過，她和正陷入熱戀的愛人因車禍而喪生巴黎，結束了她短暫、輝煌、神祕的一生。她的「世紀葬禮」全球有二十五億人觀看，共同哀悼黛安娜傳奇的一生和死亡。

黛安娜逝世之後，許多死忠的黛安娜迷，迄今仍然「不原諒」查理，認爲黛安娜的死亡和查理的背叛有間接的關係，誰叫查理和黛安娜離婚，讓她有機會公然和新的愛人「多迪」出遊而不幸喪生。

這些指責，當然對查理很不公平，事實上兩個人婚姻的失敗，從不是一方單獨的責任。而他們之間共同的痛苦、困難與責任，雖然經由報章雜誌的大量報導，卻不如配對星圖看得仔細，黛安娜與查理的婚姻，是我們這個世紀最浩大最顯著的「生命劇本」，他們是人類中的巨星，而他們受星星詛咒(Star-Cursed) 的配對星圖，將幫助我們去了解人與之間的性愛、婚姻、緣份的複雜和糾葛。

從黛安娜個人星圖來看，她最脆弱之處即在於有個十分敏感、易受傷害、情緒不穩的內心，這是可從她的月亮寶瓶25度和天王星獅子23度成對相（180度）看出。這個相位也代表她會有個不能依賴、不合常規、離奇古怪的母親形象，而黛安娜和生母的關係正符合了這個描述。在黛安娜六歲那一年，她的母親為了另一個男人而離開家庭，帶給黛安娜稚幼心靈極大的傷害。而這個生命劇本似乎又傳承到黛安娜和她年幼的兩個兒子身上，黛安娜如今伴同著另一個男人離開人世，想必也帶給她兒子極大的心靈傷害。

黛安娜不穩定的月亮，極需要一個可以保護她、帶給她安全感的力量，但查理顯然無法承擔起這樣的責任，查理的太陽（代表他的意志、性格、自我）在天蠍22度，和黛安娜的月亮成了誤差3度的衝突相（90度），代表查理的自我不僅帶給黛安娜極大的壓力，更引動了她本命天王星月亮對月亮的不穩定及沒安全感。因此，黛安娜用一連串「失常」的行為（如飲食失調、自殺），企圖引起查理的關懷與支持，卻反而更逼走了查理。

但查理是否在婚前就知道黛安娜脆弱月亮的這一面呢？並不一定，因為月亮通常代畏人們「隱藏的自我」，需要較深的交往才會顯現，因此人們的月亮通常只有家人、至交才了解。查理和黛安娜的皇室身份，兩個人交往時間既不長、相處時間也不夠，恐怕並不容易發現雙方在月亮（情緒、習性、感覺）方面是否協調，但這都是婚姻配對中最重要的因素。

反觀查理的星圖，查理本身有個相當穩定、有力的月亮，他的月亮在金牛0度（恰好合相他的母親伊麗莎白女王的太陽），和土星處女5度，及木星人馬29度，形成一個十分好運的大和諧相（Grand-trine：大120度角）。這些相位意味著他的母親是個情緒十分穩定、可依靠、強而有力的角色，既可以指導（土星）查理，又可以帶給查理好運（木星）。

但因爲查理的月亮和母親太陽合相的關係，也意味著母親的自我、力量會遮蔽住查理隱藏的自我，造成類似月蝕的現象（母親會消失），使得查理會產生精神上的戀母情結，因此喜歡尋找年紀較大、穩定的女性形象，以取代經常因皇家任務而無法陪伴查理的母親形象。

查理在和黛安娜結婚之前，即以和年紀較大的女性交往而著稱。而查理在尋求情感的滿足時，卻又因其星圖中金星天秤16度和海王星天秤14度形成合相，代表查理對愛有著十分不實際、浪漫的幻想。他會特別受不容易完成、難以擁有的愛和對象吸引（如已婚的卡蜜拉）。因此，年輕、未婚的黛安娜，實在不像查理眞正想要的對象，那麼他們相遇到結合的因素又是什麼呢？

從兩個人的配圖星圖來看，一開始促成他們產生火花的是肉體的吸引力。在關係的早期，查理和黛安娜是很好的床伴（bed-partner），查理的月亮金牛0度和黛安娜的火星處女1度成了很近的和諧相，又和黛安娜的冥王星處女6度形成了弱和諧相。代表黛安娜以一種安靜、隱藏的性感（火星處女、冥王星處女），激起了查理的情緒及感覺的感官欲望（月亮金牛），而雙方的肉體配合也很和諧，並且非常感官（都落在土象）。同時查理充沛的欲望（火星人馬20度）又和黛安娜落在八宮（神祕的性感帶）的天王星獅子23度，也成了和諧相。這代表查理會突然對黛安娜產生很激烈的欲望，並且兩個人的性關係會有很狂野及新奇、興奮、刺激的一面。再加上查理的火星又合相黛安娜的上昇人馬18度，更表示了黛安娜的身體、外表是激起查理欲望的主因。

這種肉體不可抵抗的吸引及化學作用，常常是戀人最早期的進行曲，但如果缺乏更深的緣份，雙方也可能在幾夜風流後即分道揚鑣。查理和黛安娜最深的緣份即顯示在兩顆宿命星冥王星和土星的合相，土星是世間宿命的力量，冥王星靈魂宿命的力量，兩者相會，代表了宿命及靈魂必須兌現的支票，但是欠債還是還債則要根據實際相位的作用決定。

查理的土星在處女5度，與黛安娜在八宮的冥王星6度形成了很近的合相，但卻同時和黛安娜也在八宮的火星處女1度也成了合相。這幾個相位眞是困難重重，只能說雙方實在緣份深重，躲都躲不了。

土星和火星的合相，是男女性愛關係中最古怪及困難的相位，通常都起自於土星的一方（查理），會有著強烈的需要與責任感，想包容及限制火星的欲望（黛安娜）。因此雙方關係的早期，查理一定採取主動，但一旦關係成了世間的責任（婚姻），土星一方（查理）卻會變成對火星一方（黛安娜）完全冷感。

土星的冷漠和撤退絕對會帶給火星一方強烈的憤怒，也會帶給與土星合相的冥王星一方更強烈的性欲及佔有欲，如果再加上土星一方（查理）另覓性伴侶時，火星及冥王星的一方（黛安娜）將因背叛的傷害和嫉妒的折磨而痛苦不已。更何況查理的土星還落在黛安娜的八宮之中（性欲、權力、金錢的競技場），查理代表了宿命的業障（土星）逼得黛安娜要學習八宮最困難的功課。

雖然查理、黛安娜都是皇族，但在靈性上還是芸芸衆生，不知道他們是否曾有一些自我了解或是否能有人指點他們，讓他們看看他們的這些配對的相位及八宮的糾葛，如果他們能悟出這是生命必經的煉獄、必學的功課，那麼兩個人或許就不必只認爲對方是敵人，都想打敗對方，反而應該把對方當成同志，一起解決雙方被宿命設定的難題。所謂「冤家宜解不宜結」，但可惜在現實的發展上，當黛安娜在世時，似乎不曾和查理達成和解。

但這種屬於宿命緣份的分析，有些人還眞聽不下去，也不相信，即使拿著占星學的理論，和他們說明如以上所言的配對相位及宮位的作用，有些人還是不想了解，或者追問憑什麼相信這些理論，即使理論能一再證明他們的有效性。這就好像我們要跟宇宙爭論爲什麼地球會有地心引力一樣？人們經由觀察、實驗發現了這個力量，而定下了理論，但我們誰能回答是誰決定了這個萬有引力的力量呢？

因此，查理和黛安娜可能只是身不由己的演出這些相位、宮位的衝突力量，但他們可能並不了解彼此「為何相剋？」，但反而對實際力量較弱，卻會讓當事人自覺到的「不能相處」的相位有較深的感受。

許多夫婦離婚常常用一句老詞：「由於彼此個性不合、無法相處，因此協議離婚」。這裡所謂的「個性」用詞很含混，在占星學上個性較常代表雙方太陽的性質，當夫婦彼此太陽形成困難相位時，當然有不好相處之處，但只要月亮合諧，卻不見得一定會處不來，但當雙方月亮相位不佳時，嚴格說來，會是雙方「情緒、感覺」無法相融，卻是造成夫婦選擇分手最主要的因素。尤其因為月亮的作用都是發生在人後，雙方單獨相處及家庭生活之中，月亮不合使雙方根本不想和對方單獨在一塊兒。

最覺得雙方月亮不合的是查理，而不是黛安娜。查理的月亮金牛0度，分別和黛安娜的土星魔羯27、木星寶瓶5度、及海王星天蠍8度形成各種的衝突相（90度）。造成了查理會覺得自己的感覺、情緒受到黛安娜的窒息（土星力量）。他會很不想和她單獨相處，因為他會覺得壓力沉重、心情低落。再來，在查理的內心中，黛安娜因逆行的海王星作用，會讓查理覺得黛安娜是個複雜、麻煩、無法理喻、自欺欺人的人，再加上負面的海王星性質，使黛安娜有依賴藥物上癮、精神不安的傾向，更讓查理的月亮很沒安全感。

另外，查理的月亮和黛安娜的木星的關係，又造成黛安娜大膽、坦白、誇張的性格（像對媒體披露婚姻眞相），更對查理的月亮穩定造成威脅。

比較起來，黛安娜的月亮只和查理的太陽成90度角，但因帶動了她本命的天王星對相，使得黛安娜會更容易感受到雙方不能相處所帶來的痛苦；因此她的痛苦一定比查理大，但未必表示查理一定比較「錯」。

再加上黛安娜的金星金牛24度，和查理的太陽天蠍22度成了很近的衝突相，更加深了黛安娜愛情的折磨，這個相位代表黛安娜會覺得查理很自我、很不體貼，但查理卻會覺得黛安娜的感情需要太耽溺、太物質主義，因爲爲了補償愛的虛空，黛安娜會大量地浪費錢購買衣物首飾等等。

如前所言，雙方月亮的相剋，及土星和火星、冥王星的關係，是造成查理和黛安娜不能相處的主因，再因爲雙方太陽的剋相，更是替原本不好的關係加油添醋。黛安娜的太陽巨蟹9度和查理的海王星天秤14度成衝突相，顯示了黛安娜的自我根本無法了解查理是什麼樣的人，查理對她而言太複雜又太不誠實了（查理的婚外情；海王星和金星合相）。

但是查理的太陽天蠍22度也和黛安娜的天王星獅子23度成了很近的衝突相，同時也衝突到黛安娜的月亮，引起她的情緒不穩，則顯示了查理的自我經常受到黛安娜不可預測、不穩定力量的衝擊，甚至影響到查理的尊嚴。

光是這些配對相位的困難，就已經很清楚地描繪出他們的婚姻之所以結束的各種因素了，甚至我們可以說，如果不是「表面上」雙方重要的身分，及占星學上雙方土星和火星、冥王星的相位（土星代表很難掙脫的世間責任與束縛），那麼黛安娜、查理早早分手、彼此都會早好過一些。

但是，這樣的生命劇本卻好像早已寫好了，只等雙方花了十幾年的時間慢慢地、痛苦地演下去，只能說宿命的力量太大。從配對的宮位當中，更可看出雙方的宿命淵源，查理的火星和黛安娜的太陽分別在對方的十二宮內，這個太陽火星位置常代表了彼此是雙方的「小人」，有著複雜的債務要清償，但他們這一生，解決了這場債務了嗎？

除了十二宮外，雙方二宮及八宮的牽扯也很多（這也反映出黛安娜個人星圖中強大而困難的二宮及八宮）。黛安娜的火星、冥王星都落入查理的二宮，代表她可以從查理那裡拿到大財（冥王星還象徵贍養費），而黛安娜的月亮在查理的八宮，也代表黛安娜一開始就有因查理的資源而心動，也代表查理能滿足黛安娜物質的安全感。

同時，查理的土星卻落在黛安娜的八宮中，代表他一定會讓黛安娜嘗盡性的、金錢的、權力的難題。而查理的冥王星也在黛安娜的八宮內，則代表他自己要陷入這些性的、金錢的、權力的鬥爭之中。

但這一切的衝突，起自於查理的月亮在黛安娜的四宮中，讓他覺得黛安娜是適合共組家庭的人，黛安娜的海王星在查理的四宮中，也代表黛安娜認同這個想法，並以爲他們的家庭將十分理想（然而海王星卻是會讓人失望的），就像黛安娜樂觀的木星落在查理的七宮內，使她覺得查理是很好的婚姻伴侶（但木星也可能太盲目樂觀），卻不知道查理的天王星落入黛安娜的七宮之中，代表了查理純粹是「一時衝動」而結婚，但雙方遲早要分手（這個相位也反映了查理本命寶瓶星座在七宮的現象，有強烈的離婚傾向）。但黛安娜的本命星圖中七宮也落入雙子星座，又有水星在內，也有強烈的多次婚姻傾向）。

查理是否從他和黛安娜不幸的關係中學到了生命的教訓，我們不得而知，但他還有時間去回顧這一切。只可惜黛安娜卻不再有「世間的機會」了，上天甚至不給她多點時間公開戀愛，不像離婚前要偷偷摸摸地幽會，或是再結婚面對、學習其他的伴侶相處之道，她就是註定要早早走了，留下她一生的傳奇。

其實任何「平凡」的一對夫婦，都可能有類似查理和黛安娜的配對相位和宮位，只是他們的苦楚及艱難不太有機會爲大衆所知，因此除非占星學家私下爲他們分析解惑，寫成文章也並不容易被一般讀者了解，因爲缺少了新聞的參考，讓人們可以引起聯想(Relate)。

占星學家在研究這些受社會矚目的名人星圖時，目的並不是加入錦上添花的或落井下石名人報導，而是想藉著這些巨星上演的生命劇本，讓讀者了解占星學是如何實際在運作，而我們最希望達到的目標是，如果有讀者在閱讀這些文章時，發現自己的生活中也有類似的困難，而發現占星學可以當做參考的指南時，讓人們加強「自我覺察」的能力，不要成爲宿命論的奴隸，那麼，這些爲人類演出的生命悲劇演員，也算是對人們有另一種貢獻了。

Prince Charles
London
14 November 1948
09:14:00 PM GMT
51 N 32
00 W 08
00:48:58
Natal
Tropical
Placidus

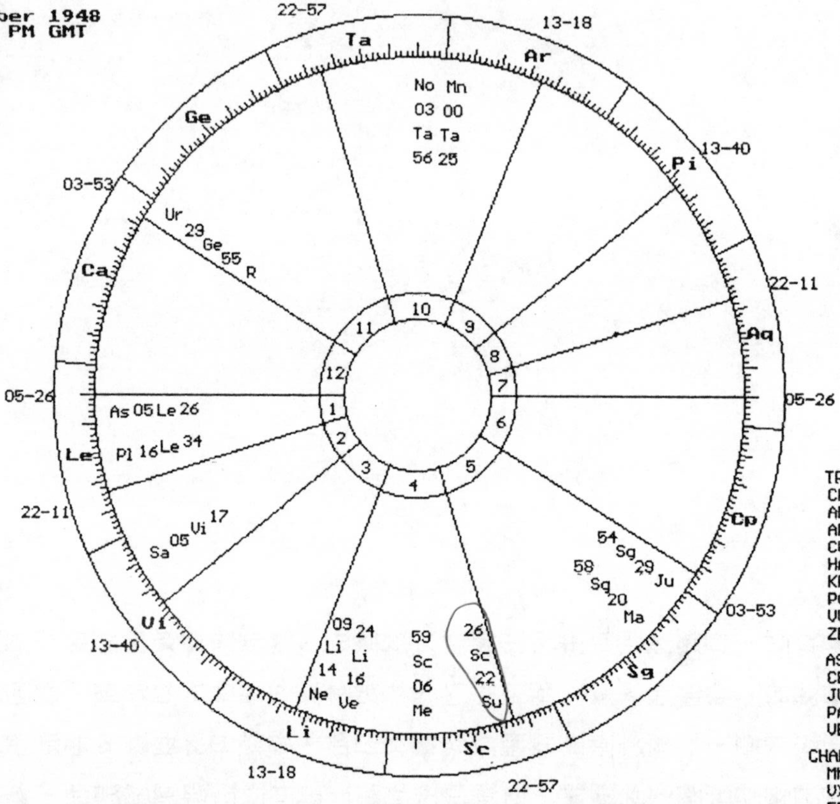

TRANSNEPS
CH 28Sc23
AD 19Ar25 R
AP 19Vi18
CU 23Vi29
HA 26Ar25 R
KR 22Ta07 R
PO 09Li36
VU 22Ge53 R
ZE 24Le21

ASTEROIDS
CE 19Le28
JU 04Ar14
PA 08Ge20 R
VE 25Li45

CHART ANGLES
Mh 13Ar18
VX 22Sg55
EP 11Ca15

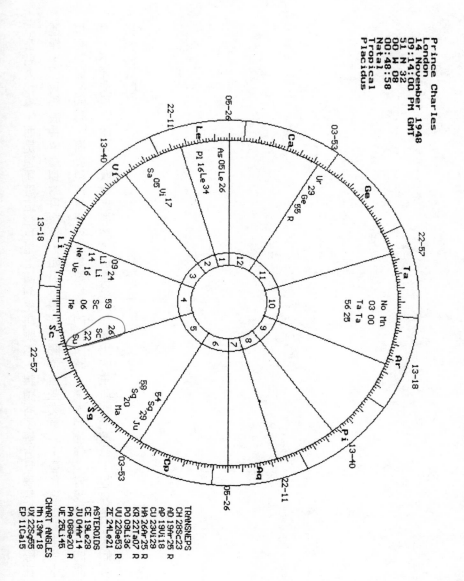

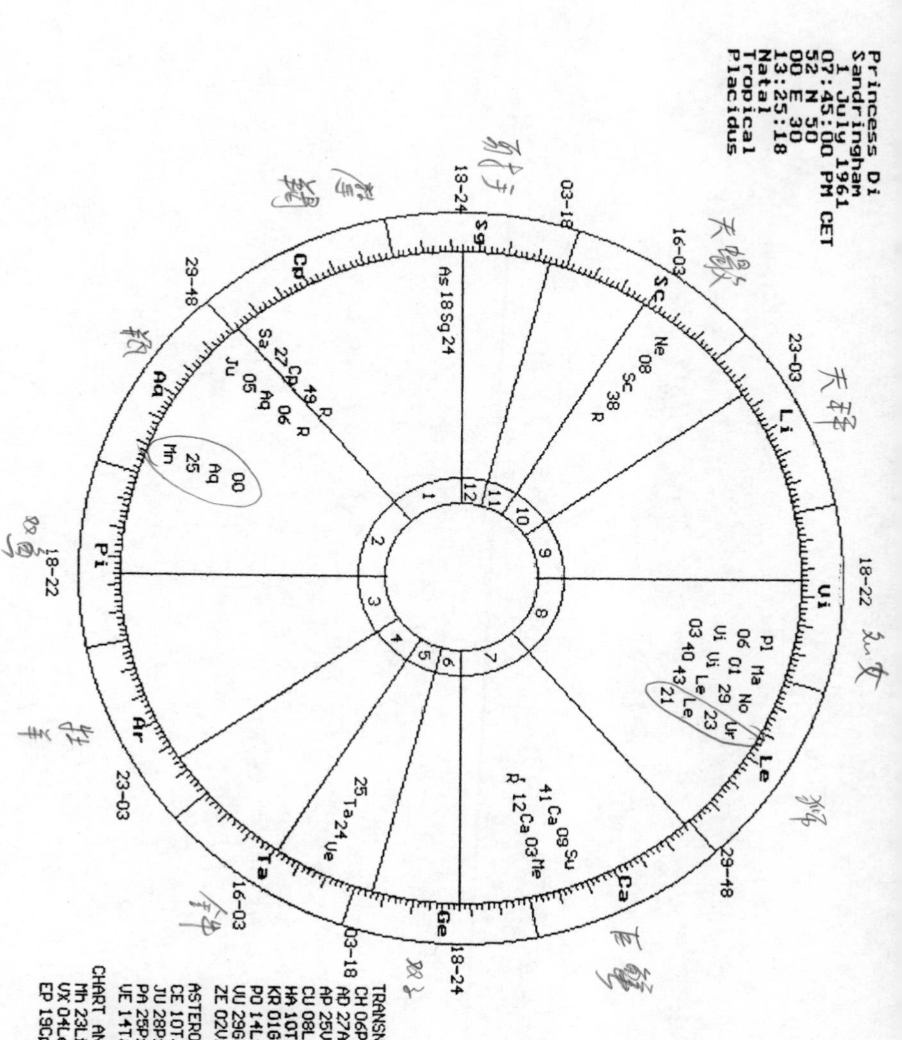
Princess Di
Sandringham
1 July 1961
07:45:00 PM CET
52 N 50
00 E 30
13:25:18
Natal
Tropical
Placidus
As 18 Sg 24
TRANSNEPS
CH 06Pi03 R
AD 27Ar57
AP 25Vi40
CU 08Li22
HA 10Ta41
KR 01Ge35
PO 14Li35
VU 29Ge31
ZE 02Vi45
ASTEROIDS
CE 10Ta45
JU 28Pi01
PA 25Pi44
VE 14Ta16
CHART ANGLES
Mh 23Li03
VX 04Le18
EP 19Cp43

附錄：專家推薦占星網站

①Vastro

網址：www.vastro.force9. co. uk／astro／nk.htm

這是由占星家芮琳達（Linda Reid）主持的網站，網站上提供免費由基金會主辦的占星學課程給初學者及欲深入研究者。占星學課程分成不同的階段、由專業的占星學家擔任指導教授。

這個網站包羅萬象，如想獲取個人星圖的人可以進入astrodienst on line.如想閱讀占星學文章者，可進入astrology articles.

②Metalog

網址：www.astrologer.com.

這個網站同時提供免費與收費的電腦軟體可供選擇，如果想獲得天文曆資料，可進入The 4 Elements查詢。

★推薦超優級網站

③Astrolabe

網站：www.alabe.com

這是個相當專業的占星網站，由兩位世界頂尖的占星學家莎格林及羅伯翰製的電腦軟體提供服務，因此是要收費的。可選擇的服務非常多，從個人簡單占星軟體圖、關係星圖到個人分析心理星圖及推運星圖等等。但這個網站使用的英文要有一定英文閱讀水準才行。

④Kepler

網址：www.patterns.com.

這個網站提供不少占星學的技巧，從星圖的製作原理到相位的計算及一些天文現象的計算等等，使用的英文較簡單。

⑤Magitech

網址：www.magitech.com

內有一些常用的占星程式，星座符號等等，本網址強調占星學技術面的介紹，像基本工具書。進入大網站後，可選擇進入pub或是Astrology的連結網站。

占星符號說明

行星	Planet	象徵	意義
太陽 ☉	Sun	生命的本源	精力、能量、父性功能
月亮 ☽	Moon	生命的鏡子	感覺、情緒、母性功能
水星 ☿	Mercury	信使	思想、溝通、知性表現
金星 ♀	Venus	愛神	情感、價值觀、吸引力
火星 ♂	Mars	戰神	欲望、行動力、性衝動
木星 ♃	Jupiter	先知	追尋、智慧、機會
土星 ♄	Saturn	宿命神	責任、限制、阻礙
天王星 ♅	Uranus	革命者	變化、覺悟、瓦解
海王星 ♆	Neptune	巫師	直觀、靈性、理想主義
冥王星 ♇	Pluto	死亡與復活神	摧毀、新生、轉型

星座		Sign	主管星	字訣
♈	牡羊座	Aries	火星	我爭先
♉	金牛座	Taurus	金星	我擁有
♊	雙子座	Gemini	水星	我思考
♋	巨蟹座	Cancer	月亮	我感覺
♌	獅子座	Leo	太陽	我是我
♍	處女座	Virgo	水星	我分析
♎	天秤座	Libra	金星	我平衡
♏	天蠍座	Scorpio	冥王星	我欲求
♐	人馬座	Sagittarius	木星	我追尋
♑	魔羯座	Capricorn	土星	我使用
♒	寶瓶座	Aquarius	天王星	我知道
♓	雙魚座	Pisces	海王星	我夢想

宮位	house	領域
一宮	牡羊座宮	脾氣、長相、意志、個性、出生環境
二宮	金牛座宮	個人的金錢、擁有物、自我價值
三宮	雙子座宮	個人的心智、溝通、近親、基本教育、大衆媒介
四宮	巨蟹座宮	個人的家庭、童年、內心之家、父母之一
五宮	獅子座宮	小孩、投機、戀愛、嗜好、娛樂
六宮	處女座宮	健康、勞動、服務
七宮	天秤座宮	伴侶、配偶、合夥人、公開敵人
八宮	天蠍座宮	他人的性、金錢、權力、佔有物、共產、死亡
九宮	人馬座宮	哲學、宗教、長途旅行、外國文化、高等教育
十宮	魔羯座宮	野心、地位、事業、公共形象、社會的家
十一宮	寶瓶座宮	友誼、願望、社團、同盟、人類大家庭
十二宮	雙魚座宮	夢、潛能、潛意識、靈界、業報、祕密敵人

相位(Aspect)

☌合相（Conjunction）（0°±8）：強調、加強正面或負面的作用力

☍對相（Opposition）（180°±8）：互補或對抗、緊張

△合諧相（Trine）（120°±）：好運、合作、事半功倍

□衝突相（Square）（90°±）：障礙、困難、挑戰

書中重要占星學名詞解說

①**星圖**(*Horoscope chart*)：對某一特定時間及地點的天空的圖，可顯示出黃道、行星、上昇、天頂、宮位與十二星座。

②**星宮**(*House*)：由地球上任何一個位置看去，天空很自然地分為四個區域（東方地平線到南方子午線，南方子午線再到西方地平線，以及地平線以下兩個相對應的區域）。每一區域再分三等份跟成為星圖上的全部十二星座。

③**角度**(*Angle*)：上昇(Ascendant)及下降(Descendant)的角度是黃道與當地地平線的交

會點。天頂(MC. Midheaven)及天底(IC, Imum Coeli)的角度是黃道與當地子午線的交會點。這四個角度分別是一、四、七、十宮的交界。接近這些角的行星在星圖上有特殊的重要性。

④**相位**(*Aspect*)：黃道上任意兩個行星與交會點之間的弧度（距離度數）。

⑤**球差**(*Orb*)：在正確相位（0度）兩邊使相位仍能產生作用的容許度數。

⑥**逆行**(*Retrograde*)：從地球上看行星（不包括太陽及月亮），可能在黃道上某些時候行星好像會出現後退的現象（這是由於行星與地球在太陽的同一邊）。逆行作用在輪迴占星學中只有重要的意義，通常代表行星的負面作用受到特別地強調。

⑦**推運**(*Transit*)：行星週期性地走過黃道，和本命星圖中的行星產生的相位關係（如合相、對相等）。行星的週期位置可從天文曆中查出。推運可看出重大的生命歷程，週期快的行星影響較短，週期慢的行星影響久遠。

⑧**移位**(*Progression*)：由出生之後每天行星的位置代表生命的每年，如太陽一度一年，月亮一度一月等。用以確認過去事件及預測未來事件。

⑨**校正**(*Rectification*)**星圖**：當出生時間無法準確至半小時內，或者根本不知道時，藉著時間的測量法來測試過去發生的主要事件以推算出正確的時間，這個方法是最可考驗占星學家是否有功力可言。

⑩**變位**(*Relocation*)：當事人離開出生地，根據新的地點而重繪的後天星圖，可顯示當地的影響性，即中國人所說之「地運」。

⑪**配對**(*Synastry*)：根據兩個或更多星圖之間的行星與宮位的相容性。

⑫**剋相**(*Affliction*)：個人星圖中或與他人星圖的行星形成困難的相位（如對相、衝突相），或行星的星座特質形成互相干擾的性質。

⑬**循環**(*Returns*)：任何行星回到出生時所在的黃道位置。如木星循環、土星循環均具有重要的意義。

⑭**天文曆、星曆**(*Ephemeris*)：一個列有每天（通常是格林威治零點或十二點）的行星位置及其他資訊（如恆星時間、月交點、日月蝕等等）的書。星曆可由占星網站上取得，或購買專書（英、美兩國均有詳列一百年區間的星曆圖）。

愛情全占星

韓良露／著

◉定價240元

你，和你過去的、現在的、未來的愛情，都在星星裡。

你相信嗎？

韓良露，她是藝文圈內人人口耳相傳的超級占星大師。旅居倫敦時，潛心研究倫敦學派的「深層占星學」。本書是她集數十年占星心得的大成。其中包含：

★占星合婚，遊戲式的戀愛，愛與性的心事星情。

★愛情中的迷惑、激情、暴力與救贖。

★顛覆倫理的天王星之愛。

★金錢觀與性愛的占星對話。

★家庭之愛與擇偶的相互關係。

書中不只從完整星盤的角度談現象，更直接切入各種愛的最幽深原始驅力處解析，是一本應該精讀的經典占星愛情書。

國家圖書館出版品預行編目資料

人際緣份全占星 ／ 韓良露著. -- 初版 -- 臺北市 ： 方智，1998 [民87]
面 ； 公分. -- （全占星： 2）
ISBN 957-679-571-0（平裝）

1. 占星術

292.22　　87009854

ISBN 957-679-571-0

方智出版社
FINE PRESS

◎全占星❷
人際緣份全占星

作　者／韓良露
發行人／曹又方
出版者／方智出版社股份有限公司
地　址／台北市南京東路四段50號6F之1
電　話／二五七九六六〇〇（代表號）
傳　眞／五七九〇三三八・五七七三二二〇
郵撥帳號／一三六三三〇八一 方智出版社股份有限公司
登記證／行政院新聞局局版台業字第四三六一號
責任編輯／吳美瑩
校　對／韓良露、吳美瑩
美術編輯／黃昭寧
法律顧問／詹文凱
印　刷／祥峯印刷廠
一九九八年九月　初版
二〇〇二年三月　三刷

●定價280元

Printed in Taiwan